AYŞE UÇKAN

1972'de İstanbul'da doğdu. İlk ve orta öğrenimini, okurların, onun bazı yazılarında izleri bulacakları, hayatında önemli yeri olan ilçe, Üsküdar'da tamamladı. 1996 yılında, Marmara Üniversitesi İlahiyat Fakültesin'den mezun oldu. M.Ü. Sosyal Bilimler Enstitüsü'nün, Felsefe ve Din Bilimleri Anabilim Dalı'nda aldığı yüksek lisans eğitimini "Kazımkarabekir'in Eğitimle ilgili Eserlerinin Din Eğitimi Açısından Değerlendirilmesi" başlıklı teziyle tamamladı (2000). Milli Eğitim Bakanlığı'na bağlı liselerde beş yıl öğretmenlik yaptı. "Tanrının Umut Olduğunu Söyledi Bir Büyüğün" 1990 yılından beri yazdığı ama henüz yayınlatmadığı hikaye ve deneme çalışmaları mevcut olan yazarın ilk romanı.

*Fatih Gençlik adına
Mehmet Cemal Sunar'ın
Musab için seçtiği
Kitap*

kaknüs yayınları: 163
roman serisi: 16

ısbn: 975-6698-57-8

kasım, 2002
istanbul

kitabın adı: *tanrının umut olduğunu söyledi bir büyüğüm*
kitabın yazarı: *ayçe uçkan*

teknik hazırlık: ahmet karataş
kapak düzeni: betül biliktü
iç baskı: alemdar ofset
kapak baskı: milsan
cilt: dilek mücellit

kaknüs yayınları
kızkulesi kültür merkezi
selman ağa mah. selami ali efendi cad. no: 11 üsküdar, istanbul
tel: (0 216) 341 08 65 - 492 59 74/75 fax: (0 216) 334 61 48
dağıtım: çatalçeşme mah. defne han no: 27/3
tel: (0 212) 520 49 27   fax: (0 212) 520 49 28
www.kizkulesi.net   info@kizkulesi.net

TANRININ UMUT
OLDUĞUNU SÖYLEDİ BİR BÜYÜĞÜM

AYŞE UÇKAN

*Sabrı ve anlayışıyla
her zaman yoluma ışık olan
anneme...*

1.
İnsan vücudu ne garip! Bir uzuv hastalanınca, sanki bütün sinir uçları toplanıp o hastayı ziyarete geliyorlar. Ama bu ziyaretçiler hiç de kibar değiller. Elleri bomboş...Üstelik eve bile girmeden camdan bakıp "vah" ediyor, sonra da içerideki zavallıyı unutup, dudaklarında şen bir tebessümle kapı önünde gevezeliğe başlıyorlar.

Zeynep, Doktor Ahmet Bey'in muayene odasında, uzandığı yerde, midesini saran sinirler hakkında hiç de iyi şeyler düşünmüyordu. Kalktı. Paravanın arkasında bluzunun düğmelerini iliklerken, bir yandan da bu baba dostuna takılmadan edemedi:

- Ne kadar ömrüm kalmış Ahmet amca?

- Biz doktorlar şakalarımızı et ve kanla yaparız küçükhanım, ömür hususundaki espriler uzmanlık sahamızın dışındadır.

Yaşlı adamın karşısındaki koltuğa rahatça kendini bıraktı.

- Peki öyleyse, dur sana hakikatli bir doktor fıkrası anlatayım da dinle: **Adamın biri boynundaki beni aldırmak için doktora gider. Lokal anestezi uygulanıp operasyon başlar. Ameliyat bitmek üzereyken doktor telaşla adama eğilip "pardon kırmızı bir fularınız var mıydı?" diye sorar. Adam "hayır" deyince, doktor tamamlar: "Demek ki gırtlağınızı kestim."**

Tecrübeli doktor önce kahkahayla güldü, sonra aklına fena bir şey gelmiş gibi somurttu.

- Karadenizlilerin "Temel" fıkralarını duydukları zaman neler hissettiklerini, böyle, alanın dışından biri meslek fıkrası anlatınca daha iyi anlıyorum.
- Lüzumsuz alınganlık yapmayın da neyim var söyleyin lütfen.
- Vallahi senin hakkından ancak dobra dobra konuşarak gelebilirim. Anlattıkların, gastritin ileri safhasındaki şikayetler. Belirtileri benzer, ülser bile başlamış olabilir... Sanırım bağırsaklarında da kolit var. Salıl yaşın kaçtı senin?
- Yirmi altı buçuk.
- Buçuk?
- Eeee... Yirmiden sonraki yaşlar buçuklu, otuzdan sonrakiler çeyrekli çeyrekli söylenir. Tabi, "kadınlar için" durum böyle.

Ahmet Bey gülümseyerek Zeynep'i süzdü:
- Allah Allah. Ya kırktan sonra?
- Derler ki, bir kadın otuz dokuzdan kırka geçene kadar on yıl beklermiş.
- İyi o zaman, Ayla teyzene söyleyeyim de üzülmesin, elli yaşında olduğunu zannediyor. Demek ki genç bir karım varmış.
- Doktorların başka alanlarda da espri yapabildiklerini görüyorum.

Doktor uzun bir nefes aldı:
- Konumuza dönelim... Yirmi beş yirmi altı yaşındaki bir genç hanımın, midesini bu hale getirebilmesi için çok uğraşması lazım. Hayatın zorluklarıyla yıpranmış, beş altı çocuklu annelerimiz, iflas eşiğine gelmiş, borç batağındaki babalarımız belki erken yaşta ülser olabilir, ama sana yakışmıyor. Felsefe bölümünü kazandığın gün babanın kulağına eğilip: "bu kız zaten çok hassas... Ailesine, çevresine karşı fazla duyarlı, korkuyorum" demiştim. Yanılmadığımı görüyorum. Yine yazıp çizip, kafa yoruyor musun?
- İşim bu.
- Mesleğini kastetmiyorum. Senin gibi genç birinin, seçkin bir düşünce dergisinde yazması onur verici. Benim kastım, kendi özel yaşamına da bu işi sokman.
- Farklı sosyal rollerde farklı olunabileceği tezini, hiçbir zaman kabul etmedim. İnsan çalışırken, ailesiyle birlikteyken veya dinlenirken hep aynı kişi... Ben kız evlat olarak da kardeş olarak da aynı Zeynep'im. İleride eş ve anne de olsam, dişleri dökük bir nine de olsam, içimdeki Zeynep değişmeyecek...Davranışlar tabi ki ortama göre olacak; ama içe dönük bir insanı, çok sosyal bir varlık veya bir megalomanı, çok mütevazi biri haline sokmak ancak bilimkurgu romanlarında mümkün. Kişilik parçalanamaz.

TANRININ UMUT OLDUĞUNU SÖYLEDİ BİR BÜYÜĞÜM 7

- Senin kadar psikoloji ve felsefe okumadım, ama insan sayfiyeye tatile giderken, düşüncelerini, paketleyip evde bırakamaz, bunu biliyorum. Yine de sağlığı tehdit eden durumlarda, kendi isteğiyle onlarla bir süre uzlaşıp çatışmalarından kurtulmaya bakmalı.
- Bu sağlık tehdidinin şiddetine bağlı...
- Göreceğiz...Senden kan ve idrar tahlili, ayrıca bir mide filmi isteyeceğim. Gerekirse endoskopi de yapacağız.

Kağıtları yazıp uzattı.
- Bunları çektir. Sonuçlarını al, yarın akşam üstü tekrar görüşürüz.
- Tamam... Sağol Ahmet amca.

Zeynep, ertesi gün hastane bahçesinde tahlil sonuçlarını beklerken, insanların farklı dertlerini düşünüyor ve sağlığın ne büyük nimet olduğuyla ilgili atasözleri zihninden geçiyordu.

Gür kahverengi saçlarının çevrelediği yuvarlak yüzünde, dışardan bakıldığında kolay ayırdedilemeyen ifadelerin kendine yer bulmaya çalıştığı söylenebilirdi. Daimi bir merak, ara sıra parlayıp sönen heyecan ve en önemlisi, umudun zaman zaman sırtını yere getirmekte zorlandığı hüznün ilk bakışta okunduğu gözlerdi onunkiler. İri, kahverengi, derin.

İki hastabakıcının taşıdığı sedyedeki "acil" hastasını görünce, o ayki yazısının konusunun "ölüm"olduğunu anımsadı. Ahmet Bey'in tatlı sitemlerinin de etkisiyle, rahatsızlığının had safhada olduğunu hayal etti.

Şimdi hastane odasında, ölüm döşeğindeydi...Etrafında sevdikleri toplanmış ama o, hiçbirini net bir biçimde görememekte, sanki bir tülün ardından bakmaktaydı. Tıpkı en sevdiği Rus yazarın kahramanı gibi:

......Yavaş yavaş bütün insan şekilleri gözünün önünden silindi, tekmil dikkatini odanın kapısında topladı. O kapıyı çabuk kapayabilecek miydi acaba? Herşeyin buna bağlı olduğunu seziyordu. Kalktı, sürgüyü sürmek için kapıya yaklaştı. Fakat bacakları bükülüyor, kapıya vaktinde yetişemeyeceğini anlıyordu. Son bir gayretle ileriye doğru atılacağı sırada içini korkunç bir sıkıntı kapladı. Ölüm korkusuydu bu sıkıntı...Kapının arkasında, orada, hemen oracıkta "ölüm"bekliyordu. O, tam soluk soluğa kapıya doğru sürükleneceği sırada, korkunç hayalet kapıyı itip açtı, odaya ayak attı. Bu adsız yaratık, ölümdü. İşte kendisine doğru geliyordu, ne pahasına olursa olsun ondan kaçıp kurtulması lazımdı. Kapıyı yakaladı...ama onu kapatmak mümkün değildi. Bütün kuvvetini toplarsa belki onun içeriye girmesini önleyebilirdi...Nafile! Kuvveti aza-

lıyor, kendisi boşlukta çabalıyor, kapı yerinden kımıldamıyordu. Dışarıdan gelen itişe karşı koymak için son bir defa daha çırpındı. Boşuna gayret...hayalet giriyordu, girdi...
O anda uyumakta olduğunu anladı. Şiddetli bir gayretle silkinip uyandı. Kendi kendine, "evet ölümdü orada duran"dedi. "Ölmek ve uyanmak! Şu halde ölüm, uyanmak mı demek acaba?"

Zeynep bir elin kendisini dürtmesiyle hayal dünyasından gerçeğe döndü. Yanıbaşında son derece kirli elbiseleri içinde bir dilenci, avucunu burnuna kadar uzatmış, mırıldanmaktaydı : "Allah, sağlık- sıhhat versin! Allah, sevdiğine bağışlasın". Hastane bahçesinde daha münasip bir dua olamayacağını düşünüp, gülümsedi. Otomatik hareketlerle cüzdanını çıkardı. Hızlı davrandığı için, para ararken yere düşürdüğü şeyi farketmedi bile. Biraz evvelki ruh halinin tesirleri sürdüğünden, dilenciye bozuk para vermekten vazgeçip büyükçe bir meblağ verdi. Dilencinin arkasında güneş olduğu için yüzünü göremedi. Yoksa bu, az önce Prens Andrey'e görünen ölüm meleği miydi? "Azrail!". Ne bir korku, ne bir elem... Titredi. Ölümün yüzü yoktu...

Ölümün Yüzü Yoktur! İşte bu ayki yazısının başlığı... Böyle garip tesadüfler -bunlara tesadüf denilebilirse tabi- başına sık sık gelmekteydi. İlahi bir yardım almış gibi gökyüzüne gülümsedi. Dilenci parasını almış ama henüz gitmemişti. Dalgın yabancının verdiği miktardan memnun, onun yere düşürdüğü eski bir fotoğrafı uzattı. Zeynep Allah'a teşekkürü bitip başını indirince, dilencinin bu defa dolu avucunu burnunun dibinde buldu. Kendisi için son derece önemli olan bu fotoğrafı usulca alıp cüzdanının daha sağlam bir bölümüne yerleştirdi. Uzaklaşan dilencinin ardından mırıldandı:

- Teşekkürler garip dilenci...

Fotoğrafı cüzdanın şeffaf naylonunun arkasından sevgiyle okşadı. Bu şipşak çekilmiş bir resimdi. İki çocuk yanyana durmuş, yedi-sekiz yaşlarındaki erkek çocuğu, kendinden emin bir edayla daha küçük olan kızın omzunu, koruyucu bir ağabey gibi kavramıştı. Kızın dalgalı uzun saçları, güneş ışığında parlayan koyu kestane rengindeydi. Zeynep birden fotoğrafın çekildiği ana döndü.

Gezici-foto, karşısındaki minik yüzleri sevgiyle süzdükten sonra "gülümseyin" dedi. Küçük Zeynep aklına gelenlere kıkırdadı. Çekim bitince, çocuk, adamın yanına giderek borçlarını sordu. Fotoğrafçı:

- Bu benden delikanlı. Git o parayla şu tatlı hanıma bir dondurma ısmarla, dedi.

Çocuk yarı mahcup, efendi bir tavırla adamın elini sıktı, alçılı ayağının izin verdiği ölçüde, arkadaşının yanına koştu, iki resmin birini ona verdi. Elele tutuşup evlerine doğru yola koyuldular.

Önünden sekerek geçen iki çift ayak Zeynep'i daldığı bu hatıra aleminden kopardı. Cüzdanını kapatmadan önce resme bir daha baktı:

- Sen ne dersin küçük kahramanım?... Gerçekten "Ölüm"ün yüzü yoktu, değil mi?

Saatine gözattı ve hastaneye yöneldi.

Köprüden Anadolu Yakası'na geçerlerken Zeynep her zamanki gibi şakacıydı. Elini yemin eder tarzda göğsüne götürdü:

- İlaçlarımı düzenli olarak alacağıma ve daha az stres için çabalayacağıma namusum ve şerefim üzerine söz veriyorum. Eve teslim etmenize gerek yoktu.

- Öyle birkaç hap, süspansiyon, perhiz listesiyle filan elimden kurtulacağını sanıyorsan yanılırsın.

- Ama inanın, doktor fobimden midir nedir, bugün midem hiç de fena değil. Niye güldünüz?

- Asistanımın irileşen gözleri aklıma geldi de...Sen dün sabah içeri girip, hoşbeşten sonra küçük listeni çıkarınca, ben gapliklerine alışık olduğumdan, şaşırmadım. Herhalde o da, daha evvelden kullandığın ilaçları yazdın filan zannetti...Ama ben şikâyetlerini sorup sen de düzgün ifadelerle ara ara kaleme aldığın belirtileri okuyunca, çocukcağızın dudağı uçuklayacaktı. Daha sonra bana: "Hocam, hayatımda bu kadar bilinçli hasta görmedim."dedi.

Sesini değiştirerek asistanını taklit etti:

- Ara ara midenin üst tarafında şiddetli kasılmalar...Açken de tokken de ekşime hissi... Antiasit maddeler içeren hapların geçiştiremediği burulmalar...Midedeki gazı anlatırken, içinde şişen sonra da inen bir balonun tarifi; sonra tansiyonun düşüklüğünü tariflerken, yatay değil dikey bir baş dönmesi. Hocam, ben daha önce baş dönmesini, "yere inen bulutların üzerinde gezdiğimi ya da havaya bastığımı hissediyorum" şeklinde tanımlayan bir hastaya rastlamadım.

Yaşlı doktor tabii sesiyle devam etti:

- Biliyor musun, felsefî bir dergide yazdığını söyleyince hemen ismini aldı ve bundan böyle köşeni okuyacağını söyledi.
- Yeni bir okuyucu kazandığıma memnunum. Gördüğünüz gibi, "sadece doktorlar her ortamda müşteri kazanır" diye bi şey yok. Malzemeden yana da zengin bir ülkedeyiz. Gülümseyen bir çocuk siması, o ayki yazıma gündem teşkil edebiliyor, ya da bir dilencinin soluk yüzü, başlık bulmada bana yardımcı oluyor.

Bir süre duraklayıp sonra devam etti:
- Sahi aklıma gelmişken... Bu hafta içinde bir akşam sizi rahatsız edip Ayla teyzemin çayını içmek ve sizinle "ölüm" hakkında konuşmak istiyorum. Müsait misiniz?
- Ölümden konuşmak için mi?

Zeynep gülümsedi:
- Hayır, bunun için her zaman vaktiniz olduğunu biliyorum. Ben bu hafta ekstra işiniz var mı, diyorum.
- Sanırım çarşamba akşamı uygun... Babanları da getir.

Birkaç dakika suskun kaldı, sonra:
- Ölümle niye bu kadar ilgilisin? dedi. Ya da neden şimdi?
- Bu ayki temam, "ölüm". Evreni oluşturan ilk maddeyi, "hava" kabul eden ve bunu insanlardaki ruha benzeten Anaximenes'den beri ilkçağ, sonrasında da skolastik ortaçağ filozoflarının ölüme bakışı, zannederim okuyucuyu sıkacak. Biliyorsunuz benim köşem salt felsefe değil. Edebiyat, psikoloji, tarih, sanat, felsefe içiçe. Hayatın kendisini yansıtmaya çalışıyorum.
- Biliyorum ve yaşlı bir hayranınım...
- Teşekkürler...Konum ölüm olduğuna göre, bunu felsefî olarak yorumladıktan sonra biraz gerçek hayattaki tanıklıklarımıza bağlamak istiyorum. Aslında ölüm ve sonrasından duyulan korkuyu da işlemek niyetindeyim. Bu yüzden, onunla en sık karşılaşan insanların meslek grubu "doktorluk" diye düşündüm ve siz aklıma geldiniz. Yaşlılığa gelince...

Muzipçe tamamladı:
- Siz hiç de sıkıcı bir ihtiyar değilsiniz. Sohbetiniz çok zevkli.
- Sağol. Sen de gündem saptırmada ustasın hani. Ben senin rahatsızlığınla ilgili konuşacaktım. Hastanede de söyledim; yeni başlamış, tedbir almazsak ilerler, başına dert açar ve kırkına geldiğinde hiç de gülümseyip "on yıl genç olduğunu" uyduramazsın. Hastalıkların iki kökeni vardır: Biri maddî diğeri manevî; modern tabiriyle fiziksel ve ruhsal. Psiko-

somatik dediğimiz ruhî çıkışlı rahatsızlıkları, baştan önemsemeyiz, ama gözle görülür bir hastalığa, mesela beyinde bir tümöre veya seninki gibi midede yaraya dönüşünce iş işten geçmiş olur. Böyle hastalıklarda tedavi yalnız ilaçla olmaz. Ya kendi kendini rahatlatmaya çalışmak ya da çoğunluğun yaptığı gibi bir uzmanın yardımını almak gerekir.
- Yani terapi mi öneriyorsunuz?
- Senin için şart, çünkü günlük meşgalelerin bile duygu yoğunluğu, sıkıntı içinde geçiyor. Bir yandan dershane ortamı, bir yandan dergi... Arada, sorunlarını paylaşacak birilerine ihtiyacın var. Hayat arkadaşı seçmede de pek aceleci değilsin gördüğüm kadarıyla...
- Annem gibi konuştunuz. Neyse bu bahsi geçelim...Aslında bedenen çok yorulduğum söylenemez. Dersaneye sadece hafta sonları "amatör mesaimi" harcıyorum. Felsefe grubu derslerini, fakülteden bir arkadaşımla paylaşmak pek yormuyor. Hem idealimdeki mesleğin öğretmenlik olduğuna beni ikna ediyor bu iş. Ama dergi gerçekten farlı. O ayki yazıyı hazırlarken, hayattan örnekler bulmak, beni ister istemez kendi içime yöneltiyor. Antenlerim tıpkı duyargalı bir böceğinki gibi açılıyor, tam bir gözlem haline geçiyorum. Sanki zamanın akışını dakika dakika izliyorum. Bu trans hali beni yoruyor. Kendimi medyumlara benzetiyorum.

Bu sırada Ahmet Bey bir arabayı sollarken araba hissedilir derecede sallandı. Zeynep şakacı:
- Aman aman, medyum filan değilim...Telaşa kapılmayın, kafayı yemeye niyetim yok. Psikoloji ve felsefe eğitimi alanlara deli gözüyle bakılır ya, ben tam alanımı bulduğumu, dünyadaki görev ve branşımın bu olduğunu gönülden hissediyorum. Başka bir şey, beni mutlu etmezdi. Daha ortaokuldayken "düşünce atlası" türünde kitaplar okur ve Batılı düşünürlerin o paragraf paragraf özlü sözlerindeki mesajı anlamaya çalışırdım. Lisede, Sâdi'nin "Bostan ve Gülistan"ını Mevlâna'nın "Mesnevi"sini okurken arkadaşlarım benimle dalga geçer ama ben, teneffüslerde onlardan yediğim kazıkları, "ey dil-i şîkeste..., Tûti'nin padişahtan dileği..." mısralarıyla unutmaya çalışırdım, dahası bunları okurken büyük bir coşkuya kapılırdım.
- Yaşıtlarına göre alaturka olman her zaman hoşuma gitmiştir. Hatta bizim Aysel'in hep senin gibi yetişmesini arzulamışımdır.

Zeynep konuyu değiştirme fırsatı yakaladığını anladı:
- Sahi, Aysel'den haber var mı?
- İyi... Önümüzdeki ay geliyor.

- Onu çok özledim. Ne vardı elin adamının peşinden Almanya'lara gidecek?
- Ne bileyim...Gelince görüşürsünüz. Sen sözümü evirdin çevirdin gene, ama bana lafımı unutturamadın. Bir psikoloğun yardımını alman ve haftanın belli günleri onunla görüşmen faydalı olur diyorum. Gerçi sen derin konulara dalıp onu da yoldan çıkarırsın ya neyse.
- Tanıdığım biri yok be Ahmet amca! Güven vermeyen birinin yanında da nasıl uzanıp çocukluğumu anlatayım?
- Maskara kız sende! İlla sedyeye uzanıp geçmişe gitmene gerek yok. Artık çok modern usullerle psikoterapi yapılıyor. Sana yazdığım ilaçlar kadar etkili olacağına eminim. Hem seni hain kurtlara teslim edeceğimi kim söyledi?

Cebinden bir kart çıkarıp Zeynep'e uzattı.
- Al... Dün, sen tahlil yaptırırken bu kartı aradım durdum. Böyle meselelerde yabancılara güvenmezsin bilirim. Eski bir dost... İşinde uzman...Üç yıl önce değişik bir psikoterapi merkezi kurdular, en son tekniklerle bu işi yapıyorlar, hastanenin "ha"sı sezilmiyor. Ben gittim, gezdim... Beykoz sırtlarında, yeşillik içinde bir dinlenme merkezi havasında. Doktorlar beyaz önlük giymiyorlar. Hem sen Göztepe'de oturduğuna göre yolu uzatıp Üsküdar'dan gider, güzel bir sahil yolculuğu yaşarsın.

Zeynep karta göz atıp kısık sesle üzerindeki ismi okudu:
- Ömer Kılıç.

Sonra yumuşak, kedi gibi bir tavırla sordu:
- Ahmet amca! Doktora, yani "şey doktoru"na ihtiyacım olduğuna emin misiniz? dedi.

Yaşlı doktor bu defa sertti:
- Evet eminim...Öyle "şey doktoru" filan diyerek vazgeçiremezsin beni. Senin ne açık fikirli biri olduğunu biliyorum. Bunu denemezsen, senin mide ve bağırsaklarının için pek bir şey yapamam.
- İşte yine "hayatın felsefesi". Bunlardan tek sonuç çıkıyor: Maddenin mana karşısındaki hezimeti!.. Bir başka deyişle mananın maddeye zaferi!.. Fizik doğrular, ruhî cephe karşısında saygıyla eğilir. Maneviyat birsıfır galip...Ülser ve müzmin kolit ilaçları, terapinin karşısında savaş alanını terk ediyor...Daha söyleyeyim mi?

Ahmet Bey çaresiz bir sesle:
- Senin bütün dünyan bu, anlıyorum ama yine de teklifimi düşün ve şu adamı bir gör, dedi.

– Bakarız...

O akşam sofrayı kurarken neşeliydi. Annesi mutfaktan seslendi:
– Kızım ekmeği götürdün mü?
– Evet anne.
Melek Hanım elinde sürahiyle odaya girdi:
– Muhittin Bey, hadi sofraya.
– Yemek hazır mı?
Anne kız bir ağızdan cevapladılar:
– Evet babacığım...
Melek Hanım servise başladı, bir yandan da Ersin'e söylenmekten geri kalmıyordu.
– Nerde bu çocuk? Ersin...Hadi sofraya gel, bırak şu bilgisayarı artık.
Üniversite sınavlarına hazırlanan genç, gözlerini oğuşturarak odaya girdi.
– Ne yapalım? Büyük hemşiremiz gibi biz de kapağı atalım kıyak bir bölüme, elbet dinleniriz herıld.
Annesi oğlunun yüzüne hayretle baktı:
– Ne biçim konuşma bu oğlum.
Muhittin Bey:
– Yeni neslin Amerikan-argosu.
Kızı itiraz etti:
– Aşk olsun baba, hiç benim ağzımdan böyle şeyler duydun mu? Ben eski nesil miyim?
Ersin babasının sesini taklit etti:
– Seni en kalbî hislerimle tenzîh ederim kerîmeciğim...
– Hay eşşek sıpası.
– Baba, bakıyorum eski neslin argosu da pek fena değil.
Muhittin Bey gülümseyerek konuyu değiştirdi:
– Sahi, bu gün sonuçları alacaktın, ne oldu Zeynep?
– Bu zor sorunun cevabını, şu nefis dolmaları yuttuktan ve biber kızartmasını hazmettikten sonra versem, ha babacığım.
Melek Hanım, kızının hastalığını kocasından önce öğrenmiş olmanın heyecanı içindeydi:
– Bana biraz bahsetti. Artık Zeynep sayesinde perhiz yemekleri yiyeceksiniz, bugünkü veda partisi gibi bir şey.
Muhittin Bey elinden çatalı bıraktı:

- Önemli bir rahatsızlık mı?
- Ahmet amcaya göre her şey önemli baba, bir tek benim gözbebeğim hariç: Felsefe...
- Yahu abla, bir kere de şerh istemeyen bir şeyler söylesene...
- Peki canım, senin anlayış düzeyine ineyim bir an. Her ne kadar ölümlü bîçarelerin dilinden konuşmak zorsa da...
Gastroenterolojiyi ilgilendiren bir rahatsızlık...Ülser başlangıcı gibi bir şey. Bir torba ilaç ve sıkı bir perhiz... Çiğ meyve, sebze, kızartma, aşırı yağlı yiyecekler yok. Acı, ekşi, külliyen yasak. Nohut ve fasulye türü baklagiller, kabukları çıkarıldıktan sonra tüketilebilirmiş. Perhiz listesinin devamını görebilirsiniz. Annem her dem hatırlasın diye, ölüm fermanımı mutfak kapısının arkasına yapıştırdım.
Muhittin Bey, çatalını tekrar eline aldı ve endişesi geçmemiş bir sesle sordu:
- Ne kadar sürecek bu? Bir yıl?
- Yaramazlık yapmamama bağlı. Eğer bütün gün sütlaç, makarna ve pişmiş meyve yersem ve stressiz yaşayabilirsem ki bu Ahmet amcaya göre pek mümkün değil, düşünmeden durabilirsem ki bu da bana göre mümkün değil, torunlarımı görebilirmişim.
Ersin güldü:
- Eğer üç vakte kadar evlenmezsen bunların hiçbiri mümkün değil.
Zeynep kardeşinin esprisine karşılık masa altından bir tekme savurdu:
- Güzel kafiye uyduruyorsun ama şiirinin içeriğini beğenmedim. Tehlikeli bir mecrâya akıyor.
- Uf, ayağın ne kadar ağır.
Muhittin Bey ciddi bir ses tonuyla araya girdi:
- Zeynep, kızım... hayatı önemsemek zorundayız. Sağlık en büyük nimet, biliyorsun. Ben öğretmenlik hayatım boyunca ne kadar titiz bir insandım, ama kalbim teklemeye başlayınca, daha çalışabilecek durumdayken ve "o bıcır bıcırları nasıl bırakacağım" derken meslekten uzaklaşmak zorunda kaldım. Eğer sağlığın sözkonusuysa biraz "bencil" olmanda fayda var. Çünkü öncelikle kendini düşünmeyen, başkalarının dertlerine çare olamaz. Yaşlandığın ve hayatını başkalarına adayarak geçirdiğinde, korkarım kendini ihmalden hasıl olan pürüz ve problemlerden, "o başkalarını" sorumlu tutabilirsin. Çünkü insan yaşlanınca hırçınlaşıyor ve gençken gösterdiği hoş görüyü gösteremiyor çoğu kez.
Zeynep dikkatle babasını dinlemişti. İçtenlikle, "haklısın baba" dedi.

- Sağlığına dikkat et kızım, kendine iyi bak.
Melek Hanım ikisinin bu duygusal paylaşımını kıskandı:
- Ay içim karardı... Hadi kızım tabağını uzat da şu kızartmadan biraz vereyim.
Zeynep umutsuz bir bakışla babasına göz kırptı:
- Az ver anne, dolmalarla vedalaştım, bibere bir elvada öpücüğü yeter.
Ersin hızla yerinden fırlayıp odasına girerken:
- Hay Allah, aklıma dershanedeki sorulardan birinin cevabı geldi. Yaşa abla, iyi ki öpücük dedin, diye coşkuyla bağırmayı ihmal etmedi.
Annesi arkasından seslendi:
- Geri dön oğlum, tabağındakini bitir...Bu çocuk üniversiteyi kazanamazsa Bakırköylük olacak billahi.
- Üzülme anne elinden tutar götürürüm. Ahmet amca ailemizin bir ferdini çoktan oraya gönderme kararını aldı bile. Hastalığımın stress kısmıyla ilgili olarak Beykoz'da bir psikoloğun kartını verdi de, biraz görüşürsem ilaçlara takviye tedavi olacakmış...
- Şey doktoru mu?
Kocası güldü:
- Aman hanım, artık psikoloğa gitmeyen mi kaldı?
- Babam haklı anne ama kendini üzme...O "şey" doktoruna gitmeye hiç niyetim yok. Ben kendi terapimi kendim yaparım.
Ersin sofraya döndüğünde yüzü gülmekteydi.
- Oh be...Yarın edebiyatçıya hava atabilirim. Seni seviyorum ablacığım.
- Ha şöyle yola gel, ne o "büyük hemşire" filan...Soru neydi?
- Yukarıda bir düşünürün sözünü verip aşağıdaki şıklardan hangisinin en çok örtüştüğü soruluyordu.
Muhittin Bey kaşlarını kaldırıp sözün ne olduğunu sordu.
- Victor Hugo söylemiş: "bir kompliman, bazen peçenin içinden geçen bir öpücük gibidir."
Annesi özlüsözleri pek severdi. Bunu da beğenmişti. Gençliğinde aldığı yoğun iltifatları Muhittin Bey'e gülerek aktarırken Zeynep kardeşine eğildi:
- Uyan şık neydi?
- İnsanları dille öldürmekle ilgili bir şey.
- Dille öldürmek! Dille öldürmek...Sen de çok yaşa Ersin... Yazım için bir malzeme daha geldi aklıma...Ah Ahmet amca, antenlerim kapalıyken bile alıyorum, ben ne yapayım.

Zeynep, bulutlu bir öğleden sonra, Ahmet Bey'in tasvir ettiği tedavi merkezindeydi. Nasıl olmuştu bilemiyordu, gitmeye hiç niyeti yoktu ama Ömer Kılıç'ın odasının önünde bulmuştu kendini. Kapıyı çaldı. "Girin" ikazından sonra başını içeri uzattı. Doktor, iskemlesinde cama dönmüştü ve korku filmlerindeki mafya babalarını andıran bir görüntü sergiliyordu.

Odaya girip kapıyı arkasından kapattı. Adam oralı olmadı bile. Genç kız hafifçe öksürdü. Sonunda yavaşça dönen koltukta, elli-ellibeş yaşlarında, hafif kel, bıyıksız bir yüz gördü. Tıknaz, kısa boylu Ömer Kılıç, insanda "kaçık" hissi uyandırıyordu. Zeynep elini midesine götürüp yüzünü buruşturdu.

Terapist kendi alemine dalmış, onunla hiç ilgilenmiyor gibiydi. Odada gezindi, gezindi. Neden sonra kıza dönüp adını sordu. Zeynep kim olduğunu ve tavsiye edeni söyleyince Ömer, ona odadaki yatağa uzanmasını ve çocukluğunda kendisini en çok etkileyen ana dönmesini söyledi. Genç kız istenileni yaparken içinden Ahmet amcasına kızıp duruyordu.

Terapist son derece kısık bir sesle konuşmaya başladı:
- Evet Zeynep...Şu anda geçmişine yolculuk yapıyoruz birlikte...Neler görüyorsun?

Hatırlayabildiği en aydınlık çocukluk anına döndü. Bunun için hipnoza gerek yoktu ki...Zaten periodik denecek aralıklarla ruhuna görüntülenen bir sahneydi bu. "Anlat" demesi yeterliydi.

Beş yaşlarında olmalıydı. Yazlık bir evde, avluda oynamaktaydı. Yandaki evin bahçesinden "O" Zeynep'i izliyordu. Zeynep başını kaldırıp gülümsedi. Bu sırada teyzesi meyve suyu getirmişti. Hiç unutmuyordu o lezzeti. Evde sıkılmış vişne suyu... Ağzındaki burukluğun sebebi, gerçekten midesi mi yoksa bu hatıranın canlı tatlarından olan vişne suyu muydu?

Başka bir an.
- Rıhtımda dolaşıyorum. Arkadan iri bir köpek ipini koparmış, koşuyor. Havlayarak yaklaştığını görüyorum. Korkudan Hatice'yi yere düşürdüm. O benim en sevdiğim bebeğim. Hayır, denize uçmadan onu almalıyım. Ama...Bu köpek ne kadar da iri. Yoo, hayır...
- Sakin ol. Denize düştükten sonrasını anlat.

Zeynep, elini terleyen alnına götürdü ama silmeden yanına indirdi:
- Bana bakıyor. Elimi uzatıp bağırıyorum. İmdat...Hayır. Öööğ, su yuttum...Ne kadar tuzlu. Daha ne bekliyor ki. Ayağı! ayağı sargılı. Bir alçısına bir bana bakıyor. Hoop, bir daha... Gözlerim su içinde neden açıl-

mıyor? Banyodan her zaman korkuyorum. Anne!..Beni buraya o gönderdi, büyümem için... Babam itiraz etmişti. Ne demişti? Of, hatırlamıyorum. Şu çocuk beni kurtarsa artık...İmdaat...Gluup..
Ömer araya girdi:
- Yeter Zeynep, şimdi bana daha sonraki bir zamanı anlat...
Zeynep, kendini yazlık evde yatakta görüyordu. Teyzesi doktorla konuşuyor. Küçük can kurtaranına bakıp gülümsüyor, elini tutup sıkıyor...
Ömer ne kadar zamansız uyandırıyor onu:
- Evet Zeynep, artık uyanabilirsin, ben parmaklarımı şıklatınca yavaşça gözlerini aç...
Taaakk.
Adamın her şeyi acaip. Bu ne biçim bir parmak?
Sıçrayarak gözlerini açtı. Birden nerede olduğunu hatırlayamadı. Koltuğun kenarına yaslanmış uyuyakaldığını ve pencereye yağmur damlalarının vurduğunu farketti. Kalkıp rüzgardan vuran penceresini kapattı ve yatağına yatarken gülümseyip "bir parmak hareketiyle beni odama gönderdi. Gerçekten başarılı bir psikolog" diye mırıldandı.

2.

Beykoz'daki terapi ve dinlenme merkezi, kamp alanını andıran bir girişe sahipti. Yönetimin ve psikologların odalarının bulunduğu beş katlı ana binaya ek olarak takiple yüz yatak kapasiteli, iki katlı yaygın bir bina, bahçe ve yürüyüş yollarına sahip, geniş bir arazi üzerine yayılmış bu merkezde, ördek ve kazların yüzdüğü etrafı korkuluklu küçük gölet, geniş yemekhaneye ekli kafeterya, birkaç bloktuk personel lojmanı, şirin bir görüntü arzediyordu.

Bunaltıcı sıcak, öğle vaktinin çıldırtan hareketsizliğine eşlik ediyordu. Çamların, çınar ve köknarların, yaşlı ceviz ağaçlarının yapraklarını serin elleriyle nefeslendirecek babayiğitlikte bir rüzgar yoktu bugün. Yeşil çimenler, tepelerindeki ağaç yapraklarına özenmiş, başlarına kuş konmuş da onu kaçırmak istemezcesine kıpırtısız bekleşiyorlardı. Üzerlerinden geçen bir insan ayağı da yoktu ya...

Bethoven'in ünlü bestelerinden biri, iki tarafı ağaçlıklı yolda yükseliyor, dışarıdan bakan biri müziğin nereden geldiğini hemen anlayamıyordu. Masalsı bir yanı vardı Merkez'in.

Otel koridorunu andıran halı döşeli uzun bir koridor... İki tarafta odalar dizili. Üçüncü kapıdan bir kadın sesi bütün koridora yayılıyordu:

- Boşuna ısrar... Yemek istemiyorum.
Oldukça sade döşenmiş odanın pencere önü boştu. Bir köşede, tek kişilik bir yatak, yanda duş ve tuvaleti gizleyen kapı; diğer köşede, yuvarlak bir masa, iki sandalye, yatakla pencere arasında rahat bir üçlü koltuk... Yerde duvarların uçuk rengiyle uyumlu, pastel tonlarda, kırçıllı bir halı döşeliydi. Kapının yanında, yatağa çapraz duran küçük ekran televizyon, odaya ait klasiklerden sayılabilirdi..
Şükran her zamanki gibi inatçıydı:
- Ömer Bey gelmezse bir yudum ağzıma koymam... O gelecek.
Ayakta, elindeki tabldotla beraber dişlerini de sıkan hemşire, Merkez'in kurallarını hatırlayıp, sesini kibarlaştırmaya çalıştı:
- Lütfen efendim!
- Hayır dedim. Danışmanımı görmeden yemem. İçine zehir koymadığın ne malum? Zaten senin Ömer Bey'e bakışını hiç beğenmiyorum. Beni kıskandığın belli.
- Danışmanınız şu anda Mahmut Bey'in yanında. Sizi dörde doğru ziyaret edecek. O saate kadar açlıktan ölürsünüz.
Şükran bağırdı:
- Ölmem... Yemiiicem. Hemen gidip Ömer Bey'e, şeyy, Ömer'e, benim çok hasta olduğumu, iştahsızlık çektiğimi, onunla görüşmem gerektiğini söyleyin.
- Siz bilirsiniz. Ömer Bey "hastalarıyla" görüşürken rahatsız edilmekten hoşlanmaz.
- Sensin hasta! Burada kalanlar hasta değil. Asıl o, şehrin göbeğindeki süslü kadınlarla, zengin, kel, şişko kocaları hasta.
Fatma Hemşire, "ya sabır" çekerek koridora çıktı ve telefonunun tuşlarına hırsla bastı.

Mahmut Bey'le Ömer göletin etrafındaki korkuluklara dayanmış sohbet ediyorlardı. Saçlarının büyük bölümü beyazlamış olan yaşlı adamın sesi hüzün doluydu bugün:
- İşte Ömer oğlum... Mevlânâ Şems'i tanıyınca Mevlânâ oldu. Allah onları karşılaştırmasaydı, ne Celaleddin, Mevlânâ olurdu, ne de Tebriz'li âdem, Şems!
Genç adam, dışarıdan bakıldığında otuzunun ilk yıllarında olduğu tahmin edilen ama alnında ve burnunun kenarında derinleşmeye baş-

layan çizgilerden dolayı, verilen hükümde yanılmış olunabileceğini düşündüren bir görüntüye sahipti. İçten bir sesle:
- Evet üstadım, anlıyorum, dedi.

Elindeki simit parçasını, uzaklaşan ördeklerden birinin gagasına değecek şekilde savurduktan sonra devam etti:
- Şöyle de diyebilir miyiz? Herbirimiz karşımızdaki insana nisbetle kendimiziz. Mesela sesimizi bile başkaları ifadelendiriyor. "Ahmet Bey'in sesi çok kalın, Fatma ne de cırtlak, Ömer'in sesi ne kadar detone". Bunlar bizim sesimiz hakkında insanların söyledikleri...Ama biz büyük bir ihtimalle, kendimizi bülbül gibi hissediyor daha da önemlisi öyle duyuyoruz. Gerçek "ben"i ortaya çıkarmam için dünyada kimbilir kaç "yanlış" insanla karşılaşacağım.
- Benim söylemek istediğim biraz daha farklı. Her insanın hayatımızda belli bir yeri var. Bunları yanlış insan diye nitelemek asıl yanlışlık olur. Ama seni Mevlana kılacak kişiye "doğru insan" diyebilirsin. Bilmem anlatabildim mi? Yani bu felsefede eksiye yer yok. Yanlış insan yok. Lakin doğru insan var ve çok az. Her birimizin doğru insanı da farklı. Yani bu göreli bir şey. Tıpkı güzellik gibi...Senin için prenses olan benim için kocakarı... Kimini bir çocuk irşad eder, kimini bir baba. Kimini kan kardeşi, kimini sevgili. Mecnun'un mürşidi Leyla idi. Daha doğrusu ona duyduğu aşk... Hem biliyor musun Ömer, irşad edenin canlı olması da şart değil. Benim bir gönül dostum, ulu bir çınarın altında cûş-u hurûşa erer, feyzle dolardı. Önemli olan hakikat aşkı oğlum...

Ömer'in çalan cep telefonu konuşmalarını kesti.
- Özür dilerim üstadım, genelde kapatıyordum. Ama bugün mühim bir telefon bekliyorum...

Mahmut Bey, "önemli değil" anlamına bir işaret yaptı.
- Alo Fatma sen misin? Efendim... Şükran Hanım mı?... Hımm... Evet anlıyorum.... Öğle yemeğini bıraktıysan tamam... Fuat'a söyler misin, bir bakıversin... Sağol görüşürüz.

Telefonunu kapadıktan sonra hala gölletteki ördekleri seyreden Mahmut Bey'e yaklaştı:
- Peki hocam, hakikat aşkına nasıl varacağız?
- İşte bu çok önemli bir sorun Ömer. Herkes gerçeği aynı derecede sevmez. Gerçeği sevmek de öyle her babayiğidin harcı değildir. Şu ördekleri seyrediyordum...Simit parçalarını gagalıyorlar. Aslında yapay bir mekandalar. Göl ve bataklık kenarlarında kurtçuk ve böcek yeme-

leri gerekir. Gerçek dünyalarında değiller. Şu kadar dar alanda yüzmek ve ömür geçirmek zorundalar. Büyükler anlatır ki; **Salih Peygamber'in kavmi kayaları oyup ev yaparlarmış.** Salih, bir gün onlara, "sizin ömrünüz birkaç asır ama öyle bir ümmet gelecek ki ömrü altmış -yetmiş yıl olacak ve kat kat evler inşa edecekler, şehirler kuracaklar" demiş. Kavmi şaşırıp kalmış. Bizim çocuklarımızın yaşında ölüyor ve yüksek evler mi inşa ediyorlar? diye. Eh Ömer, şimdiki gökdelenleri görse, Salih Peygamber'in kavmi ne yapardı dersin?

Dönelim ördeklere... Onlar da gerçek dünyaları olmayan şu mekanda, bulurlarsa böcek bulamazlarsa simit ve ekmek kırıntısı yiyip gün geçiriyor. Elleri mahkum. Tıpkı bizlerin bu hayata mahkumiyeti gibi. Gerçek ırmağımıza dönene kadar, dünya göletinin simit kırıntılarını yemek zorundayız. Önemli olan, bunu "lütfen" atan ellere fazla itibar etmemek. Gerçek rızık verenin doğrularını bilmek ve o eli özlemek... Çünkü bu yapay göletten bizi tutup çıkaracak tek el onunkisi...

Ömer düşünceli düşünceli göletteki ördeklere baktı. Şişman olanlardan biri başını eğip önündeki simit parçasını kaptı, zorla yuttu. Bir başka kırıntıya koştu. Başka bir ördek, dik tuttuğu başıyla, onur mücadelesi veren bir insanı andırmaktaydı. Cılız vücuduyla yaklaşıp simidi kokladı ama almadan uzaklaştı.

Üç katlı dergi binasında sabah, her zamanki gibiydi. İkinci katta Zeynep'in de masasının bulunduğu bölümde, biri bilgisayar başında, biri masasına dayanmış iki sekreter, bitişik şirket binasında olup bitenlerle pek alakadardı.

- Lâle Hanım burnundan kıl aldırmıyor ki.
- Ne yaparsa yapsın bu defa kocasının elinden kurtulamayacak. Son hadiseyi duydun mu?
- Yeni sekreterin evini arayıp kızın kocasına ahiret sualleri sormasını mı?
- Evet...Haluk Bey köpürmüş. Bu defa kesin boşanma davası açar. Kızcağız işi bırakacak olmuş. Neyse kocasıyla Haluk Bey bir olup ikna etmişler de...
- Anacığım, güzellik de başa bela. Hele sekreter oldun mu...Evli de olsan illa patronla aranda bir şeyler var sanırlar...Filiz de bir içim su hani.
- Gerçekten, kız eskiden mankenmiş. Yani sicili Lale Hanım'ı huylandıracak kadar popüler...

- Bazı mesleklerin imajı kötü yaa...ağzınla kuş tutsan yaranamazsın, iyi ki dergide çalışıyoruz.
Zeynep içeri girince, kıkırdaşan kızlar konuşmalarına ara verdiler.
- Merhaba kızlar...Patronu gördünüz mü?
- Hayır Zeynep, Tamer Bey henüz gelmedi...
- Siz ne yapıyorsunuz?
Kızlardan topluca olanı başıyla yandaki şirketi işaret etti:
- Günün en son dedikodularını tartışıyoruz... Komşularımızı çekiştiriyoruz.
Öbür kız-sarışın denebilirdi- masasındaki kağıtları karıştıran Zeynep'e döndü:
- Dershane nasıl gidiyor?
- İyi... Haftaya bitiyor. Sınav öncesi son bir tekrar yapacağız.
- Seni bu yıl iyi sardı bu iş. Seneye de düşünüyor musun?
- Belki Millı Eğitim'e başvurup lise felsefe öğretmenliği alabilirim. Babam bir an önce beni memur görmek istiyor. Ersin kafayı bilgisayar bölümüne takmış vaziyette...Eh erkekler sürdürmezse "baba mesleğini", kızlar sahneye çıkar...
- Ya tayinin Doğu'ya çıkarsa?
- Ne olmuş?
- Terörü unutuyorsun galiba...Oraya gitmek için ya deli olmak lazım ya da şövalye ruhlu...
- O zaman İstanbullular'ın hepsi şövalye. Çünkü terör, İstanbul'un göbeğinde de var. Daha geçen gün, alışveriş merkezinde, canlı bombalardan birinin intiharı sonucu ölen arkadaşından bahsediyordun ya, hani cenazesine gitmiştin...
- Evet, doğru söylüyorsun da... Sanki burada yaşarken orası ayrı, istenmeyen bir bölge gibi... Dayım anlatıyordu, oğlu şark hizmeti için Güneydoğu'ya gitti, bazı yerlerde "pasaportsuz girilmez"yazıyormuş... Ülkemizi tanıyamıyorum.
- Liseler merkezde yani sakin yerlerde. Bu annemi biraz rahatlatıyor.

Sarışın kız atıldı:
- Geçenlerde bir öğretmen arkadaştan dinledim: Ağrı'nın bilmem ne köyü... Adını bile duymadım, orada çalışıyor bir yıldır. Öğrenciler hep aşiret reislerinin çocukları filanmış, bellerinde tabancalar okula gelirlermiş... Birgün bakmış bütün sıralar, masalar üstüste dizilmiş. Bizimki, "hayrola çocuklar, bu ne hal?" demiş. Öğrenciler, "hoca efendi -böyle

konuşuyorlarmış- sen bugün biraz dinlen, biz mektebi tatil yaptık" demişler... Bizimki stajyer, zavallım, ne yapsın... Kös kös evine dönmüş.
İki kız da kahkahayla güldü. Zeynep acı acı tebessüm etti:
- İşte bu haldeyiz. Öğretmen öğrenci karşısında madara...Büyükşehirlerin çocukları, gençleri çok mu farklı sanki...Şımarık, saygısız...Onlara birilerinin hayat dersi vermesi şart...
Tamer başını kızların bulunduğu odaya uzattı:
- Geldin mi Zeynep? N'aber?
- İyidir Tamer abi, siz nasılsınız?
- Uğraşıyoruz. Hadi gel yukarıda konuşalım.
Birlikte üst kata çıktılar. Tamer'in odası son derece sade döşenmişti. Zeynep sabırsız hareketlerle adamın yerine oturmasını bekledi.
Tamer, kırklı yaşların başındaydı. Sert görünmeye azami gayret sarfetmekten yüzü kırışkırıştı ama gözlerindeki muzip ışıltıyı silmeye yılların bile gücü yetmemişti. Bu bakışları yakalayan biri ömrünün sonuna kadar onunla dost olacağını anlardı.
Zeynep'e yer gösterdi:
- Otursana...
- Acelem var, hemen gideceğim...
- Yazının konusunu değiştirmeye mi geldin?
- Hayır, hayır...Baştan çok iddialı ve girift gelmişti ama sonradan ısındım.
Tamer kahkaha ile güldü:
- Hahaha... Allah Allah, nasıl oldu bu?
- Haklısınız gülmekte... İnsan ölüm gibi soğuk bir şeyden nasıl bahseder, onu okuyucuya günlük hayatın bir gerçeği olarak ne biçimde sunar diye ürküyordum ama artık konu zihnimde şekillendi. Benim size söylemek istediğim şey bambaşka...Dershaneden bir öğrencimle ilgili.
Tamer ilgiyle eğildi:
- Nedir?
- Çocuk kimsesiz... Zengin bir hâmisi varmış, burslu okumuş. Adam geçen ay sizlere ömür... Şimdi üniversiteye hazırlanırken bu ani kayıp onun için çok kötü oldu...Adı İlhan. Temiz bir çocuk. İş aradığını, arkadaşından öğrendim. Benimle konuşmak için can attığını biliyorum ama henüz hazır hissetmiyor. Yazın biraz para kazanabilirse, üniversitede burs ayarlayana kadar idare edebilir.
Tamer düşünceli:
- Benden istediğin nedir? diye sordu.

- Şey...Önce beni, sokakta bulduğu köpek yavrularını korkarak eve getiren çocuk pozisyonuna sokmadan dinlediğiniz için sağolun...Bunu yakınlarımdan bir tek size açabilirdim. Şimdiye kadar bu tip isteklerimi hiç geri çevirmediniz.

Tamer şakacıktan, kızgınmış gibi sesini boğdu:
- Zeynep...Sadede gel.
- Ona bir iş lazım...Burada ... Sizin kanatlarınızın altında.
- Elimi kolumu bağlıyor ondan sonra karşıma geçip masum kız rolü kesiyorsun. Zeynep, sen...

Genç yazar taramalı tüfek gibi, nefes almadan konuştu:
- Hem burada ayak işlerine bakacak, arada Cağaloğlu'na geçip sipariş verecek, oradan emanet taşıyacak genç birini aramıyor muydunuz? Hani şu "offisboy" dediklerinden... İlhan'dan daha münasibini bulamazsınız inanın...
- İstersen bi de evlat edineyim?

Zeynep ciddi ciddi cevap verdi:
- Aaa, olmaz...Evde genç kızınız var, uygun düşmez. Sonra, Zehra abla böyle emrivakileri sevmez, bilirim. Siz sadece iş verin yeter.
- Senden kurtuluş yok mu deli kız?
- Ne zaman söyleyeyim İlhan'a?

Tamer biraz sessiz kaldıktan sonra:
- Yarın gelsin, görüşelim, dedi.

Zeynep gitmeye hazırlandı. Kapıya yaklaşınca bir şey hatırlamış gibi döndü:
- O bir yetim unutmayın...

Patronu bu defa soluk almadan cevapladı:
- Geçmişinde korku ve acı olan yüzleri benden iyi kimse tanıyamaz.
- Teşekkürler Tamer abi...

3.

Şükran Hanım elinde aynası, kendini seyreder, saçlarını kabartıp eliyle yüzünü gerdirirken, koltuğa rahat bir tarzda, uzun oturmuştu.

Dışarı kulak kabarttı. Ömer'in sesini duydu. Görevlilerden biriyle konuşuyor olmalıydı. Hemen aynayı arkasına saklayıp ayak ucundaki kitabı açıp okur gibi yaptı.

Kapı çalınınca pozisyonunu daha etkileyici bir hale soktu. Şuh bir sesle:
- Giriniz, dedi.

Genç adam odaya girip, kadından birkaç metre uzağa oturdu:
- Bugün nasılsınız Şükran Hanım?
- İyiyim, Ömer Bey. Siz?
- Ben de iyiyim...
   Şükran sızlandı:
- Size biraz kırgınım ama...
- Niçin?
- Önceleri her gün uğruyordunuz, şimdi yüzünüzü gören cennetlik...
- Sizi benden alıp Fuat'ın grubuna verdiler biliyorsunuz. Kendi grubumla ilgilenmek vakit alıyor. Yine de haftada iki defa ziyaretinize geliyorum. Daha sık gelemediğim için özür dilerim...
   Şükran yumuşadı:
- Yok canım özür dilemenize gerek yok. Fuat Bey de fena değil. Yalnız çok cadı bir karısı var, dakika başı adamı cepten arıyor. On dakika rahat konuşamıyoruz.
- Halden anlarsınız, daha üç aylık evliler.
- Hıh, cicim ayları, çabuk geçer. Ben ikinci eşimle tam bir yıl balayı yaşamıştım ama o başkaydı...Ne diyordum, hastanede, ay pardon, "tedavi merkezinde" bir hareketlilik var, sebebi nedir doktor?
- Yönetimle ilgili bir husus, siz güzel kafanızı yormayın.
- Sahi güzel miyim?
   Ömer cevap vermeden önce geniş alnını bir süre kaşıdı. Bu erkek delisi kadına ne söylenebilirdi ki.
- Çook...Kimbilir ne canlar yaktınız, terapiniz bitince daha neler olacak...
- O günleri iple çekiyorum...
- Eh şimdi de ben size kırıldım.
- Niye ki?
- Baksanıza bizden bir an önce kurtulmak ister gibi bir haliniz var.
   Şükran mahcup mahcup gülümsedi:
- Yok öyle değil de insan evinde daha rahat. Burası da çok güzel. Haftada bir tiyatro seyrediyoruz. Açık hava sinemamız bu ay başlıyor. Sonra bahçe başlı başına bir harika...Danışmanlarla hemşireler de çok cana yakın... Yine de insan Beyoğlu'nda vitrinlere bakmak, şık bir Tarabya restoranında balık yemek, Kadıköy'de sinemaya gitmek istiyor...Hele yanında sevdiği adamla elele, gözgöze bir Sarıyer gezisi...

Kadın derin derin içini çekerken, Ömer, Şükran'ı idare etmenin ne kadar güç bir iş olduğunu düşünüyordu.

Bir ikindi vakti... Ahmet Beyler'in evinde Zeynep ve ailesi balkonda çay içmekteydiler.
Zeynep ayağa kalkıp, Ayla Hanım'ı zorla oturttu.
- Sen otur Ayla teyze, servisi ben yaparım. Yeterince yoruldun.
- Ne münasebet, zaten kaç ayda bir geliyorsunuz.
Melek Hanım önündeki, çayı yudumlarken yılların verdiği yakınlıkla ev sahibesine:
- Aysel'le konuştunuz mu Ayla, diye sordu.
- Sorma Melek... Öyle zormuş ki kız evlendirmek, hele gurbete...
Gözleri buğulandı. Göğsünü işaret etti:
- Şuramda sürekli bir yara acısı.
Ahmet Bey karısına takılmadan edemedi:
- Yapma hanım, duyan da kızını yıllarca göremeyeceksin sanır... Onbeş güne kadar buradalar. E, daha gideli sekiz ay olmadı.
- Sen gel de bana sor... Ana yüreği bu, sen babasın...
Muhittin Bey lafa karıştı:
- Ne yani Ayla Hanım, babaların içi acımaz mı?
Ayla Hanım ona döndü:
- Acır acımasına da, anne kızını gelin ettiği gün, ömrünün yarısını da onunla gönderir. İsterse yandaki eve evlensin ya da damat "iç güveyi" olsun... O kendi kızıdır hala, ama daha çok "falancanın karısı"dır, ona aittir.
Melek Hanım, pasta tabaklarını taşıyan Zeynep'e baktı:
- Galiba zor gelen "paylaşmak" ha Ayla?
- Bilmiyorum...
Muzip doktor:
- Neyse ne... Sanki kendileri analarını bırakıp, oynaya zıplaya evlenmemişler, dedi.
Muhittin Bey kızını süzdü:
- Siz ne derseniz deyin, bir baba için de kızını paylaşmak çok güç. Bunun içine, o güne kadar koruduğun nadide bir emaneti, ne idüğü belirsiz ellere teslim etme korkusu da katılıyor.
Ahmet Bey börekten iştahla ısırdığı parçayı yutup sordu:
- Ne idüğü belli olursa?
- Yine de zor azizim.

Zeynep babasının sözleri üzerine ona bakıp gülümsedi. Çayları dağıtmıştı.
- Bahsettiğim merkeze gittin mi Zeynep?
- Hayır Ahmet amca, fırsatım olmadı...
Doktor, başıyla içeriyi işaret edip kalktı:
- Hanımlar! Biz derin mevzulara dalmaya gidiyoruz, size eyvallah
Melek Hanım:
- Güle güle, aman çok derinleşmeyin...Zeynep bir haftadır baharata elini sürmüyor, o kadar da severdi...Aynı akıbete uğramak istemezsiniz sanırım, dedi.
Onlar içeri geçince Ayla Hanım, iskemlesini arkadaşınınkine iyice yanaştırdı.
- Zeynep nasıl?
Melek Hanım anlamamazlıktan geldi:
- Söyledim ya, ağzına bir şey koymuyor. Zayıflayacak diye korkuyorum, kiloyu yüzden verince hayalete benziyor...Evde kalacak.
- Benim kastım da bu...Unutabildi mi o olayı?
- Salih'i mi? Tabi canım...
- Bak Melek... Eski dostuz, rahat ol...Bizden size herhangi bir kem laf gelmeyeceğini bilirsin...Zeynep'i Aysel'le bir tutarım. Unuttun mu, aynı beşikte yattılar.
Melek Hanım esefle iç geçirip, başını salladı:
- Doğru.
- Hiç unutmuşa benzemiyor. Deli gibi çalışıp her anını dolduruyor. Dergi yetmezmiş gibi bu sene de dershane... Kolay mı? Yeni yetmeler canavar gibi... Zeynep'in evlilikle ilgili her lafta benzi soluyor. Dikkat ettim, deminki ana kız muhabbetine bir miskal katılmadı. Sonra şu midesi... Eminim ilk darbeyi Salih'le birlikte aldı. Ahmet, "mutlaka sıkıntıdan uzak durmalı" deyip durur. Ülsere çevirirse zor olur.
- Haklısın ama geçmişi değiştirmek elde mi? Ben de istiyorum artık erkeklere düşman olmasın. Tam beş yıl geçti aradan. Beş koca yıl....
Gözümün önünden gitmiyor... Zeynep davetiyeleri zarflıyordu... Salih'ten bir not geldi, ne yazmış bilmem.... Zeynep çılgın gibi davetiyeleri fırlattı, odasına kapandı... Üç gün ne yedi ne içti. Sadece babasını aldı içeriye.
Kırgın bir ses tonuyla tamamladı:
- Zaten hep öyle olmuştur... Küçükken de bir şeye üzülüp kızınca odasına kaçar, babasından başkasıyla konuşmazdı.

TANRININ UMUT OLDUĞUNU SÖYLEDİ BİR BÜYÜĞÜM 27

Bir düşüncesini savuşturmak ister gibi elini salladı:
- Neyse ...O gün bu gün evliliğin lafını ettirmiyor...
- Gerçeği tam olarak hiç anlatmadın bana.
- O notta ne yazıyordu bilmem, parçaladı attı. Biz sonradan Salih'in evli bir adam olduğunu öğrendik... Zeynep'ten sonra bir kıza daha evlenme vaadiyle yaklaşmış. Kızın babası bürokratmış da, Salih içeri tıkıldı... Galiba aralarında bir şeyler de geçmiş onunla. Gazeteler yazdıydı. Düşünsene Zeynep'le evlenip onu yüzüstü bırakabilirdi.
- Nikah işlemlerinde nasıl anlamadılar ki?
- Ne bileyim, galiba sahte kimlikliymiş...İsteyince okumuş insanları bile kandırmak o kadar kolay ki...

Biraz durakladı.
- Böyle, birine anlatınca rahatlıyorum...Zeynep de haklı belki, ama artık yaraları kapanmalı... Biz bâki değiliz.

Ayla Hanım bakışlarıyla içeriyi işaret etti:
- Haklısın ama sen anlatırken titriyorsun, ya o ne yapsın? Sık sık bu manzaranın gözünde canlandığına eminim...
- Evet... Aman neyse, kapayalım bu bahsi. Aysel'i anlat biraz. Zeynep, bebek beklediğini söyledi....Demek anneanne olacaksın.
- Yaa, nasıl heyecanlanıyorum bilsen...

Merkezin yemekhanesi, vazolarda çiçekler, işli keten örtüler, akşamları yanan mumlarla, daha çok, garsonları eksik bir restoranı andırıyordu. Camdan görünen dev kaktüsün rengi, yemekhane duvarlarınınkinin birkaç ton koyusuydu.

Ahçı Rüstem Usta, elindeki kepçeyi ders verir tarzda sallayarak, Mahinur'un tekerlekli sandalyedeki yeğenini azarlıyordu:
- Yoo paşam, senin yaşındaki çocuklar, büyükleri ne derse onu yapar. Horoz gibi diklenip "illa da ben şunu yapıcam" demekle olmaz.
- Söyle Rüstem Efendi söyle. Beni anası bilir sanırdım, bir kulağından girip öbüründen çıkarmış meğer laflarım.
- Bak Kemal... Teyzeni üzme, sanatçı milletinin karnı doyuyor mu sanki?

O sırada yemekhaneye giren Ömer, genç danışanının mahzun bakışlarını görüp onu bu durumdan kurtarması gerektiğini düşündü:
- Rüstem Usta, Kemal'i azarlamaktan vazgeçip benim aşımı versen... Yoksa toplantı yüzünden geciktim diye cezalı mıyım?

Boş tabldotunu Rüstem'e uzattı. Kemal'e "kaybol" işareti yaptı. Çocuk yavaşça sandalyesini sürerek arka kapıdan çıktı.
- Ooo, Ömer beyoğlum. Yok ne cezası...Kemal'i dersen, bizimki amca nasihatı, dinlerse tabi...Şimdiki gençler bi tuhaf.
Rüstem dalmış, servis kaşığını pilavla doldurmuştu:
- Aman... pilavı doldurma ustam, çok kilo alıyorum... Söylesene, şimdiki gençlerin içinde ben de var mıyım?
- Ah paşam, herkes senin gibi olsa keşke. O zaman dünya güllük gülistanlık olur.
Mahinur, hayran hayran Ömer'i süzüp komposto kepçesine uzandı:
- Serap Hanım nasıl oğlum? Nikah yok mu daha?
- Ben müzmin nişanlıyım Mahinur abla bilmez misin? Serap şimdi de iki aylığına Avrupa'ya gitti. Paris, Londra, gezecekmiş arkadaşlarıyla. Eee, turizmcilik zor zenaat...
- Allah Allah, senin burada işin ne?
- Ben nasıl sizleri bırakır da giderim... Benim tatilim, Temmuz'da on gün, babaannemle başbaşa izlediğim güneşbatımları...Hadi görüşürüz.
- Afiyet olsun.
Ömer uzaklaşınca Rüstem'in kaşları hafif çatıldı:
- Şu çocuğu da anlamıyorum. Ben nişanlı olacağım da nişanlım beni bırakıp Avrupalara arkadaşlarıyla gezmeye gidecek... Vah kızım vah... Valla şöyle kolundan tuttuğum gibi nikah masasına... Ondan sonra gıkını çıkardı mı "hadi bakalım, artık kocanım, efendinim, öyle zırt pırt gezmek yok"derim. Ne eyvallah edecem.
Mahinur biraz nazlı, edalıydı bugün:
- Nerde senin gibi sert, yumruğunu masaya vurup laf dinleten erkek Rüstem Efendi...Kaldı mı ki?
Rüstem bıyıklarını burarak:
- İşte o kadar! Ne diyordum? dedi. Kemal'i arayan gözleri, ümitsizce etrafı taradı:
- Hay kerata...Ömer'le konuşmamdan faydalanmış...Sen buna fazla yüz verdin Mahinur Hanım.
- Ne yapaydım ya...Anası bana teslim etti ölüm döşeğinde. Babasının durumu iyi sayılır ama bu çocuğun aradığı, ilgi. Zaten anası öldü o kazada, kendi felçli kaldı. Babası da gününü gün ediyor. Allah için parasını hiç eksik etmez ama buraya atıp çocuğu, kendi gezip eğlenmek var mı?
Rüstem'in deminki havası sönmüştü:

- Zor, çok zor...Baba olmak da evlat olmak da zor.

Ahmet Bey, Zeynep ve Muhittin Bey, zevkli döşendiği her köşesinden belli olan salonda, koltuklara gömülmüşlerdi. Akşam karanlığı basmıştı ama üçü de kendilerini konuya kaptırmış, eşyaların seçilebilmesi için ışığı açma ihtiyacı bile duymuyorlardı. Muhittin Bey, kızının, ölüme yaklaşmış hastaların psikolojisiyle ilgili sözlerine itiraz ediyordu:

- Haklısın, ama ölümcül hastalığa yakalanmış biri normal sayılmaz.
- Tersini iddia etmiyorum ki... Biz insanlar, ölüm karşısında aciz olduğumuzu bildiğimiz halde son nefeste bile direniyoruz. Bir şey o çizgiyi geçmemizi, öbür aleme yönelmemizi engelliyor. Ben bunu merak ediyorum.

Ahmet Bey söze karıştı:

- Olaya senin gözlerinle bakmaya çalışsam da ben bir hekimim ve tıp gözlükleriyle bakınca her şey açık: Hücreler iflas ediyor, kalp işlevini yitiriyor, son nefes de bazen büyük bir huzurla bazen de hala dünyada yapacak işleri varmış da çıkmak istemezmiş gibi esefle çıkıyor. Ama çıkıyor işte...
- Benim gelmek istediğim nokta da bu Ahmet amca.. Nedir o son anın hikmeti? Bu yazıyı hazırlarken birçok filozofun görüşünü yeniden okudum, edebiyatçıların tasvirlerine göz gezdirdim. Dînî kitapları da inceledim. Taslak zihnimde oluştu ama bir de sizin gibi tarafsız bir gözlemciden olayın akışını dinlemek istiyorum.
- Biraz önce dediğim gibi, mesleki kaygılardan uzak olarak, inanan bir insan bakışıyla ölüm, bir geçit. Kesinlikle son değil. Materyalist bilim adamları ruhu açıklayamıyor biliyorsun. Damarların ve bedenin içinde gezinen bir "güç" diyorlar, canı tariflerken. Ama nedir bu güç? Pozitif bir enerji? Hava gibi bir şey? Belli moleküler yapıdan oluşmuş ama gözle görülmeyen bir nesne? Belirsiz...

Niçin ruh ortadan kalkınca o sıcak beden soğuyor? Tatlı bakan sevgili gözler anlamsızlaşıyor. Hastayı geri döndürmek, bir gün ölüme çare bulmak, bilim adamlarının en büyük ütopyası. Ama benim fikrimce ütopya olarak kalacak... Derler ki Lokman Hekim ölüme çare bulmuş ama iksirini yazdığı kağıdı denize düşürmüş.

Zeynep düşünceli bir tarzda başını salladı:

- Hastalarınızda gördüğünüz değişik ölüm biçimleri, yani size hissettirdiklerini de bilmek isterdim. Bir hasta öleceğini anlayınca neler söyler? Uysal mı yoksa asi midir? Canın öte dünyaya doğru yolculuğu başlaması sırasında, direnme gösterenler mi, yoksa kendini bu yolculuğun ritmine bırakanlar mı daha fazla?

- Arkadaşlar arasında "matrak" biri olarak tanınmakla beraber ölümle ilgili pek espri yapmam. Çünkü ölüm "yaşam" kadar ciddidir. Ciddiyet ister. Ama sorduğun soru beni yine de gülümsetiyor. Hastaların son anlarıyla ilgili istatistik yapmadım ki, nereden bileyim?

- Sizin genellemelerinize daima güvenmişimdir. Bu konuda da bir genelleme yapabilirsiniz. Zaten okuyucuları sayıların ilgilendirdiğini de sanmıyorum. Özellikle bu konuda.

- Hiç ölüm olayına tanık oldun mu Zeynep? Ya da şöyle sorayım: Hiç yanında ölen biri oldu mu?

- Hayır. Ölmüş bir insanı gördüm ama... Arabayla yanından geçmiştik. Trafik kazası sahnesi.... Çok feci görüntülerdi. Pek de bakamadım zaten. Ama hayır, hiç yanımda ölen biri olmadı. Neden?

- Eğer ellerinin arasında bir ruh uçup gitseydi, bana bu soruları sormayacağına emindim de ondan.

- Yapmayın, işin felsefesini yapıyoruz. Teorik-pratik farkı bu kadar önemli mi?

- Hem de çok...Düşün, sana yönelen acı dolu bakışlar var, elinden geleni de yapmışsın. Ama yine de emin olamıyorsun, acaba birşeyler daha var mıydı, diye. Sen bu haldeyken, eğer o gözlerde de bu soruyu okuyorsan işte kahrolman için birinci sebeb hazır...

- Ya ikinci sebeb?

- Sağına soluna bakınıp yapabileceğin hiçbir şey kalmadığını görüp tekrar o gözlere dönmen ve yalan söylemen... Evet, yalan söylemek zorunda olman...

Muhittin Bey uzun bir aradan sonra ilk defa söze girdi:

- Nasıl yani?

Zeynep heyecanla:

- Ben anladım galiba...O saatte bile umut aşılamak mecburiyetindesiniz değil mi? dedi.

- Evet... Sanki iki saniye sonra yüzde yüz öleceğini bilmiyormuş gibi davranman, hastaya moral aşılaman gerekir. Tıpkı "acımayacak" dediğin halde canının acıyacağını bile bile bir çocuğa iğne yapmak gibi ... Ölüm karşısında elimiz kolumuz bağlı...

Esefle sesi kısıldı:

- Ne yazık ki bizim bile...

- Yani sessiz seyirciler misiniz?
- "Dilsiz" demek bile mümkün. Düşün bizdeki isyanı... Kalbi tekrar çalıştırmanın, beyne ve ciğerlere oksijen göndermenin, her türlü suni teneffüs ve masajın yöntemini bilebilirsin ama ölüm meleği o anda senden bir adım öndedir ve asla bu yarış parkurunda onu geçemezsin, ipler onun elindedir... Rakip kabul etmez. Uzansan elini dokundurup onu engelleyebileceksin gibi gelir.. Ama hayır...Allah hiçbir faniye bu anı geri çevirme yetkisini vermemiş, hatta Azrail'e bile...Doğu'da da Batı'da da bir hikaye anlatılır, bilir misin? Aslı Araplardan gelme sanırım.
- Aaa, onu not edeyim.

Kalkıp ışığı yaktı. Masa üzerinden ajandasını alıp arka tarafını çevirdi.
- Hz. Süleyman'ın baş veziri çarşıda Azrail'e rastlar. Ölüm meleği ona tuhaf tuhaf bakar. Vezir, Kral Süleyman'ın huzuruna çıkıp endişesini dile getirir ve ondan, rüzgara, kendisini başka bir şehre, mesela Semerkant'a götürmesini emretmesini rica eder. Rivayete göre biliyorsun, Kral Süleyman hayvanların dilinden anlıyor ve rüzgara söz geçirebiliyormuş. Neyse, efendim... Adam gideceği yere gidince, Azrail, Süleyman'ın yanına gelir. Süleyman ona neden vezirini korkuttuğunu sorunca: "Ey kral, Allah bana vezirinin bu gece canını almamı emretmişti ama ölüm yeri Semerkant olarak bildirilmişti. Bugün onu senin şehrinde görünce şaşırdım, tuhaf bakışım ondandır" der. Eh sen gerisini getir artık.

Muhittin Bey başını iki yana salladı:
- Kaçış yok yani...

Doktor, Zeynep'in yazısını tamamlamasını bekledikten sonra:
- Daha ne anlatabilirim sana? diye sordu.
- O kadar çok şey anlattınız ki, bunun üzerine üç yazı dizisi kaleme alabilirim. Ama sizi bu konuda biraz daha deşmek ve canlı bir örnek istiyorum...
- Bir anı?
- Evet istediğim bu...

Ahmet Bey bir süre düşündü, sonra etkileyici bir sesle devam etti:
- On yıl kadar oluyor. Sıcak bir eylül akşamıydı... Her zamanki nöbetlerimden biri... Hastaların odalarını dolaştıktan sonra odamıza çekiliriz, acil bir durum olmadıkça tabi...

Akciğer kanseri olan hastamın son anlarıydı artık. Yapabileceğimiz herşeyi yapmış ama sonuç alınamadığını farketmiştik... Ben doktor mantığı ve duygusuyla Mediha Hanım'a sürekli yaşama sıkı sarılmasını telkin ediyordum... O gece de mûtât kontrol sırasında ona aynı şeyleri söyledim. Gözlerimin içine bakarak: "Biraz önce gelen güzel yüzlü doktordan farklı şeyler söylüyorsunuz." dedi. Ben de densiz bir hastabakıcıyı doktora benzettiğini sanarak teselli ettim. Tam kalkarken parmaklarıyla elimi kavradı ve "yolculuğum için artık hazırım, yaptıklarınız için size minnettarım" dedi. Gülümseyip elini okşadım ve odadan çıktım.

On dakika sonra nöbetçi hemşirelerden biri telaşla kapımı çaldı. Mediha Hanım'ın ağırlaştığını söyledi. Hemen aşağıya koştum. Başucuna vardığımda onu kaybettiğimizi gördüm. Hafif mahcup bir tebessüm vardı dudaklarında. Son kez nabzını kontrol edip hemşireye döndüğümde, o, yüzüme hayretle bakıp: "Bu gece tek nöbetçi değil miydiniz Ahmet Bey?" dedi. Evet, cevabını verdim. Mediha Hanım, "Ahmet Bey'e söyleyin, az önce gelen güzel yüzlü doktor, artık gitme zamanımın geldiğini söyledi" demiş ve başı yana düşmüş.

Ahmet Bey, terleyen alnını mendiliyle sildi:

- Ben... Ben hastalığı boyunca Mediha Hanım'ı o geceki kadar iyi bulduğumu hatırlamıyorum. Uzman olarak bana danışılsa, öleceğini ama bunun o gece olmayacağını kalıbımı basarak söylerdim...Ters giden hiçbirşey görmemiştim, hem en fazla birkaç dakika önce...

Zeynep ürperdi:

- Çok müthiş...

Muhittin Bey ne söyleyeceğini bilemez gibiydi:

- Müthiş de laf mı? Hayatım boyunca ben böyle bir hatıra daha dinlemedim.

- Bana sorduğun sorunun tam cevabı bu olsa gerek Zeynep.

Genç kız dalgınlaşmıştı:

- Hangi sorunun?

- Son anın büyüsü.

Baba kız bir ağızdan bu sözleri tekrarladılar. Sanki onları da garip bir büyü sarmıştı. Zeynep uykudan uyanırcasına silkindi:

- Teşekkür ederim, bana bundan daha fazla yardımınız dokunamazdı Ahmet amca...

Midesini tutarak mutfağın ışığını yaktığında saat gece yarısını çoktan geçmişti. Buzdolabını açıp poşetten ilaçlarını çıkardı. Bardağa su doldururken Muhittin Bey gözlerini oğuşturarak mutfağa girdi.

- Zeynep, iyi misin kızım?

Babasını cevaplarken yüzünü buruşturdu:
- Bu gece çok sancıyor.
- Niye ki? Perhizini yapıyorsun değil mi?

Zeynep başını salladı. *Arada salatadan kaçamak yaptığımı söylesem mi?*
Muhittin Bey şefkatle kızının yüzünü okşadı:
- Rengin sapsarı. İşlerini biraz hafifletsen...Ya da bir tatil, ha ne dersin? Şöyle hep beraber. Ersin haftaya sınava girsin, sen de izin alırsın.

Gençkızın eli hala midesinin üzerindeydi.
- Daha Haziran başında mı?
- Çok fazla koşturuyorsun.
- Dergi kaç yıllık işim baba...Onun yorduğunu zannetmem. Belki dershane. Bu ara çocuklar da biz de bittik. Sorular da çalınınca...Sınavdan sonra rahatlarım merak etme.
- Ahmet'le konuştum...Şu psikolog, terapi fikri fena değil.
- Baba sen de mi?
- Niye kaçınıyorsun ki? Haftada iki gün gitsen belki faydası olur.

Zeynep ani bir sancıyla büküldü:
- Of, midem...
- Yapabileceğim bir şey var mı?
- Yok. Daha iyiyim.Git yat hadi...

Muhittin Bey kızını öpüp iyi geceler diledi.

Ertesi sabah giyinirken ani bir kararla komodinin üstündeki işlemeli kutuya uzandı, açtı. Ahmet Bey'in verdiği kartı aldı. *Ömer Kılıç...Terapi ve Dinlenme Merkezi... Beykoz*...Tereddütle kartı evirip çevirdi. Düşünceli bir ifadeyle cebine soktu.

"Genç Filozof'un" en üst katındaki odasında Tamer Bey, karşısındaki genci süzmekteydi: *Biraz ezik tavırlı. Zeynep söylemişti ama...*
- Ne tahsil etmek istiyorsun?
- Tarih efendim...Edebiyata karşı da ilgim var ama tarih benim için daha özel.
- Bitince?Öğretmenlik mi?
- Sonrasını henüz düşünmedim. Gerçi benim mevkiimdeki insanlar önce yapacağı mesleği seçer ama....
- Mevkiinde bir fevkaladelik yok Ilhan.
- Fakat?...

- Dur sözümü kesme. Zeynep senden biraz bahsetti ama bu kadar "baştan pes eden biri" olduğunu belirtmedi...Bak evlat, aklına sokman gereken ilk kural, bu dünyada tek kimsesiz insanın sen olmadığın gerçeği...
İlhan gözlerini yere indirdi:
- Bunu biliyorum.
- Kaç yaşındasın?
- Onyedi...
- Onyedi! Bu yaşta insan, dünyaları devirecek kadar güçlü, herşeyi başaracak kadar umutlu hisseder.
- ???
- Buradaki işlerden bahsetti mi Zeynep?
- Evet efendim...
- Âlâ...Bugün karşıya geçip bazı yerlere uğramanı istiyorum.
- Geçerim tabi.Yani şey...
- Evet?
- Ben şimdi işe alındım mı?
- Bu işi istiyor musun?
İlhan heyecandan kısılan bir sesle:
- Evet, çok. Ben kitaplara bayılırım, onlarla içiçe olacağım. Özellikle arşiv, tam bana göre, dedi.
- Öyleyse hızlan bakalım.Girişteki sekreter kız, Aynur, ondan gideceğin kitabevlerinin adresini alırsın. Sonrasını sınav geçince konuşuruz. Şimdi gidebilirsin...
İlhan çıkmaya hazırlandı.
- Ha, İlhan! Galip Bey'e uğra da avans al. Maaşa daha var. İdare edecek kadar verecek...
- Teşekkürler.
- Eyvallah...

Zeynep, boğazın virajlı yollarında ilerlerken Ömer Kılıç'ın, geçen gece rüyasında gördüğü tipe benzediğinden emin, kendi kendine söyleniyordu:
- Ah Ahmet amca, başıma iş açtın...Şu gece ağrıları olmasa, o kaçık adama böyle koştura koştura gitmezdim ya neyse...
O sırada Ömer, Kemal'le birlikte ağaçların arasındaki çimenlere oturmuş konuşuyordu:
- Tam olarak ne yapmak istiyorsun Kemal?
- Konservatuara gitmek ve ilerde müzisyen olmak.

TANRININ UMUT OLDUĞUNU SÖYLEDİ BİR BÜYÜĞÜM   35

- Bu alakan ne zamandan beri var?
- Sanırım küçüklüğümden beri...İlkokulda mandolin çalardım. Flütle bildiğimiz okul şarkılarını üflerken çok zevk alırdım.
- Bu işi teyzen istemiyor, öyle mi?
- Bu konuyu açtım mı dinlemiyor bile...
- Seni çok sevdiğini biliyorum.

Kemal ümitsiz bir duygusallıkla:
- Sevgi kısıtlamayı getirir mi Ömer abi, diye sordu.
- Güzel soru...Hayır getirmez. Daha doğrusu getirmemeli. Hem seven özgür olmalı hem sevdiği...Yani sağlıklı ilişkiler böyle olur.
- Teyzemin benim için uğraştığını biliyorum. Bana hep: "senin için didiniyorum" diyor. "Saçımı süpürge ettim, nankörlük ediyorsun" diyor. Ama benim konservatuvara gitmek istemem nankörlük değil, öyle değil mi?
- Hayır. Kesinlikle...Ama bak, bazen yetişkinlerle çok farklı tellerden çalabiliriz. Ben de yaklaşık onbeş yıldır babaannemle yaşıyorum. Onu çok ama çok sevmeme rağmen bazen ona açıklama yapmakta öyle zorlanıyorum ki...
- Sahi mi?
- Onyedimde annemi babamı ve erkek kardeşimi kaybettim. Soba zehirlenmesinden vefat ettiler. Ben de onlarla hastaneye kaldırıldım. Odam salona uzak olduğu için ucuz atlatmışım.Tabi o zaman böyle düşünmüyordum. Keşke o pahalı bedeli verseydim de onlarla olsaydım diye geçiyordu içimden

Yerden bir dal parçası aldı, onunla oynarken devam etti:
- Babaannemle çocukluğumdan beri fazla görüşememiştik. Çünkü babam askeri ataşeydi ve Avrupa şehirlerinde geziyorduk. O günlerde babaannem benim için "uzak şehirlerin uzak ışıkları kadar uzak bir dünyaydı." Ne demek istediğimi anlıyor musun?
- Evet...
- İşte durum böyleyken, babamın daha önceden bildiğim arzusu üzerine babaannemle yaşamaya başladım. Aynı kentte okur veya çalışırsam onunla kalmaya söz vermiştim. İstanbul'da güzel bir iş de bulmuştum. Babaannem "saraylı" tabir edilen güngörmüş bir kadın...
- Teyzemle ne kadar zıt...

Ömer Rüstem Usta gibi:
- Dur hele paşam acele etme, dedi.

Kemal bu taklide katıla katıla güldü.

- Ne diyordum... Babaannem eski neslin kabulleriyle yetişmiş bir Osmanlı kadını... Bin nazla büyütülmüş ama o nazlanan kendi değilmiş gibi çelik bir irade...Hayatın zorluklarını sanki sokak çocuklarıyla beraber yaşamış kadar tecrübeli...Ben yani o yaştaki Ömer, yaralarım biraz sarılmış halde belki...Ama böyle bir iradeye boyun eğmek istemedim. Her sokağa çıkışım bir olay oluyordu. Belkıs Hanım, arkadaşlarıma titizleniyor, eve getirdiğim hayvanları istemiyordu. Onunla uzlaşmamız, ayağımın kırılmasıyla oldu. Küçükken de aynı bölge de bir kırığım olduğu için ikincisi tehlikeliydi, bu yüzden iki ay evde kaldım. Babaannemin bana karşı duygularını da bu sırada öğrendim. O despot kadın gitmiş, yerine şefkat dolu, her istediğimi yapan biri gelmişti. Birlikte olma zamanımız artınca, evin içini dışından daha çok sevmeye başlamıştım. O da beni daha yakından tanıyor, hiç de dikkafalı ve uyumsuz bir genç olmadığımı farkediyordu. Birbirimizi anlamaya, sevmeye ve daha da bağlanmaya başladık...Şimdi o akşamları yolumu gözlüyor, ben de eve gitmeye can atıyorum.Yorgun bir günün sonunda en sevdiğim şey, babaannemin bana kahve getirmesi, en zevk aldığım iş de onun tutulan omuzlarını ovmak...

Kemal Ömer'e garip garip baktı. Genç terapist bu yaştaki hislerini gayet rahat tahlil ettiği duygusal çocuğun çenesine hafif bir fiske vurdu.

- Sana tuhaf mı geliyor? Hayır genç dostum...Eğer istersen çevrendekilerle barışık yaşamayı öğrenebilirsin.

Kemal derin bir iç geçirdi ve inatçı bir tavırla noktayı koydu:
- Söylediğin şeyler bana öyle uzak ki...Çünkü benim babam sağ ve benden nefret ediyor...

Zeynep arabayı park etmiş, hayran hayran etrafına bakarak yürüyordu. Girişte Merkez'in krokisini görmüş, yaklaşık on dakika bu ayrıntılı şekli incelemişti.

Ana binanın en üst merdiveninde durup bahçenin görebildiği uzaklıktaki tüm ayrıntılarını zihnine hapsetmeye çalıştı. *Estetiğe değer veren insanlarca seçilip şekillendirildiği belli.*

Başının bir metre kadar üstünden, cinsini tayin edemediği bir kuş geçti. Onu gözleriyle takip etti. Kuşa yuva vazifesi gören sivri yapraklı ağacı da tanıyamamıştı. "Ne ayıp"diye söylendi.

Geçenlerde okuduğu bir köşe yazısı geldi aklına. Yazar, şimdiki gençlerin, çiçekleri, ağaçları, kuşları ayırdetmediği, bu yüzden de fikren bayağılaştığı görüşündeydi. *Nasıldı o cümlesi? Hah, hatırladım: Kuş işte. Ne bileyim adını... Hangi çiçek mi? Çiçek işte, ne bileyim.* Yazar, gençlerin, sonunda aşkı bile böyle gördüklerinden yakınıyordu. *Kız işte, ne farkeder?* Bakışlarını açıklı koyulu yeşillikten güçlükle ayırdı. Kapıdan geçip ağır ağır danışma bölümüne yaklaştı:

- Afedersiniz, Psikolog Ömer Kılıç Bey'le görüşecektim.
- Bir dakika odasını arayayım. Bu saatlerde genellikle bahçede olur.

Görevli telefonu tuşlarken, Zeynep, merkezin ne kadar sessiz bir yer olduğunu düşünüyordu. Adam telefonu kapatıp:

- Ömer Bey bahçede küçük bir danışanıyla sohbet ediyormuş, dedi. Siz yukarı çıkın biz haber verelim. Adınız neydi?
- Zeynep Ardıç. Ahmet Tanoğlu adlı dahiliye uzmanının tavsiyesiyle geliyorum.

Genç kız, görevlinin tarif ettiği şekilde ikinci kata çıktı ve sağdan üç kapı saydı.

O saniyede Ömer, yumuşak bir üslupla, yaralı küçük erkeği iknaya çalışıyordu:

- Babanın senden nefret ettiğini zannetmiyorum Kemal.
- Ediyor...Geçen hafta sonu geleceğini söyledi, gelmedi. Teyzem yakında evleneceğini söylüyor.

Arkalarından bir hemşire yaklaştı.

- Ömer Bey sizinle görüşmek isteyen bir hanım var.
- Kimmiş?
- Zeynep Ardıç... Ahmet Tanoğlu diye bir dahiliyeci vasıtasıyla gelmiş.
- Tamam geliyorum.

Kemal'e döndü:

- Teyzenle konuşurum, üzülme. Sen de bu gelişinde babana bu istediğini söyle...
- Bunu yapamam...
- Neden?
- O benden nefret ediyor...
- Bunu tekrarlayıp durursan inanmaya da başlarsın. Ona geçen sefer niye gelmediğini sor...Suskunluklar uzadıkça çirkinleşir, özellikle de baba evlat arasında. Şimdilik hoşçakal...

Ömer sözlerini bitirip uzaklaştı. Kemal elindeki dal parçasını sinirle kırdı. Ömer'in ardından:

- Keşke senin gibi bir babam olsaydı, diye söylendi.

Oda gayet sade döşenmişti. Bir yerlerde okuduğunu anımsıyordu: *Seansların gerçekleşeceği mekan çok önemlidir. Danışmanın masası, araya koyulan mesafe, odanın möbleli mi eşyasız mı olacağı v.s.*

İlk dikkatini çeken şey, psikoloğun danışan karşısında olaylara hakim olduğu hissini verecek masanın şekli oldu. Tam ideal biçimde, karşılıklı sohbeti kolaylaştıracak ovallikteydi. İki koltuk da aynı rahatlık ve konumdaydı. Psikoloğunki cama yakın kenarda, uçta, danışan için ayrılan koltuk ise ön kenardaydı. Sigara sehpasının iki yanında da karşılıklı oturup sohbeti sağlıyacak rahatlıkta iki şirin berjer vardı. *Eh, kendi, içine gömüleceği bir döner koltukta otururken bana kuru bir iskemle ikram etseydi, herhalde çok bozulurdum. Meğer psikolog odalarından ne çok şey bekliyormuşum. Burası gerçekten güzel bir yer.*

Bakışlarını yukarıya çevirdi. Avizenin modernliği ithal olduğunu belgeliyordu. Hiç görülmemiş bir biçimi vardı. Zeynep aklına gelenlere gülümsedi. Annesi sayesinde en yeni avize modellerini tanıyordu.

Yerdeki halıfleksin tarçın rengi, içine garip bir huzurun dolmasına sebep oldu. "Kesin, terapide, renklerin insan üzerindeki etkisinden yararlanıyorlardır" diye mırıldandı.

Beklerken kütüphaneye gözatmadan duramadı. Yüksek sesle kitapların sırt yazılarını okumaya başladı:

- Yıldızın Parladığı Anlar-Stefan Zweig, Emile-J.J.Roussoue, Il Nome Della Rosa (Gülün Adı)-Umberto Eco, Simyacı-Paulo Coelho, Medinet'ül-Fâzıla-Fârâbi...Hımm, bizim doktor bayağı entel.

O sırada içeriye giren Ömer, Zeynep'in kitapların önünde iki büklüm olmuş görüntüsüyle karşılaştı. Öksürdü. Genç kızı selamlamaya hazırlandığı sırada Zeynep, şöyle bir gelene baktı. Tekrar kütüphaneye dönüp genç *görevliye* hitabetti:

- Şey, özür dilerim, Ömer Bey'i beklerken kitaplara bakmam da bir mahzur yoktur umarım...

Ömer daha sonraları çok pişman olacağı bir şey yaptı:

- Yoo hayır. Bu onun da hoşuna gider.

- Siz asistanı olmalısınız. Söyler misiniz, Ömer Bey bütün bu kitapları nereden toplamış? Aralarında bayağı eski basımlar var.

Bu yanılgıyı hoş bir şaka olarak devam ettirmekte ne sakınca olabilir ki?

- Antikaya merakı olduğunu biliyorum.

Zeynep elindeki hikaye kitabının sayfalarını çevirirken, Ömer de odaya birşey aramaya girmiş gibi davrandı. Masanın etrafını dolaşıp, çekmecelere baktı.

- Tolstoy'a taktım bu aralar. Harika bir öykü dili var."İnsan ne ile yaşar?"
- Sadece sevgiyle...
Zeynep kitabı aşina hareketlerle karıştırarak oturdu:
- Okudunuz demek. Bana biraz ondan bahseder misiniz?
- Kimden? Tolstoydan mı, Ömer'den mi?
Zeynep şaşırdığını gizleyemedi:
- Ona böyle mi hitabediyorsunuz? Fazla yaş farkınız yok o zaman...
Genç psikolog bu oyunun tehlikelerini görmeye başlamıştı. Karşısındakini daha fazla utandırmak istemeyen bir tavırla koltuğuna oturup cevap verdi:
- Öyle de denebilir. Şey aslında ben...
Genç kız, sözünü keserek onun bu iyi niyetini bilmeden geçiştirdi:
- Bense zannetmiştim ki...,
- Yaşlı, kel ve kaçık birini bulacağınızı ummuştunuz.
Zeynep gülümsedi:
- Şey, sanırım tarifinize yakın birini bekliyordum.
- Niye herkes psikologları böyle sanır? Ön yargı değil mi?
- Benimki biraz sezgi biraz delile dayalı...
Ömer sebepleri öğrenmeden asla kendini tanıtamayacağını hissetti. Öne doğru eğildi:
- Nasıl yani?
Zeynep samimi bir sesle cevapladı:
- Delil Ahmet amcanın -beni buraya gönderen doktordur- Ömer Bey'den "dostum" diye bahsetmesi. Ee Ahmet amca ellisinde...
Asıl merak ettiğim öteki.
- Ya sezgi?
Zeynep, boşver manasına elini salladı:
- Bir rüya diyelim...
Genç adam rahat bir tavırla koltuğuna yaslandı.
- Asistanlar ziyaretçilerle olduğu kadar rüyalarla da ilgilenir.
Zeynep bu sempatik adamı kendine yakın bulmuştu.
- Sanırım size bahsetmemde sakınca yok. Ahmet Bey burayı o kadar övdü ve sıkı sıkı tavsiye etti ki, aynı gece rüyama girmiş: Ömer Bey de az önceki tasvirinize benzeyen bir kılıkta rüyanın baş aktörü...Bana...
Gözleri etrafta divan türü bir yatak aradı. Bulamayınca devam etti:
- Hani şu eski tip psikolog sedyeleri vardır ya, öyle bir yere uzanmamı ve küçüklüğümü anlatmamı istiyordu. İşte sezgim de bu.

- "Tam klasik terapist kimliği" diyorsunuz.
Zeynep dudağını büküp:
- Galiba. Asistanlar aynı zamanda sıkı ağızlıdır değil mi? Ömer Bey, hakkında konuştuklarımıza kızabilir, diye fısıldadı.
Ömer artık bu işi bitirmek niyetindeydi:
- Size bir şey açıklamak istiyorum... Mahcup etmek istemem ama dürüst davranmak gerekirse ben...
Tam o sırada odaya elleri dosyalarla dolu bir sekreter girdi. Ömer'e yaklaşıp birkaç kağıt uzattı:
- Bunları imzalamanız gerekiyormuş
Genç adam aceleyle:
- Peki, buraya bırakıver, dedi ama sekreter hemen çıkmak niyetinde değildi. *Daha ne söyleyecek bu kız.*
- Görüşmeniz bitince Mahmut Bey sizinle özel konuşmak istiyormuş Ömer Bey...
Bakışları hızlıca Zeynep'e kaydı:
- Tamam.
Sekreterin sözü bittiğinde Zeynep'in yüzü şaşkınlık, kızgınlık ve utanç ile gerilmişti. Kız odadan çıkınca yükselttiği sesi hırslı ve sertti:
- Çok üzgünüm Ömer Bey...
- Üzgün olması gereken benim. Siz bir yanılgıya düştünüz, ben de şeytana uyup devam ettim. Size açıklamaya birkaç kez yeltendim ama...
- Önemli değil...
Önemli.
- Benim asistanı olduğuma o kadar emindiniz ki...
Zeynep'in yüzündeki "açıklamaya gerek yok" ifadesindenden, ısrarın boşuna olduğunu anlayıp konuyu değiştirmenin en iyi yol olduğunu düşündü:
- Ahmet Bey vasıtasıyla geldiğinizi söylemiştiniz.
Genç kız sıkıntıyla:
- Evet, dedi. Sizi tavsiye etmişti. Midemden rahatsızım.Yoğun tempoda çalıştığımı ve bazı şeyleri kendime dert ettiğimi söyleyip duruyor. Ben de onu kırmamak için...*Bu adamı iğnelemeliyim, ama nasıl?* Fakat çok meşgul birine benziyorsunuz.
- Geç gelmemi ve biraz sonraki görüşmemi kastediyorsanız, onlar mesai dışı sohbetler sayılabilir.
- Yani?

- Yani uygun bulursanız size de vakit ayırabilirim.
- Mesai dışı mı?

Ömer gülümsedi:
- Hayır, mesai harcayarak...Hangi günleriniz müsait? İki aylık programlarımıza göre haftada en az iki gün, birer saat görüşmeliyiz. Pazartesi-perşembe uygun mu?

Zeynep tafsilat vermekten kaçınarak, diğer günler çalıştığı için Salı ve Perşembe günlerinin uygun olduğunu söyledi. Daha sonra da "iyi günler" diyerek seri bir biçimde kalktı.

Ömer kumral saçlı başını kaşıyıp mahcup bir tavırla:
- Güle güle, tekrar özür dilerim, dedi.

Genç kız önemsemedi. *Bir daha yüzünü görmeye niyetim yok bay ukalâ.*
- Size iyi çalışmalar...

4.

İki kardeş oturma odasında yanyana oturmuşlardı. Zeynep gazete okuyor, Ersin elinde televizyon kumandası, kanal kanal geziyordu. Sıkılıp ablasına döndü:
- Abla be, şu sınavı kazanamazsam ne olur?
- Netlerine bakmamakta kararlı mısın? Kötü geçmedi diyordun.
- Moralim bozulabilir. Defalarca anlattım ya, "kötü" diyemem ama çok da mükemmel değildi.
- Ama bunu netlerine bakmadan tam olarak öğrenemezsin değil mi?
- Sen bakmış mıydın?
- Hem de hemen. Bizim zamanımızda akşamüstü çıkan gazeteler sınav cevaplarını veriyordu. Şimdiki gibi televizyonlarda çözümler falan nerdee... Sınavlar iki aşamadaydı ve katsayılar bu kadar karışık değildi. Sistem çok değişti...
- Sen dershane öğretmenisin, sence ne kadar şansım var?
- Çok aptalca bir soru...Kehanette bulunamam ki...
- Tamam tamam, senden bana hayır yok...İçimi rahatlatırsın sanmıştım.

Zeynep kardeşine sarıldı.

Sen o dijital canavarın başında tam iki yılını harcadın. O bölümü kazanamasan da bir bölümü tutturursun. O da olmasa bile, hala bizim sevgili Ersin'imizsin, tamam mı?

Genç çocuk duygulu:
- İyi ki varsın abla, dedi.

Tereddütlüydü. "Acaba artık zamanı geldi mi" diye düşünüyordu.
- Sen... Yani o adamla gideceğin zaman o kadar korkmuştum ki...
Zeynep:
- Neden? derken tedirginleşti.
- Ne bileyim... Hiç gözüm tutmamıştı. Ama sen ondan o kadar övgüyle bahsediyordun ki,.
Espri kurtarabilir:
- Seni gidi kerata. Demek başıma bela geleceğini hissettin de beni uyarmadın ha...
- Şey, bu o kadar zor ki...Yani sevdiğin bir yakınının tehlikede olduğunu sezmek ama ona bir şey belli edememek... Çünkü o tehlikesinden memnundur. Eğer ona birşeyler ima edersen avuçlarının arasından kayıvereceğini zannedersin. Sonunda gerçeği görmesini umut eder ve beklersin.... Sadece o kadar...
- Vay vay vay...Benim kardeşim filozof olmuş da haberim yok.
- Dalga geçme. Bu lafları biraraya getirinceye kadar akla karayı seçtim.
Zeynep gevşettiği kollarıyla, kardeşine tekrar sarıldı:
- Canım, seni çok seviyorum ve bir daha bırakmaya da hiç niyetim yok.
- "Evde kalmış kız" damgası yeme pahasına mı?
- Evet. Sizinle yaşlanır, evlenirsen, senin çocuklarının yaşlı ve huysuz halası olurum.
Kardeşi elini uzattı:
- Anlaştık...
- Ahmet Bey...Ben Ömer, nasılsınız?
- İyiyim, sen nasılsın?
- Teşekkürler ben de iyiyim.Vaktiniz var mı?
- Öğle tatilindeyiz...Rahat ol.
- Sizinle bir hastanız hakkında görüşmek istiyorum. Adı, Zeynep. Bir dakika... Zeynep Ardıç.
- Zeynep sana geldi mi?
- Eee...Biraz tuhaf bir karşılaşma olduğunu söyleyebilirim efendim. Sanırım bu yüzden bana kızgın...Terapi randevusu ayarladığımız halde iki haftadır gelmedi. Burayı da aramamış.Tabi bu konuda insanları zorlayamayız ama dediğim gibi ben bir hata etmişsem...
- Onu aramamı ister misin?
- Hayır, mümkünse telefonunu alayım.Haftaya da gelmezse bir defa daha özür dilerim.

- Açık konuşmak gerekirse, Zeynep hem hastam hem kızım kadar yakın olduğum biri... Mutlaka bir terapistle konuşmaya ihtiyacı var.
- Anlıyorum...Biraz aşırı tepki verdi.
- O mesele mi açıldı yoksa?
- Kastettiğiniz nedir anlayamadım?
- Haklısın... Bak Ömer, sana durumu tam olarak açıklayamam. Bunun için geçerli sebeplerim var. Ama şu kadarını bilmelisin ki, Zeynep beş altı yıl önce ağır bir duygusal darbe yedi. Hiç yardım almadan sorunum kendi içinde halletti. Tamamen işine yöneldi. Bahsetti mi bilmem, felsefe eğitimi gördü. Bir düşünce dergisinde yazıyor. Adı "Genç Filozof"... Belki okumuşsundur.
- A evet, arada alırım..
- Midesinin durumu gerçekten kötü ve o buna aldırmıyor...Sadece fiziki tedavi ne kadar işe yarar bilirsin...
- Açıklama yapmadan cevap verin, bu bir gönül yarası öyle mi?
- Evet...
- Ve cinsimizden nefret ediyor.
- Özellikle genç olanlardan. Hele kendine yaklaşmalarına hiç izin vermiyor. Sürekli bir aldatılma endişesi...Ailesi ve bizlerle hiçbir problemi yok ama.
- Anladım... Kötü bir tanışma oldu öyleyse. Bilmeden güven problemini depreştirmiş olabilirim. Sizin vesilenizle gelen bir hanıma kabalık ettiysem özür dilemek borcum. İşe girmem için yaptıklarınızı unutmadım.
- Lütfen, lafını etmeye değmez...Telefonunu yazdırayım. Bu konuda yapacağın iyilik, sürekli bahsettiğin o manevi borcu kat kat ödeyecek.
- Elimden geleni yapacağıma emin olabilirsiniz.

Kemal iskemlesine gerdiği tellerin çeşitli yerlerine dokunarak sesler çıkarmaya çalıştı. Birkaç acemi nota yükseldi. Açılan oda kapısından içeriye süzülen adamı iyice yanına gelince farketti.

Selim oğluna yaklaştı ama onu öpmedi, çekingen bir tavırla elindeki paketi dizlerine koydu. Kemal ilgilenmemekte kararlı gibiydi.
- Hoş geldin demek yok mu?
Kemal zor duyulan bir sesle:
- Hoş geldin, dedi.
- Hediyeni açmayacak mısın?
- Bana çok hediye alıyorsun.

- Çünkü oğlumsun.
- Evet oğlunum. Tekerlekli iskemleye mahkum oğlun.
- Doktorlar yürüyebileceğini söylüyorlar. Yeterli gayreti göstermiyormuşsun.
- Mişsin, muşsun, söylüyorlar...Ne zaman kendi cümlelerinle hatırımı soracaksın?
Selim pencereye yaklaşıp oğluna sırtını döndü:
- Niçin bu kadar hırçınsın? Eskiden... yani şeyden önce böyle değildin.
- Evet, o lanet kaza...
Arabayı babasının kullandığını anımsayıp durakladı:
- Şey, özür dilerim.
- Önemli değil...
Selim bir süre konuşmadı.
- Annemin mezarından geliyorum, ektiğimiz güller büyümüş.
Kemal keyiflenmişti:
- Sahi mi? Buradan, bahçeden çiçek seçtim, Ömer abi istediğim fidelerden alabileceğimi söyledi. Bahçıvan Ali amca mevsimine göre verecek.
- Sevindim.
- Hediyemi açayım.
Bir nota bilgisi kitabıydı.
- Baba...
- Ömer Bey senin müzikle ilgilendiğini söylemişti geçen gün. Ben de bunun başlangıç için iyi olacağını düşündüm...
- Sağol baba. Başka neler söyledi Ömer abi?
- Fazla bir şey demedi. Seni dinlememi, o kadar...
- Şeyy... Bunu anlatmak zor, teyzem karşı çıkıyor.
Selim kaşlarını kaldırdı:
- Neye karşı çıkıyor?
Kemal derin bir nefes aldı:
- Konservatuvara gitmek istiyorum.
- Bu, bu yeni bir durum.Düşünmek lazım...
- Biliyordum, senin de reddedeceğini biliyordum...
- Henüz reddettiğimi söylemedim.
- Ama düşünecek ve iyileşmem gerektiğini söyleyeceksin.
Selim saatine baktı. Aceleyle:
- Düşünürüz dedim ya. Gitmem lazım Kemal. Önemli bir işim var, dedi.
- Yine o kadını mı görmeye gideceksin?

Genç adamın, oğluna cevap veren sesi öfkeliydi:
- O kadının bir ismi var. Lütfen biraz daha saygılı ol!
Kemal hırçın bir sesle:
- Daha şimdi annemin mezarından geldiğini söyledin, acaba hangimiz saygısız? diye bağırdı.
Selim oğlunun son sözleri üzerine onu tokatlamamak için kendini güçlükle zaptetti. Yumruklarını sıkıp açtı. Bir şey söylemeden hızla odayı terketti.
Kemal elindeki nota kitabını sinirle yatağın üzerine fırlattı. Başını kollarıyla kapayıp ağlamaya başladı. Çok mutsuzdu.

Zeynep derginin merdivenlerinde İlhan'a rastladığında neredeyse öğlen olmak üzereydi.
- Ne haber İlhan? İşler nasıl gidiyor?
- Gayet iyi hocam. Tamer Bey'in beni işe alması çok sevindirici. Hele böyle bir yer, hayalimin kat kat üstünde. Size minnettarım.
- Saçma.... Senin başarılı bir talebe olduğunu söylemem yetti. Patronla aranız nasıl?
- İyi. Şey ...Ben... ondan biraz çekiniyorum.
- Neden?
- Bilmem. Bazen söyleyeceğim sözleri önceden tahmin ediyormuş gibi geliyor bana. Sonra, onu kızdırmaktan da çok korkuyorum.Ya beni beğenmezse...İşten atarsa..
- Bugün aptalca sözler söyleyen ikinci genç adamsın. Birincisi kardeşim Ersin'di.Netlerine bakmadan benim medyumluk yapmamı istiyordu. Sen de yumurtaları çatlamadan piliçlerini sayan bir tavuğa benziyorsun.
İlhan güldü:
- Hocam bu lafları nereden buluyorsunuz?
- Felsefe öğretmenleri böyle şeyleri öğrencileri için ezberler. Aesop'dan ödünç aldım.
- İnşallah ben de sizin gibi mesleğimde başarılı olurum.
Zeynep iltifatı umursamadı:
- Söyle bakalım sınavın nasıldı? Sen de Ersin gibi sonuçlarını bana soracaksan ben gidiyorum.
- Yok yok ben baktım. Sayısal bana göre pek parlak değil ama sözelde soru kaçırmadım.

- Öyleyse dereceye girersin ha?Yani, dershane çapında zaten birinciydin. Boğaziçi olabilir. Marmara Tarih'de iyidir...Hadi bakalım hayırlısı. Ben yukarı çıkıyorum, sonra görüşürüz.
- Peki hocam. Karşıya geçiyorum. Bir istediğiniz var mı?
- Sahi İlhan, geçmişken bana Cağaloğlu'ndan bir kitap almanı rica etsem...
- Tabi hocam, nedir?
- Ölüm ve sonrası. Felsefi eserleri satan yerlerde bulabilirsin. Yazarı...

5.
Odasında bir yandan yazısının taslağını hazırlarken bir yandan da asitsiz içeceğini yudumluyordu.
Ölümün yüzü.
Son anın büyüsü.
Ölmek uyanmaktır.
Ölüm aşk benzerliği.
Yeni bir aleme doğmak.
Eflatun'un mağara tasviri.
Hz. Süleyman'ın veziri.
Son beş dakikadır tuşlara dokunmadığından ekran koruyucu devreye girmişti. Yazacağı konu neyse ona uygun bir şekil bulmakta kardeşi Ersin'in üzerine yoktu. Yaklaşık onbeş-yirmi gündür, karşısında sevimli bir kuru kafa, yaklaşıp uzaklaşarak Zeynep'le adeta dalga geçiyordu. Logoyu metne çevirdi. Artık siyah zemin üstünde "ölüm" yazısı salınmaktaydı.

Telefon çalınca paralelden cevap vereceklerini düşünüp oralı olmadı. İlacını almak için kalktı. Ani bir sancı ile duvara yaslandı. Uzun, kahverengi saçlarını, terden sırılsıklam olmuş ensesinden yukarı doğru kaldırdı. Annesinin aşağıdan gelen sesiyle kendini toparladı. Telefon onaydı. Kapıyı araladı:
- Tamam anne. Buradan bakarım.

Midesinden yükselen acı suyu tekrar yerine göndermekte her dakika biraz daha fazla zorlandığını farkederek ahizeye uzandı. Arayan Ahmet Bey'di. Tecrübeli doktor, hatır sorma faslından sonra Zeynep'in sesini beğenmediğini söyledi. Genç yazar, ilaçlarını kullandığını, perhizini de harfiyen uyguladığını söyledi.
- Ve hala önerdiğim ikinci şeyi yapmadın öyle mi?
- Şu Ömer Kılıç meselesi mi? Aslında size söylemeyi unuttum, ona iki hafta önce gittim.

Ahmet Bey şaşırmış gibi:
- Ya? dedi.
- Evet. Şey, bu ara biraz yoğundum. Onun için tekrar gidemedim.
Gerçekten yararı olacağına inanıyor musunuz?
- Evet. Sözüme güven. Seneye bana dua edeceksin.
- Siz öyle diyorsanız...
- İyi geceler. Kendine iyi bak. Stress yok.
- Tamam, iyi geceler...
Telefonu kapatınca sancısının hafiflemiş olduğunu hissedip derin bir nefes aldı. Dudaklarını ısırıp düşünmeye başladı.

Aslında Ömer Kılıç fena birine benzemiyordu. Herkes, onun yaptığı türden bir şaka yapabilirdi. Hem açıklama yapmasına kendi gevezeliği engel olmuştu. Genç adamın aralarda söylediği birkaç kesik cümlenin ne anlama geldiğini şimdi sakin düşününce anlıyordu. Kendi kendine, terapiste fazla yüklendiğini itiraf etti.

Zeynep odasına girince, Ömer ayağa fırladı. Kızın yanına gelip elini uzattı:
- Az kaldı ben sizi aramaya çıkacaktım. Hoş geldiniz.
Genç adamın gösterdiği yere oturdu ama bakışlarını ondan kaçırıyordu.
- Telefon dahi etmeden geldim. İnşallah randevularımız hala geçerlidir.
- Elbette. Ben de adresinizi nasıl temin edeceğimi düşünüyordum.
Bir şey daha soracaktı ama tedirgindi:
- Şeyy, Ahmet Bey'le tekrar konuştunuz mu?
- Evet açıkçası buraya gelmem için dün akşam tekrar ısrar etti. Midem gerçekten kötü Ömer Bey.
- Geçmiş olsun Zeynep Hanım. İşe en başından başlayalım... Önce bana Ahmet Bey'in hastalığınız ve burayı tavsiyesi ile ilgili hikayeyi anlatın.
- Yaklaşık bir yıldır mide ve kolonla ilgili ciddi şikayetlerim vardı. Yoğun bir tempoda çalıştığım ve her genç insan gibi hastalığı pek düşünmediğim için doktora gitmek benim için lükstü. Sonra şikayetler şiddetlendi, ben de profesyonel bir dahiliyeciye gitmeye karar verdim. Tanışıklığınız ne seviyede bilmem ama Ahmet Tanoğlu benim bildiğim en iyi dahiliye uzmanıdır.
- Katılıyorum.

- Sonrası malum...Tahliller, filmler. Ülser başlangıcı olduğunu söyleyerek bana ilaç tedavisinin yanısıra stresi ve tempoyu azaltmamı önerdi. Ve bu merkez kapsamında sizi. Belki de sizin merkezinde bulunduğunuz bu tedavi mekanını...Ahmet amcanın hangisini öne çıkardığını bilmiyorum.

Ömer neşeyle:
- Yani iyi bir psikolog olup olmadığımı merak ediyorsunuz, diye sordu.
- Bu sanırım, midem için çok önemli. Eh midem de benim için önemli. Dolayısıyla siz ve tedaviniz beni ilgilendiriyor.
- Anlıyorum...Mesleğiniz ne? Durun tahmin edeyim. Felsefeyle ilgileniyorsunuz. Ya da insan ve insana ait unsurların yoğun olduğu bir mesleğiniz var.
- Bravo doktor. Genç Filozof'ta yazıyorum. Aylık düşünce dergisi.
- Devamlı olmasa da izliyorum.
- Öyle mi? Belki köşemi okumuşsunuzdur.
- "Hayatın Felsefesi" gibi bir şey mi?
- Gerçekten psikolog musunuz yoksa tabiat üstü güçlere sahip bir kâhin mi? Tahmin gücünüz mükemmel.

Genç adam uzun uzun güldü:
- Sadece sizi etkilemeye çalışıyordum. Telefon numaranızı almak için Ahmet Bey'i aradım. Felsefeci olduğunuzu da o söyledi. Dergiyi arasıra alırım. Geçen gün karıştırırken, Zeynep Ardıç ismini gördüm. Küçük bir resminizi basmışlardı. Sanırım Mart sayısıydı. "Dünyanın Çekirdeği İnsan" gibi bir başlığı vardı ve kozmosta insanın rolünü tartışıyordunuz.
- A...Evet, yazımın teması bu idi.
- Yazıyı görünce, "demek benim hırçın danışanım genç bir filozof" dedim.

Zeynep yerinde huzursuzca kıpırdandı:
- İlk karşılaşmamızda biraz agresif davrandığımı kabul ediyorum.
- Biraz mı?
- Şey. Sanırım özür dilememi beklemiyorsunuz. Sonuçta masum gafımla alay eden sizdiniz.

Ömer duygulu bir sesle cevap verdi:
- Alay etmemiştim. Açıklama yapmak için de çok uğraştım...Neyse tekrar afedersiniz diyor ve bu konuyu ebede intikal ettirmemizi teklif ediyorum.

Zeynep biraz duraksadı, sonra:
- Anlaştık doktor, dedi.
- Bana doktor mu diyeceksiniz?

- Ah pardon. Ahmet amca buranın özelliklerinden bahsetmişti. Hem dil alışkanlığı, psikologlara da doktor gözüyle bakıyoruz ya.
- Doktor demek yasak değil... Kendinizi nasıl rahat hissederseniz.

Zeynep saatine baktı:
- On dakikamız geçti bile.
- Anlaşılan, zaman sizin için önemli.
- Hangimiz için değil ki. Benden sonra kimseyle görüşmeyecek misiniz?
- Mesaim -sizin tabirinizle- bitti. Yani şu anda serbest saatlerimde sayılırım. Akşamı dilediğim danışanımla geçirebilirim. Galiba ben Mahmut Bey'i tercih edeceğim.
- İlk geldiğimde de ondan bahsedildiğini duydum.
- Özel biridir. Burayı daha çok dinlenme ve sohbet mekanı olarak kullandığı da söylenebilir. Sizi ileride onunla tanıştırırım. Ama daha önce, kendinizden bahsetmenizi istiyorum.

Zeynep şakacı:
- Sedyeniz yok mu? Beni hipnoz edip çocukluğuma yollamayacak mısınız? dedi.

Ömer gülümsedi:
- Belki daha sonra. Hem bunun için rahat bir koltuk da yeterli, şimdi oturduğunuz gibi...Zeynep Ardıç...Ünlü bir felsefe dergisinde yazıyor. Başka?
- Bunun için bir form doldurmam gerekmiyor mu? Yaşım, doğum yerim, şikayetlerim, ekonomik ve medeni durumum vesaire...
- Giderken size böyle bir şey vereceğim. Evde doldurur, perşembeye getirirsiniz. Sahi bu arada, düzenli görüşebilecek miyiz?
- Zamanımı ayarlamaya çalışacağım. Geçen hafta üniversite sınavı vardı. "İlgisi ne?" diyeceksiniz. Dershanede bir yıllığına sözleşmeli öğretmenlik yaptım. Bu hafta işim bitti.
- Bakın bir özelliğiniz daha çıktı.

Zeynep uzun zaman sonra ilk defa gülümsedi:
- İnsanın kendini anlatması zor. Hele bir psikoloğa...
- Kendinizi rahat hissetmeniz için bir plan hazırlayacağım. Perşembe'ye bunu size sunarım. Merkeze ne kadar devam edeceğinizi, tedavinizin nasıl bir yol takip edeceğini anlatırım.

Merkezimizin kuruluş amaçlarından biri de, insanların, psikoterapiyi "deliliğin, ağızdan laf almayla tedavisi" olarak algılamasına son vermeye çalışmak. Kişiler, iç dünyalarını bir yabancıya anlatmaktan çok, onun da kendisi gibi bir insan olduğunun farkında olmalı. Ne yapamayacağı-

mız mucizeler beklemeli bizden, ne de karşımızda gardını almış vaziyette durmalı.
- Annemi de getirmeliyim birgün. O hala mesleğinizden "şey doktorluğu" diye sözediyor da.
- Anneniz gibi düşünen o kadar çok insan var ki.
Aklına bır şey gelmiş gibi koltuğunda dikleşti:
- Bu, her bilinçli danışanımıza uyguladığımız bir şey. Sizin bir de düşünür cepheniz var. Dolayısıyla ilişkimiz sırf terapötik bir süreç olmayacak büyük ihtimalle. İlk yarım saat terapiyle ilgileniriz, sonrasında da ben sizin gözlem ve tecrübelerinizi paylaşmak isterim. Şimdilik, genel olarak kendinizi nasıl tanımladığınızı bilmek istiyorum.
Zeynep kelimeleri seçerek konuşuyordu:
- Duygusal, bir parça çekingen, orta sosyaliteye sahip, biraz alıngan, ailesine düşkün, düşünmeyi ve yazmayı seven ve bunu hayatının meslek hanesinde her dem görmek isteyen biriyim. Kolay sinirlenmem. Kızgınlık tellerimin atması için aşırı haksızlığa uğramam veya rencide edilmem gerekir. O zaman savaşmak yerine kaçarım, kabuğuma çekilirim. Kinci değilim. Açıklaması kafama uygunsa, karşı tarafı kolay affederim.
- Biraz açalım... Duygusallık ve duyarlılık arasında ne fark görüyorsunuz ve daha çok hangisisiniz?
- Duygusallık olaylardan çabuk ve fazla tonajda etkilenme, duyarlılık ise çevresine ve olaylara karşı hassasiyete sahip olma, gereği gibi davranma... Duygusallık bir karakter özelliği, duyarlılık tam böyle değil. Daha çok hangisisiniz sorusu, bana göre yanlış. Çünkü hastalıklı denecek derecede romantik içe dönükler hariç bence her duygulu insan aynı zamanda duyarlıdır.
- Sadece kendi duygusallığı ile ilgilenenleri unutmayın.
- Megoloman ruhlu sanatçıları mı kastediyorsunuz?
- Çok kesin sınırlar çizmiyor musunuz?
- Bence insanların çoğu birkaç başlığı geçmeyecek ana karakter tiplerine sahipler. Popüler optimistler, melankolikler, güçlü klorikler vesaire vesaire...
- Bir felsefecinin, her insanın ayrı bir dünya olduğunu söylemesini beklerdim.
- İnsanların çoğu dedim... Özel insanlar ve istisnalar her zaman vardır.
- Yine de biz psikologlar, her hastayı sanki dünyada tek örnekmiş gibi ele almayı tercih ederiz. Hiçbir vaka, tam olarak diğerine benzemez.

TANRININ UMUT OLDUĞUNU SÖYLEDİ BİR BÜYÜĞÜM 51

- "Sanki öyleymiş gibi"dediniz. Bu bir ele alış biçimi. Yani aslında öyle olduğunu göstermez, değil mi?
- Sözlerimi cımbızlıyorsunuz.

Zeynep o gün karşısındaki genç adama ikinci kez gülümsediğini farketti:
- En sevdiğim iş bu... Bir hastayı ilk gördüğünüzde neler hissedersiniz Ömer Bey?
- Yani?
- Gerçekten aklî ve ruhî dengesizlik geçirip geçirmediğini nereden anlarsınız? Yani normal görünümlü birinin ...
- Bir kere akli ve ruhi dengesizlikleri birbirinden ayırmamız lazım. Hep akıl ve ruh sağlığı diye beraber geçse de.
- Peki, ruh diyelim, beni ilgilendiren akıldan çok o.
- Davranışlarına yansır. Ben davranışçı ekolü benimseyenlerdenim. Gerçi artık her alanda olduğu gibi bu alanda da "izm"lere bağlılık azalıyor. Bütün teorileri gözönüne alarak çalışıyoruz son on yıldır. Eklektik yaklaşım psikolojiye de sıçradı yani. Hasta kimliği ile karşımıza gelen kimsenin davranışlarıyla ilgili soru ve gözlemler bize ilk ipucunu verir yine de.
- Bize?
- Psikiyatri ile psikoloji ayrıldığı kadar içiçe geçmiş bilim dallarıdır. Ben klinik psikolojide doktora yaptım. Psikoterapist ünvanı, her ikisi, yani tıp ve psikoloji mezunları için de kullanılabiliyor. Psikiyatristler tıptan mezun oldukları için, o ünvanın, sözel bölüm sayılan bir fakültenin mezunlarına verilmesine bozuluyorlar ya neyse... Hatta bu konuda ciddi terminolojik çabalar var. Bu soruyu bana neden sordunuz?
- Davranışlarıma dikkat edeyim de beni de normal sınıfına sokun diye.

Saatine gözattı:
- İlk seans için oldukça dolu ve derin bir gündemdi. Ömer Bey, müsaade ederseniz bugün erken gitmek istiyorum.
- Siz nasıl isterseniz? Dışarıdaki sekretere adresinizi ve iş telefonunuzu bırakır mısınız? Ahmet Bey'in değerli hastası bir daha gelmemezlik ederse peşine düşmem için. Size şuradan bir de form vereyim.

Genç kız kalktı, dostça bir tavırla elini uzattı:
- Bu defa geleceğime söz veriyorum.

Akşam saatlerinde Üsküdar'ın Selimiye semtindeki köşkün önüne arabasıyla yanaşan Ömer, güllerle dolu uzun bir bahçeden geçip zili çaldı. Kapıyı yaşlıca bir kadın açtı.

- Merhaba Dilruba Kalfa...
- Hoş geldiniz küçük bey.
- Babaannem nerede?
- Arka tarafta, verandada.
- Ben de oradayım kalfa...
- Tamam küçük bey, yemek birazdan hazır olur.

Ömer bu "küçükbey" hitabına artık son vermesini yaşlı kadından nasıl isteyeceğini düşünerek, arkada, öndekinden daha büyük ve çiçekli bahçeye bakan verandaya çıktı. Babaannesi dalgındı.

- İyi akşamlar Belkıs Hanım.
- Ooo.. İyi akşamlar Ömer.

Uzanıp babaannesinin yanağından öptü. Beraber salıncağa oturdular. Bahar kokusunu yeni uğurlamış bahçeden şimdi, yazın ilk rayihaları yükseliyordu.

- Güller yakında kururlar.
- Eee artık bahar geçti. Yaz sıcakları bastırıyor. Bugün ceket fazla geldi. Kendine dikkat ediyorsun değil mi? Tansiyonun için yaz ayları hiç de ümit vermiyor. Balkanlar'dan yeni bir sıcak dalgası geliyormuş haftaya.
- Gündüz bir yere çıktığım yok, her işe Dilruba koşuyor. Akşamları da balkonda hava alıyorum. Tansiyona yüz verdiğim söylenemez.
- İyi... O güzel gözlerinin baş ağrısıyla küçülmesini istemiyorum. Turşuyu da fazla kaçırmıyorsun değil mi?
- Sen de doktorum gibi konuşmaya başladın. Ben gayet iyiyim. Sen neler yapıyorsun? Şu son toplantıdan hiç bahsetmedin.

Ömer sıkıntıyla gerindi:
- Boş ver be babaanne, yemekten sonra konuşuruz.

Belkıs Hanım, sevgiyle torununu süzdü. Akşamın alaca karanlığında gözüne mi öyle görünüyordu yoksa biraz zayıflamış mıydı?

Yıllar önce, oğlunu, gelinini ve küçük torununu kaybettiği gün geldi aklına. Ömer'in, Erzurum Devlet Hastanesi'nin koridorunda ellerini yüzüne kapamış beklerkenki halini hatırlıyordu.

Aradan neredeyse onbeş sene geçmişti. Ömer, insanların ruhi problemlerini çözmede onlara ciddi manada yardımcı oluyordu ama kendi sinirleri sözkonusu olunca bunu zorlukla başarıyordu. Çok sevdiği, bağlandığı kimse ve şeyleri yitirme duygusunun etkileri, yaşamına anında yansıyordu.

Onu sıkmayı istemediği halde, hoşlanmadığı başka bir konuyu açmak zorundaydı:
- Serap telefon etti bugün.

Ömer ilgisizliğini saklamayan bir sesle:
- Neredeymiş? diye sordu.
- Roma'da. Oradan da Venedik'e geçeceklermiş. Seni aramadı mı?
- Cep telefonum bazen tuhaflaşıyor. Merkezinkiler de genelde meşgul.

Belkıs Hanım bir süre sustu, sonra:
- Bu kızla gerçekten evlenecek misin? diye sordu.

Ömer sıkıntıyla:
- Bunu çok konuşmadık mı babaanne? Serap uygun bir eş, dedi.
- Bir insanla sadece babalarınız tanışıyor ve evliliği istiyor diye evlenilmez. Biliyorum bu senin için bir nevi vasiyet ama....
- O yönünü karıştırma babaanne... Serap bu evliliğe hazır. Beni seviyor. Daha fazlası önemli değil.
- Benim için önemli olan senin duyguların.

Genç adam zorlandığını belli eden bir sesle:
- Ben de onu beğeniyorum, dedi.
- Beğenmek?
- Çok hoş bir kız...Neşeli.
- Geveze.
- Cazibeli.
- İşveli.
- Güzel.
- Çekici.

Ömer sitemkâr bir ifadeyle salıncaktan kalktı:
- Babaanne...
- Bak Ömer. O kızın sana yanıklığı filan bahane. Çevresindeki züppelerden çok başkasın. Olgun ve aklı başındasın. Kariyerin ve mali durumun iyi. Fiziksel olarak da bir kızı kendine bağlayacak kadar yakışıklısın.

Torunu bu defa alaylı bir sesle cevapladı:
- Teşekkürler.
- Dinle biraz... O senin bu ayırıcı vasıflarına takılmış olabilir. Ama onun tabiatındaki hercailik, seninle mutlu olmasına her zaman engel teşkil edecek.
- Ama...

- Sen hareketli bir dünyada monoton bir yaşamı seviyorsun. Alışkanlıkların ve gelenekler seni bağlıyor. Aynı saatte kalkıp, belli müzikleri dinliyorsun, evcimensin. Ama ona baksana, yurtiçi turizmi bırakmış Avrupa'da geziyor. Ömer, aklını başına al. Böyle değişken bir tabiata güvenemezsin.
- Bu iş ancak, nişanı "o" bozarsa biter babaanne.
- Fakat...
- Bu konuda tartışmayalım ne olur. Babamın isteklerine ne derece saygım olduğunu bilirsin.

Belkıs Hanım yumuşadı:
- Evet bilirim, bu yüzden yanımdasın...

Yarım saat sonra yemek masasındaydılar. İkisi de ağır ağır yemeklerini yerken Belkıs Hanım, punduna getirip torununu üzen meseleyi açmayı başarmıştı:
- Demek iş ciddi. Ne kadar zamanınız var?
- Yılbaşında süre bitiyor. Üç yıllık anlaşmayı uzatacaklarını beklerken...
- Yapılacak bir şeyler yok mu?
- Münir Bey kolları sıvadı ama durum biraz karışık. İşin içinde arazi mafyası var.
- "Yürek Ülkesi"nin yerine ne dikmeyi planlıyorlar acaba?
- Bilmem...Bilmek de istemem. Eğer bunu başarır bizi oradan çıkarırlarsa, ömrüm boyunca Beykoz'a gitmem herhalde.

Belkıs Hanım, onu sevgiyle süzdü:
- Hayatının en büyük hayali de olsa, hiçbir şeyin yokluğu, seni yaşamdan koparmamalı...
- Sen bunu babam konusunda başardın ama ben kendimi o kadar dirayetli hissetmiyorum...
- Sen de benim kanımdansın oğlum. İrade ve azim bizim sülale özelliğimiz.

Rüstem, ocak başına, çorbayı karıştırmaya kalktı. Mahinur da salata doğramasına yardım ediyordu. Arada içeri girip çıkan mutfak görevlileri, laflarını kesmelerine sebep olsa da oldukça koyu bir sohbete dalmışlardı.
- Kemal vazgeçti mi? O neydi? Konservatordan?

Mahinur kıkırdadı:
- Konservatuvar, konservatuvar.
- Aman neyse canım.

- Nerdeee... Babası da ona bir şey getirmiş, elinden düşürmüyor bütün gün. Do re mi fa – mi fa sol sol.
- O da ne ki?
- Ne bileyim. Müzik kitabı gibi bir şey.
- Bak şu zıpıra. Hadi onun aklı beş karış havada, ya babası... Mühendis olacak adam. Aklı başında.
- Aklı başında mı? O bücür kadın onda akıl mı bıraktı? Ah kardeşim... Mezarda kemikleri sızlıyordur.
- Belkim Selim Bey ciddi değildir ha, ne dersin?
- Canım ciddi olmasa kadını buralara kadar sürükler miydi, sakat çocuğunu göstermeye... Sözde iş arkadaşını tanıştıracakmış... Yemezler. Kadının notunu o an verdim.
- Pek de küçümen...
- Bücür dedim ya. Nesini beğendi Selim bilmem. Ah, benim sırma saçlı, uzun boylu kardeşimden sonra.

Burnunu sildi.
- Üzme kendini be Mahinur, herkesin kısmetü neyse o olur. Belkim iyi olur Kemal için de.
- Onun için ne yaparsak yapalım, iyi olmuyor. Bak dışarda şu Mahmut denilen adamla konuşuyor. Adam veli mi deli mi belli değil. Ömer beyoğlum onun " hafif terapi görenler " sınıfından olduğunu söyledi ama... Aslında yatmasına bile gerek yokmuş ya, bence karısından kaçıyor.

Kemal, teyzesinin söylenmelerinden kurtulmak için oldukça sıcak bir sığınak bulmuştu. Mahmut Bey, ona hayal meyal hatırladığı dedesini anımsatıyordu.
- Bak Kemal... Adın Kemal'di değil mi?
- Evet efendim.
- Senin adın insanlığın varmak istediği ama bir türlü beceremediği ulvi hedefi simgeliyor. Manasını biliyor musun?
- Tamlık, olgunluk. Babam söylemişti.
- Evet oğlum. Şu yeşil otlar üzerindeki börtü böcek sana neyi anlatıyor?

Kemal bir süre onları seyretti, sonra:
- Onların doğanın güzelliğinde önemli yerleri olduğunu düşünüyorum, dedi.

Mahmut Bey ilgiyle:
- Başka ne işe yararlar? diye sordu.
- Bilmem. Hiç düşünmedim...Hakikaten yüzlerce böcek çeşidi var.

- Belki de binlerce.
- Uf... Bütün gün ot yaprak kemir, ufacık bir dünyada gezin dur.
- Sence sadece bunu mu yapıyorlar?
- Ne yapabilirler ki?

Mahmut Bey eğilip eliyle irice bir karıncayı işaret etti.
- Bak şu büyükçe olan evine yiyecek taşıyor. Belki de baba karıncadır. Onların da bizim gibi bir alemleri olduğunu düşünmüyor musun?

Karınca, kendine doğru uzanan bu iri gölgenin iyi niyetinden şüphelenmiş olmalı ki hızla yakındaki deliğe giriverdi. Kemal gözlerini kısmış küçük canlıları inceliyordu:
- Arasıra belgesel izlerken evet. Ama bu her zaman aklıma gelmiyor.
- Kendini bu karıncanın yerine koy.
- Nasıl?...
- Gözlerini kapa

Kemal denileni yaptı:
- Evet?
- Şimdi ufaldığını, ufaldığını, bin kat küçüldüğünü hayal et. Uzun otların arasındasın, güneş sırtının kamburuna vurmuş. Güç bela eve birşeyler taşıyorsun.
- Taşıyamam ki, bacaklarım...
- Sen karıncasın, bacaklarını unut... Bir sürü sağlıklı bacağın ve duyargaların var. Karıncaların antenleri gözlerinden güçlüdür biliyorsun. Azığını güçlü alt çenenle çekeleyerek yuvana götürüyorsun.

Kemal bir süre konuşmadı, sonra:
- Eve vardım, dedi.
- Baban ve kardeşlerin de aynı şekilde yuvaya kışlık yiyecek taşıyor.
- Babam herzaman çok yorgun. Annemse hep şikayet ediyor.
- Yuvanız rahat ama dışarıda hayat tehlikelerle dolu.

Kemal'in yüzü iyice terledi:
- Evet bizi ezecek bir sürü büyük ayak ve başka böcekler...
- Evden çıkmak istemiyorsun fakat azığın için buna mecbursun. Dışarıda bazı gürültüler de var.

Kemal'in genç yüzü sevinçle parladı:
- Ağaç yaprakları solfej çalışıyor.

Mahmut Bey vecd içinde:
- Bütün kainat zikrediyor. Her bir orman varlığı, sonsuz senfonide yitip gidiyor, diye fısıldadı.

- Duyuyorum.
- O senfoniye iyi kulak ver.

Mahmut Bey bir süre konuşmadı. Kemal'i duygularıyla başbaşa bıraktı. Sonra:
- Artık dışarıdan korkuyor musun? diye sordu.

Kemal derin bir nefes aldı:
- Hayır...
- Şimdi gözlerini açabilirsin.

Kemal gözlerini açmakta zorlandı.
- Neredeyim?
- Gerçekler aleminde ya da hayal gezegeninde. Beş dakika önce sana sorsalar iki ayaklı bir insan olduğunu söyleyebilir miydin? Karıncadan farkın neydi?
- Sahiden müthişti...
- İşte kâinata nisbetle biz de karınca kadarız çocuğum.
- Ya babam, annem?
- Onlar da.
- Ya dışardaki sesler, tehlikeler.
- Onlar da gerçek. Tıpkı biraz önceki hislerin gibi.
- Bunu niye yaptık Mahmut amca.
- Senin içindeki musikiyi duyabilmek için yavrum. Konservatuvara gitme hususunda ciddi olarak durmalısın. Senin bu dünyadaki vazifen sanat yoluyla hakikate ulaşmak. Bu açıkça görülüyor.
- Nereden anladınız?

Mahmut Bey filozofça:
- Daha karıncalar diyarına gitmeden onların doğanın güzelliğindeki rollerinden bahsettin de ondan, dedi. Gökyüzüne bakarak devam etti:
- Dışarıdaki senfoni senin korkularına ilaç oldu da ondan...

Kemal inanmaz gözlerle, bir dalıp giden Mahmut Bey'e bir karıncalara baktı:
- Bunu Ömer abiye anlatmalıyım...

6.
Ömer, Fuat ve Hale, başhekim Münir Bey'in odasında hararetle tartışmaktaydılar. Ömer asabi bir tonda:
- Demek ödeneği kesmekle tehdit ediliyoruz, dedi.

Münir Bey durumdan bıkmış bir tavırla cevapladı:

- Hımm. Buranın bir nevi pilot merkez olduğunu ve göbeğimizden bağlı olduğumuzu biliyorsun.
- Evet ama henüz üç yıl dolmadı. Kanuni bir anlaşma yaptık öyle değil mi?
- Zaten burayı doğrudan kapattırmakla değil medyaya yansıtarak başarısız göstermekle tehdit ediyorlar. Kapatma yılbaşından sonra gündeme gelecek. Tabi finans problemimiz de var.

Fuat söze karıştı:
- Neyi sebep göstereceklermiş?
- En eski hastalar hala burada. Toplumun içine karışan yok. Adamlara, hastaların memnuniyetten burada kaldıklarını nasıl anlatacaksın. Sonra, günü birlik gelen danışanlarla daha ağır vaka saydıklarımızın aynı merkezde bulunmaları vesaire... Medyaya malzeme mi sorarsın?

Ömer bıkkınca:
- Anlamıyorum. Bu adamların istediği ne?
- İstedikleri araziyi Bakanlık vermedi. Bizden de bir şey koparamadılar. Şimdi yeni hükümete bastırıp kendi kendimize yok olmamızı seyretmek istiyorlar.
- Allah kahretsin.

Hale Ömer'in omzuna dokundu:
- Sakin ol Ömer. Hepimiz bu projeye çok şey harcadık.
- Ben herşeyimi harcadım.
- Senin emeğin hepimizden çok... Ama biliyorsun ki, politikacılar ve mafyayla başa çıkamayız.

Münir Bey durumun acılığını arttıran bir istihzayla:
- Sağlık Bakanlığı neredeyse on günde bir müfettiş gönderiyor, dedi.Yakında, yatılı kalmalarını teklif edeceğim.

Fuat odanın öbür ucundaki pencereden dışarıyı seyrediyordu. Ömer'le birlikte inşaatta bile çalışmışlardı. Alınteri ne kadar ucuzdu bu ülkede.
- Bir şeyler yapamaz mıyız?

Ömer son bir ümitle:
- Şükran Hanım taburcu olabilir bir aya kadar. Fuat da aynı fikirde. Sonra Mahmut Bey de yatılı olmaktan çıkıp günlük terapi seanslarına gelebilir. Birkaç danışanı daha taburcu edebilirsek...
- Bu kadarı yeter mi bilmem.

— Şimdilik medyadan uzak durabilirsek bu bize yeter. Bu ay başvuruların artacağından da eminim. Bir sürü insan burayı yaz aylarında yoğun temposundan kurtulup terapi halkalarına katılabileceği hoş bir tatil mekanı olarak görüyor.

Münir Bey Ömer'in çırpınışlarına hak veriyordu. Çok uğraşmıştı Merkez'i bu günlere getirene dek.

— İyi. Özellikle yataklı hastalarla hafif vakaları daha fazla ayırabilirsek... Şu birkaç girişi de iptal edelim ha Ömer.

— Bence bütün tedbirler acele alınmalı. Giriş çıkışlarla ilgili dediklerinize katılıyorum. Ama unutmayın ki merkezde kimseye hayati zarar verecek hasta yok.

Münir Bey de heyecanlandı:

— Biliyorum. İki buçuk yıldır tek bir nahoş olay olmaması da bizim lehimize. Evet kolları sıvayalım arkadaşlar. Bir iki aya kadar iyi vakaları taburcu edersek dostlarımız, düşmanlarımızın safından başını kaldırıp bize gülümseyebilir.

Zeynep, Ömer'in odasında, muhabbet kuşlarıyla konuşuyordu:

— Merhaba sevimli şeyler. Nasılsınız? Bir adınız var mı? Yoksa Ömer Bey sizi isimsiz mi bıraktı?

Ömer içeri girdiğinde kolları kitaplarla doluydu.

— Zeynep Hanım, geldiniz mi?

— Beş dakika erken geldim.

— Ben de Fuat'ın odasından şu kitapları ödünç aldım. Bu ara okumak zorundayım.

— "Zorundalık" kitaplar için hiç hoş kaçmayan bir tabir.

— Merkezin bazı maddi problemleri var. Bu yüzden bakanlıkların işleyişleri ve mali kaynaklar, bütçe vesaire hakkında bilgi edinmem gerekli.

— Bilmediğim bir yöneticilik yönünüz mü var yoksa?

— Hayır ama buranın kuruluşunda çok emek harcadık. Elinizle dünyaya getirdiğiniz bir çocuğun çırpınışlarını görmek gibi bir şey.

Zeynep gülümsedi:

— Ebelik sendromu demek...

— Sayılır. Sizi bunlarla sıkmak istemem. Formu doldurdunuz mu?

— Evet işte burada.

Ömer kağıdı hızlıca gözden geçirdi.

— Yazınız çok karakteristik...

- Daha önce konuşmuştuk...Kendimi dahiler ve istisnalar arasında saymadığıma göre, söyleyin bakalım, nasıl biriyim?
-"Y"lerin bacakları ters halka şeklinde. Bu sizi "emniyet etmeyen" sınıfına sokuyor. "I" lerinizin noktası köke yakın ve kesin yuvarlak. Bu da ayrıntı düşkünü olduğunuzu ve ilişkilerde bağlılığı benimsediğinizi gösteriyor.
- Çok ilginç.
-"N" lerinizin önündeki iri çengel, sorumluluk sahibi olduğunuzu, yazınızın bastırılmış koyuluğu da duygulu yönünüzü ortaya koyuyor.
Zeynep artık gülümsemelerini saymadığını farketti. Bu adam onu gerçekten güldürüyordu.
- Başka?
- İlk gördüklerim bunlar. Tafsilat için, "yazıya göre karakter tahlilleri" el kitabıma bakmam lazım.
- Hiç de profesyonel bir psikolog gibi laf etmiyorsunuz.
- Siz normal bir hasta değilsiniz de ondan.
- Ya nasılım?
- Hayatım boyunca hakkını ödeyemeyeceğim bir doktorun aile dostusunuz.
- Bu sizi etkilememeli...
Ömer onu dinlemeden tahlile devam etti:
- Ruhi problemlerinizi kendi başınıza çözebileceğinize inanıyor ve buraya gelmeyi, ısrar ve belki biraz da çaresizlik sonucu kabul etmiş bulunuyorsunuz.
- El yazısından sonra şimdi de papatya falı mı?
- Her şeyi espriyle karşılayan anlayışlı bir tabiatınız var.
Zeynep duraksadı. Dürüstçe:
- Buraya gelmeyi istemediğim doğru, dedi.
- Ve kendi kendinize bir parça terapi yapabileceğiniz de.
- Öyleyse niye buradayım?
- Dedim ya, Ahmet Bey'i kırmamak için ve belki midenize iyi gelir ümidiyle.
- Sizce bu ukalaca bir tutum, öyle mi?
Ömer onu şaşırtacak bir cevap verdi:
- Hiç de değil. Sizin yerinizde olsam ben de böyle davranırdım. Anlatmak istediğim, leb demeden Çorum ilini anlayacak kadar zeki ve duyarlısınız. Size her gün önüme gelen hastalar gibi davranamam.
Genç yazar kuşkuluydu:

- Ama onlar gibi form doldurdum.
- Bu, burayı biraz daha yakından tanımanız için bir fırsattı.
- Yani?...
- Yani kalkanlarınızı indirmenizi ve önyargısız bir terapi sürecine kendinizi bırakmanızı teklif ediyorum.
- Ya kabul etmezsem?
- İki aylık bir kısa terapi programından sonra hala aynı Zeynep olarak buradan ayrılırsınız. Yani zarar görmeden. Tabi fayda da...
- Kabul edersem bambaşka bir Zeynep mi olacağım?
- Kaygılarınızın yüzde ellisini burada bırakacağınızı garanti ediyorum. Toplu terapi seanslarımızın mesleki yönden ilginizi çekeceğini umuyorum. Özellikle, Amatem'den taburcu olanlar ve ayrılmış eşler, on beş günde bir buraya gelip grup terapilere katılırlar.
- Batı tipi bir uygulama söz konusu sanırım.
- Evet... Biraz da doğu çeşnisi verilmiş bir proje bu. Klasik yöntem takip eden klinik ve danışma büroları bizi eleştirebilir ama biz danışanlarımızın bir çoğuyla, kendilerine uygulayacağımız terapi yöntemlerini bile ortak belirliyoruz. İnsanlar artık, kendilerini karşısında "ruhen çıplak" hissedecekleri ruh hekimleri istemiyorlar. Merkezdekiler geçen yıl buraya "Yürek Ülkesi" adını verdiler. Yürek Ülkesi sakinleriyle tanışmak istemez misiniz?

Zeynep hala tereddütlüydü:
- Sıfatım ne olacak?
- Yoğun çalışmalarından bunalan ve mide rahatsızlığı olan bir arkadaşımsınız. Israrlarımla, haftada iki gün buraya geliyorsunuz. Nasıl?... Hadi Zeynep Hanım, bu kadar şüpheci olmayın.

Genç kız gülümsedi:
- Pekala... İki ay süresince seanslara düzgün devam edeceğime söz veriyorum. Nereden başlıyoruz?

Ömer ayağa kalktı:
- Bu gün sadece kendinizi, midenize ve oradaki küçük yaraya kitlemenizi istiyorum. Oturduğunuz koltukta geri yaslanın ve onu düşünün. Nefesle egzersiz yapacağız.

Yarım saat sonra karşılıklı otururlarken Ömer sordu:
- Nasıl hissediyorsunuz?
- Oldukça rahatlamış. Valla, nane limondan daha iyi bir yöntem.

- Terapi metodlarının etkili olabileceği munis bir yönünüz var. Nefes egzersizlerini bu öğrettiğim şekilde uygularsanız, gerilim anlarında bayağı faydasını göreceksiniz. Bu size yeni bir şey kattı mı?
- Şey... Açıkçası insanın kendini rahatlatması başka şey, teknik donanım başka şey. Belki, evde midemi kötü hissedince ya da bir olaya aşırı sinirlenince, yüzümü yıkayıp dolaşmaya çıkmak gibi klasik bir yöntemi seçerdim. Oysa, bu daha basit ve pratik.
- Teknikler önemli ama çok da abartılmamalı. Çoğu hasta, hipnoz sonrası bunun hayatını değiştireceğine inanır. Yaşadığı tecrübenin " müthiş" olduğunu söyler. Halbuki asıl terapist insanın kendisidir.
- Yani "ben" istediğim için rahatlıyorum değil mi?
- Evet.
Bana biraz hipnozdan bahseder misiniz?
- Ne öğrenmek istiyorsunuz?
- Aslında geçen gün izlediğim filmle ilgili aklıma bir şey takıldı. Filmdeki kahramanın hipnoz edildikten sonra uyandığında ona yaptırdıkları kötü işler konusunda... Hipnoz bu kadar etkili mi?
- Siz ne düşünüyorsunuz?
- Ben sadece birkaç yazı okudum. Bildiğim kadarıyla, kişi istemeden hipnoz edilemez ve eğer potansiyeli yoksa kimseye irade dışı bir şey yaptıramazsınız.
- Özet olarak doğru. Mesala ruhunda para hırsı olmayan birine hipnoz sırasında "banka soyması" empoze edilse, bunu yapmaz. Namuslu bir kadından kocasını aldatması istense, sonuç öyle romanlardaki gibi filan değil... Başka erkeklere ayak parmağının ucunu göstermeyebilir.
. - Öyleyse?
- Hipnoz ehil ellerde ve çok dikkatli yapılmalı. Seyrettiğiniz filme gelince, senaryo açısından hatalı. Bilim danışmanlarına pek rağbet etmiyor bazı yönetmen ve senaristler. Aslında bu alanda küçük çaplı bir araştırma yapılsaydı, bahsettiğim sonuçlara kolayca ulaşılırdı... Kapalı ve gizemli bir alan. Bu yüzden, insanların ilgisini çekiyor ve olmadık işlevler yükleniyor.
- Siz hipnoz yapıyor musunuz?
- Gerekliyse.
- Aslına bakarsanız bu aralar hipnozla ilgilenmemin bir sebebi de gelecek ay yazacağım yazı.
- Konu nedir?

TANRININ UMUT OLDUĞUNU SÖYLEDİ BİR BÜYÜĞÜM

- İnsan bilinci ve muhayyilesi üzerine. Eğer iki ay önceden döküman toplamazsam sonra çok sıkışıyorum.
- Mükemmeliyetçi yönünüz midenizdeki ufak yaranın can dostu, söylemiş olayım.

Ömer yerinden kalktı. Kütüphanesinin alt raflarından bir dosyayı bulup çıkardı.
- Şurada birşeyler olacaktı...Hah işte. Asım Hoca'nın fakülte notları. Sanırım işinize yarar.

Zeynep, terapistin verdiği dosyayı karıştırdı.
- Psikoloji tabirleri ağır gelmezse...
- Alanında uzman olan bu hocamızın dili olabildiğince teknik terimlerden arınmıştır. Kendi de abartısız, sade biri.

Zeynep, kitaplığı baştan aşağı süzdü.
- Bir dahaki oturumda kitaplardan konuşalım mı?

Ömer, ortak zevk sahibi bir danışan yakalamanın memnuniyetiyle cevap verdi:
- Çok hoşuma gider...

Babası Aysel'e sıkı sıkı sarılırken Ayla Hanım onu itekliyordu:
- Hadi artık, yeter...Kızımı bana da bırakır mısın? Sen şu bavulu yukarıya çıkar.

Ahmet Bey karısının istediğini yaparken söylendi:
- Bir dolap giyecek bıraktın ya, bu ne ağır bavul böyle.
- Aman baba...Mustafa da bir sürü laf etti. Hepsi benim giyeceğim değil ki, size de ufak tefek birşeyler var. Anne, gel şöyle oturalım da anlat yeni havadisleri. Telefonda çok konuşamadık.
- Önce güzel bir duş al, sonra da senin için yaptığım mantının tadına bak, ondan sonra konuşuruz.
- Anne! Mantı mı yaptın? Canım...Nasıl da bilirsin kızının oralarda ev mantısı aşerdiğini.

İlhan derginin arşivinde oturmuş eski dergileri inceliyordu. Bodrum katta penceresiz olan bu oda, koyu bir loşluğa sahipti.

Bir yandan açmasını yer, bir yandan da gözlerini kısmış, kaşlarını çatmış önündeki kitabı okurken, Tamer aralık olan kapıyı sessizce itip içeri girdi. İlhan'ı görünce durakladı. Bir süre hareketsiz onu izledikten sonra tatlı sert çıkıştı:

- Sabah kahvaltısı için hiç de dengeli beslenmiyorsun evlat...
İlhan aceleyle kalkarken elindekini yere düşürdü. Tamer açmayı yerden alıp üfledi, masaya koydu:
- Benden çok mu korkuyorsun?
İlhan başını eğdi:
- Şey, efendim...
- Korkmana gerek yok, ben senin tarafındanım anlıyor musun? Hadi geç oturalım.
İlhan bir iskemle de Tamer'e çekti:
- Buyurun.
Orta yaşlı yayıncı, tiyatrovari el hareketleriyle:
- Şöyle bir etrafına bak İlhan...Ne görüyorsun, diye sordu.
- Eski kitaplar, dergiler, gazeteler...
- Yani?
- Tarih.
- Aferin... Herhangi bir kurumun arşivi, o bünyenin hafızasıdır, tarihidir. Tarih denen olgu, geçmiştedir ama bugünü ve yarını da belirleyen odur. Yani dünümüz, hal ve istikbalimizin rehberidir. Geçmiş, bazılarına göre, ölmüştür. Onun için hiçbir şey yapılamaz, onun da bize yararı veya zararı yoktur. Öyleyse düşünmeye değmez. Ama bütün bir tarihe böyle "geçmiş, ölmüş" nazarıyla bakar ders çıkarmazsak Mehmet Akif'in sözündeki gibi "tekrarlama saçmalığına" düşeriz. Onun deyişiyle: **"tarih tekerrürden ibarettir" diyorlar. Ne menem söz. İbret alınsaydı hiç tekerrür mü ederdi? İşte böyle**...Devletlerin de, tüzel ve özel kişiliklerin de tarihinde aynı şey geçerlidir. Acı, kan ve gözyaşıyla yazılan bir tarih kolay unutulamaz. Ama devletlerin bugünki siyaseti, eğer sürekli bunu hatırlamak ve intikam planları yapmakla geçerse, medeniyet denen şey asla yol alamaz.
- Bizi bıçaklayanları, herşeyi unutup af mı edelim yani?
Tamer İlhan'a dikkatle baktı:
- Düşmanının gözlerine bak evlat. Orada okuduklarının sana yol gösterecektir... Benim gözlerimde ne okuyorsun?
İlhan büyülenmiş gibi, kendine odaklanan gözleri inceledi:
- Siz benim düşmanım değilsiniz.
- Öyleyse korkmaktan vazgeç. Kendi tarihinden ve sana yaklaşanlardan... Biraz evvel bir şey sordun.
- Bıçaklayanları affedelim mi?

TANRININ UMUT OLDUĞUNU SÖYLEDİ BİR BÜYÜĞÜM

- Bak vurguların bile değişiyor güvenmeyi isteyince... Demin "af mı edelim" demiştin. Bunda biraz gurur biraz korku ve önyargı vardı. Oysa "affedelim mi" sözü daha hoş görülü ve sıcak.
- Tamer Bey, siz de Zeynep Hocam gibi konuşuyorsunuz.
- Eeee, aynı kaynaktan beslendik onunla. Soruna gelince... Hayır İlhan, bir yanağını kızartana emniyetle ve safça öbür yanağını çevir demiyorum. Ama elin de sürekli tetikte olmasın. Düşmanlarına arkanı asla tam olarak dönme... Belki ara ara arkanı kollar vaziyette, hafif bir yan duruş. Ama rotayı ve hedefi bozmadan, gözün hep ufukta...
- Anlıyorum efendim.
- Bana, Tamer abi diyebilirsin... Sabah kahvaltısında açma ve simit yemekten de vazgeç. Çalışanlarıma iyi ücret ödemeyip aç bıraktığım imajı doğsun istemem.
- Peki efendim.
- Ne ne ne?
- Şey, Tamer abi.
- Hah şöyle... Hadi bakalım bana derginin 1989 Nisan özel sayısını buluver.

Ayağa kalktı:
- Yukarı odama getirebilirsin.

Şakacıktan sert devam etti:
- Ortalıkta emredecek kimseleri bulamadım. "Çalışın sefil köleler!" diyecektim ama beni üç kat yordular.

İlhan yerinden fırladı.
- Peki, şimdi...

Zeynep bugün Ömer'in odasında koltuğa daha rahat oturmuştu sanki. Genç terapist:
- Ama bu, romanda gayrıtabiî bir üslup değil mi sizce? diye sordu.
- Çok fazla bu tür yazan yok zaten.
- O zaman buradaki kurgulamaya yakın yazan Wilkie Collins'i beğenirsiniz.
- Wilkie Collins?
- Eski kitapçıları dolaşırken rastlamış olmalısınız. Ben iki eserini bulabildim. Aytaşı ve Beyazlı Kadın.
- The Women in White. Tamam...Sahaflardan değil başka yerden anımsadım. Hafif polisiye türü değil mi? Baştan aşağıya beyazlar giyen bir kadın, roman kahramanlarından biriyle yer değiştiriyordu.

Ömer başını çevirip kitaplığına baktı.

- Hımm, işte o. Herhalde eve götürdüm. Bir ara Fuat almıştı ama... Burada daha çok, psikoloji, tıp, felsefe, el altında bıraktığım birkaç roman ve bestseller var.

- "Beyazlı Kadın" okuduğum romanlar arasında hızlı okuma bakımından rekora gittiğim bir eser. Hiç aralıksız üç-dört saat başımı kaldırmayıp, aynı gün yine elime alabildiğim tek tük kitap vardır.

Yazılış tarzı ilgi çekici...Sanki gerçek bir olaydan alınmışçasına hâdise bir kişinin değil, dört beş kişinin ağzından veriliyor. Kimi hatıra defterinden, kimi duyduklarından anlatmış olayı. Biri bırakıp biri alıyor. Vakâyı kim tasvir ediyorsa, o kahramanın kişiliğine uyan bir üslupla değişkenlik sağlanmış. Bazısı köylü şivesiyle, bazısı vaaz veren bir rahip ağzıyla. Kimi de güngörmüş, yaşlı bir kadının tumturaklı edasıyla... İnsan kendini mahkeme salonunda, tanıkları dinlermiş gibi hissediyor.

Fevkalade bir teknik...Orta okulda da okunabilir, master seviyesinde de. Postmodern romanın üstkurmacalarına benziyor tarzı ama çok dağınık olduğu da söylenemez.

- Özellikle bir karakter vardı, neydi o? Prens mi, dük mü?

- Kont... Kont Fosco.

- Evet tamam. Onun, yaptığı ilaç iksirlerinden övünerek bahsetmesi kalmış aklımda: "Ben, Fosco, çayına karıştıracağım bir tozla Shakespeare'in zihnini öyle bir körletebilirim ki Hamlet'i yaratmak üzereyken, kaleminden dünyanın en saçma kelimeleri dökülür. Aynı şeyi Newton'a tatbik edeyim, sizi temin ederim ki, elmanın düştüğünü görünce cazibe kanununu keşfedeceği yerde, elmayı afiyetle yer. Yemeğini ben hazırlasam Neron, daha yediklerini hazmetmeden dünyanın en mülayim adamı olup çıkar ve Büyük İskender'e sabahleyin içirdiğim su, öğleden sonra onun düşmanı görür görmez kaçmasına sebep olur." Atıyorum ama böyle şeylerdi değil mi? Belki birkaç pasajı defterimde vardır.

- Neredeyse kitabı okuduğumu zannettim. Hafızanız müthiş. Bir defterden bahsettiniz?

- Lise sondayken edebiyat hocamızın tavsiyesiyle, yabancı ve Türk klasiklerini özetleyip kendimce eleştirdiğim bir defter tutmaya başlamıştım.

- Ne güzel bir hobi...

- Çok da zevkli...Kendimi kıdemli edebiyat eleştirmenleri gibi hissediyordum. Şöhrete filan da ihtiyacım yoktu. Bu özel köşede, rakibi bulunmayan bir kalemşördüm...

- Fazlaca özel değilse birgün gözatmak isterim.
  Bu kadar yakınlaşmak yeterli. Bunu ona hissettirmeli...
- Okuduğum kitaplara bakıp kişilik tahlili yapmak için mi?
- Yoo hayır, kahve falı ve tarot daha popüler...Zeynep Hanım, görüyorum ki savaş araçlarınız hala pırıl pırıl... Kalkanlarınızı indirmeyecek miydiniz?
- Henüz söz vermedim ki?
- Ben anlaştığımızı zannediyordum.
  Zeynep duymamazlıktan gelmeyi yeğledi:
- Kont Fosco'dan bahsediyorduk...

7.
Genç yazar, çocukluk arkadaşıyla, evlerinin balkonunda oturmuş konuşurken, Melek Hanım, elinde ayran tepsisiyle onlara katıldı.
- Teşekkürler Melek teyze, eline sağlık...
- Afiyet olsun güzelim.
  Zeynep bardağından bir yudum aldı. Yüzü aydınlandı:
- Yaşa anne, ben de bebek olayını abartıp süt getirdin sandım.
- Onu akşama sütlü kahve olarak içireceğim sana:...Aysel, kendine iyi bakıyor musun kızım? Annen yanında yok.
  Aysel sarışın başını olumlu manada salladı.
- Merak etmeyin. Mustafa bu konuda çok yardımcı.
- Akşama babanlar gelecek, iyi anlaştınız değil mi?
- Tabi tabi, babam sizin dolmalarınızdan sözedip ellerini oğuşturuyordu.
  Zeynep tebassüm ederek:
- Tamam, Ahmet Tanoğlu iz üzerinde, dedi.
- Babam midende problem olduğunu söyledi. Yine gece yarılarına kadar okuyor musun?
- Ah, Ahmet amca...Yakında sağlık raporumu basına vereceğim, ben de iyice çürüğe çıkacağım... Aslında o kadar büyütülecek bir şeyim yok.
  Melek Hanım:
- Sen ona bakma Aysel, sofrada hiçbirşeye elini sürmüyor. Hep yasaklı. İnsan bütün gün komposto yerse ne olur? diyerek lafa karıştı.
- Hakikaten Zeynep, biraz zayıflamışsın.
- Onun için demin süt geldi diye korktum ya... Ballı sütü severim ama devamlı asitsiz şeyler içmek, Iıh... Tabi biraz kilo veriyorsun perhizli olunca.
  Melek Hanım tekrar Aysel'e döndü:

- Doğuma annenler gelebilecek mi?
- Vallahi düşünüyorlar ama babamın da en yoğun dönemi. Ameliyatlar filan artıyor kışın. Annemi ne olursa olsun gönderir herhalde...
Melek Hanım ayağa kalktı:
- Eee, tek çocuklarısın. O kadarcık fedakarlık yaparlar elbet.
- Anne yardım ister misin?
- Hayır kızım sen Aysel'le özlem gider. Servisi sana bırakırım.,
Aysel kadının ardından kıkırdadı:
- Annen hep aynı...
- Anneler hiç değişmez.
- Neler yapıyorsun Zeynep? Yani, günlük işlerini sormuyorum...Hayatından memnun musun?
- Gayet iyi gidiyor. Sevdiğim bir işim ve ailem var. Bana yetiyor. Asıl sen anlat, telefonlar kesile kesile topu topu üç beş kez konuştuk.
- Zaten bu defa bana mektup yazmanı istiyorum. Mustafa eve bilgisayar alacak ama bence o güzelim zarfın kokusunu duymak başka şey...Hani lisedeyken denemiştik, hatırlıyor musun? Bizim tayinimiz İzmir'e çıkmıştı. Babam hastaneden, annem evden, bense senden ayrıldığımıza ağlamıştık. Sonra bütün bir yıl mektuplaşmalarımız... Saklıyorsun değil mi?
- Deli misin? Her ay malzemeyi nerden buluyorum sanıyorsun. Eski mektuplar, yazılar, günceler...Ahh, ah. Şimdiki yeni yetmelerin hepsi cepten mesajlaşıyor. El yazısının üstündeki titreyişleri çözmeye çalışmak bizim gibi romantiklerin işi.
En sıkı dostunun elini sevgiyle tuttu:
- Canım, seni çok özlüyorum... Biliyorum gitmeye mecburdun ama seni bir yabancıyla paylaşmak hiç hoşuma gitmiyor.
Aysel karnını gösterip, muzipçe:
- Pek yabancı sayılmaz... Bebeğimin babası oluyor, dedi.
Zeynep zoraki gülümsedi:
- Görüyorum ki artık öyle...Biliyor musun, onu kıskanıyorum. Benim tek samimi dostumu, sırdaşımı çaldı.
- Zeynep!!!
- Tamam tamam, bunları daha sonra konuşuruz. Senden sekiz ay büyüğüm ama sanki annenmişim gibi şefkat hislerim yoğun. Herhalde geçen yıl Yeşilköy'de Ayla teyzeden sonra en hüzünlü yaratık bendim.
Aysel, hala elini tutan Zeynep'e sıcacık gülümsedi:
- Ben iyiyim. Hem de çok iyi...

TANRININ UMUT OLDUĞUNU SÖYLEDİ BİR BÜYÜĞÜM

- Mutlu musun?
- Tahmin edemeyeceğin kadar.

Zeynep bir süre sustuktan sonra:
- Evlendikten sonra, yani birlikte yaşamaya başladıktan sonra duygularında değişme olmadı mı? diye sormadan edemedi.
- Biraz. Bunu konuşmuştuk hatırlıyor musun? Sen sürekli birkaç ay sonra herşeyin monotonlaşıp eskimesinden korkup korkmadığımı sorardın. Bense senin gibi bunun endişesini yaşıyor ama Mustafa'ya sırıl sıklam aşık olduğum için gerisini düşünmüyordum. Şimdi, yani bir yıl sonra, içimde bu şüphe yok artık. Hayır Zeynep...Evlilik, birlikte yaşam, aşkı öldürmüyor. Daha sıcak, elle tutulur, güvenilir bir ortama ayak basıyorsun. Kalbin onu gördüğünde nişanlıyken olduğu gibi çarpmıyor ama onsuz olamayacağını daha iyi anlıyorsun...
- Bu bir tür alışkanlık değil mi?
- Belki, ama alışkanlık biraz hoyrat bir kelime...İnsan alışkanlıklarından ayrı yaşayabilir. Bir süre sıkar ama diğeri gibi kalp acısı vermez.
-"Alışkanlıklar anahtarını kaybettiğimiz kelepçelerdir" diyor Amos Parrish.
- Sevdiğin adamla birlikteyken bu kelepçeden gayet memnunsun ve hiç de canını yakmıyor. Nasıl anlatayım...Onsuz hayatın bütün renkleri silik.
- Anlaşılan sen daha balayını bitirememişsin. Bir dahaki yaz, ufaklıkla birlikte tekrar ifadeni alacağım...
- Fikirlerimin ve duygularımın değişeceğini sanmıyorum.

Elini karnına götürdü:
- Seneye de üç kişilik bir muhalif cepheyle sana, "amansız aşk düşmanına" karşı, kanımın son damlasına kadar mücadele edeceğim...

Ömer, merkezde yatılı kalmayıp, görüşmeler için gelen hastaların listesini yazdıktan sonra içlerinden bir iki ismin altını çizdi. Sonra o isimlerin dosyalarını çıkarıp uzun süre inceledi. Biri vardı ki problemi teşhis etmişti fakat çözümünde çok hassas davranması gerekiyordu.

Kaseti geri sarıp seansı tekrar dinlemeye karar verdi. İki gündür merkezde bir yığın problemle uğraşmış, danışanının izniyle aldığı birkaç konuşmayı ancak o sabah dinleyebilmişti.

Tekniklerin yarısından fazlasını kullanmıştı ama sonunda hastasını rahatsız eden anıya, dokunacak kadar yaklaşmıştı.

- Şirket toplantımız sırasındaydı. Oldukça kalabalık bir grup, dar bir odada toplandık. Akşam saatleriydi. Birden ışıklar söndü. Çok tedirgin oldum.
- Sonra?
- Sonra... Dayanamadım. Hem terliyor hem de titriyordum. Kalkıp el yordamıyla kapıyı buldum, odayı terkettim.
- O kadar tedirgin oldun ki odada daha fazla kalmaya tahammül edemedin ve çıktın.
- Evet... Beni böyle aptalca bir şey yapmaya sevkedecek kadar ne rahatsız edebilir ki?
- Yaptığının aptalca olduğunu düşünüyorsun?
- Şey, bilemiyorum. O anda en doğrusu bu gibi gelmişti.

Kasetten bir süre ses gelmedi. En sonunda Ömer'in etkili olmasına özen gösterdiği sesi yükseldi:

- Hatırlıyor musun? Kapalı ve özellikle karanlık bir yerde rahatsız olduğunu daha önce de konuşmuştuk. Böyle bir şey, kaldığın yurtta olmuştu. Yine askerlikte benzer bir durum yaşamış ve tedirginlik duymuştun.
- Tamam... Evet, aynı şey oldu geçen hafta da. Yani... çok benziyordu.
- Yanılıyorsam düzelt: yalnız başınayken bu seni daha az korkutuyordu. Küçükken tatil sırasında kaldığınız otelde böyle bir elektrik kesintisi sırasında hiç korkmadığını ve annenle baban gelene kadar üç aylık bebek olan kardeşinle yalnız kaldığını söylemiştin.

Uzun cızırtılı bir sessizlikten sonra titrek bir "evet" duyuldu.
- Iıh, ya, galiba. Evet doğru.... Yani şey, herhalde...

Genç terapist "işte bu, Haldun Bey" diyerek stop düğmesine bastı. Bir yıldır kendisini uğraştıran genç mühendis, sonunda başından geçenleri tüm ayrıntılarıyla anlatabilmişti. Yıllardır içinde biriktirdiği kini ve gözyaşlarını Ömer'in gözleri ve kulakları önünde ortaya sermişti.

Öğrenim hayatından itibaren meslek yaşamında sık rastladığı bir durumdu. "Pedofili"nin kurban tarafında yer alan danışanına, bunun ne kadar çok kişinin başına gelebileceğini ispatlayana kadar bir yığın süreli yayın göstermesi gerekmişti. Tabi bunların çoğu yabancı basındandı. "Çok şükür ki hâlâ Anadolu toplumunu koruyan bir şeyler var" diye geçirdi içinden.

Anahtar cümle "bebek kardeş ve iki komi"idi. Elektrik kesintisi sırasında yalnız kaldıklarını bilen iki otel görevlisi içeri girip bir şeyden korkmamasını söylemişlerdi. Saldırı çok ani gerçekleşmişti. Bebek kardeş ağlamaya başlayınca kötü birşeyler olduğunu sezmiş ve bağırmaya başlamıştı. Görevliler ürküp kaçmışlar, zaten annesiyle babası da hemen gelmişlerdi. Haldun'un henüz tam açılmadığı bir evvelki seansta "Onların otel görevlileri olduğunu nereden anladın" diye soran Ömer'e verdiği cevapta da önemli bir ipucu vardı. "Kokulara karşı çok hassasımdır. Bir defa duyduğum bir kokuyu asla unutmam. Birinin kıyafeti leylak diğerininki sigara kokuyordu."

Bu kokuları alabilmek için yakın temas şarttı. Sonra, iki görevlinin birden "daha üç aylık bir bebeğe" kötülük yapmak için yönelmeleri mantıksızdı. Biri küçük bebekle ilgilenirken öteki...

Ömer bu ayrıntıları, danışanının ağzından tam bir yılda, kerpetenle almış, bir önceki seansta düğüm çözülmüştü. Artık Haldun Bey de Ömer de onun neden sigaradan aşırı tarzda nefret ettiğini, neden evlenmemek için sürekli bahaneler bulduğunu, niçin dar, karanlık, özellikle de yetişkin erkeklerin bulunduğu yerlerde tedirgin olduğunu biliyordu. Tabi bunun, tedavisi mümkün bir ruhsal problem olduğunu danışana kabul ettirmek genç terapiste düşüyordu.

Kasetin geri kalanını dinlemek için teybin düğmesine dokundu.

Şükran, odasında bir oraya bir buraya yürürken sinirli olduğu her halinden belliydi. Üstünde son derece şık bir döpiyes vardı. Makyajı abartılıydı. Saçlarını ikide bir kabartıyor, merkezin kuaförünün, işini hiç de iyi yapamadığını düşünüyordu.

- Günaydın Şükran Hanım.
- Bonjur Fuat. Çok geciktiniz.

Fuat saatine baktı:
- Üç dakika yirmi saniye.
- Bugünün benim için ne kadar önemli olduğunu bilmiyor musunuz?
- Evet, tabi...
- Altı aydır ilk defa toplum içinde yemek yiyeceğim.
- Merkezde de bir sürü etkinlik var.
- Ama bu farklı. Burada bir giriş kapısı var ve ben oradan geçmeyeli tam üç ay oldu.

Elini kalbine götürdü. Fuat kadını acıyarak süzdü.
- Biraz sakin olun. İlk seferinde iki üç saat dışarıda kalacağız. Bunu yavaş yavaş arttırıp sonunda buradan ayrılıncaya kadar devam ettireceğiz.
- Ah! Ne harika! Tekrar gezip tozup eğlenebileceğim.

Genç danışman düzeltti:
- Daha düzenli bir yaşam süreceksiniz ve birkaç yıl sonra burası, biz dostlarınıza ara sıra tebrik kartı gönderdiğiniz bir yer olarak kalacak.
- Evet, evet ama siz daha hazır değilsiniz.

Fuat üstüne başına baktı.
- Spor giyinmemde bir mahzur mu var?
- Hep şu eşiniz fikrinizi çeliyor değil mi? Beni dinleyin siz: benim gibi bir salon kadını asla yanında spor giyinmiş bir erkekle dolaşmaz.

Parmağı vaaz verir gibi havalandı:
- Yemeğe bu kıyafetle? Cık cık cık.

Fuat çaresizdi:
- Peki... Odamda bir takım elbise vardı. On dakika sonra buradayım...

Ömer'le Kemal karşılıklı oturmuş öğlen yemeklerini yiyorlardı. Rüstem hem terapistlere yemeklerini veriyor hem de Kemal'le Ömer'in masasını meraklı gözlerle seyrediyordu.
- Teyzeni bugün hiç görmedim...
- Cumartesi çamaşırla uğraşıp yoruluyor. Pazarları geç vakit kalkar, o gün benle pek ilgilenmez, annemin mezarını ziyarete gider...
- Kendine ayırdığı bir günü olması güzel...
- Geçen hafta sonu da siz nöbetçi değil miydiniz?
- Arkadaşlarla ara sıra böyle nöbet değiş tokuşu yapıyoruz. Fuat'ın bugün önemli bir işi var...

Ömer, merkezdeki en yakın dostu olan Fuat'ın, Şükran'la ne gibi tehlikeler atlatabileceğini düşünüp gülümsedi.

Mesleki bakımdan kendine örnek aldığı hocası, Asım Güler, merkez kurulurken danışma kurulundaydı. Hastalarla psikologlarının sosyal hayatta da görüşmeleri, birlikte, yemeğe, sinemaya, gezmeye gitmeleri, spor ve diğer faaliyetleri arkadaşça gerçekleştirmeleri teklifini kurula sunduğunda, genç ve idealist öğrencileri çok heyecanlanmıştı.

Kemal yemeğinden bir kaşık alıp ona seslenince daldığı düşüncelerden sıyrıldı.
- Babam bu hafta yine gelmedi Ömer abi...
- Konservatuar işini konuştun mu?
- Evet, düşünme aşamasında. Biraz gayret göstermemi, bacaklarım iyileştikten sonra bunu daha rahat yapabileceğimi söylüyor.
- Haklı... Şu fizyoterapi işini artık önemse bence..

TANRININ UMUT OLDUĞUNU SÖYLEDİ BİR BÜYÜĞÜM 73

- Belki haftaya Doktor Gülsenem Hanım'ın teklifini kabul ederim. Kendi oğlunun kolu da hentbolda sakatlandı. Omuz lifleriyle ilgili bir problem... Haftada üç gün hastaneye gidiyor. İstersem beni de götürebileceğini söyledi.
- Harika!
- Mahmut amca, "eğer bir şeyi çok istersen mutlaka gerçekleşir, ama önce önündeki engelleri kaldırmalısın"dedi.
- Mahmut Bey'le tanışman çok yararlı olmuşa benziyor. Onun hakkında ne düşünüyorsun?
- Teyzem ona çok yaklaşmamamı tembihliyor ama bence o mükemmel biri...
- Teyzen aşırı kollayıcı bir kadın. Bunu da seni çok sevdiği için söylemiştir. Mahmut Bey'le görüşmende hiç bir sakınca yok.

İşaret parmağıyla başına dokundu:
- Ama söylediklerini süzgeçleyip zihnine yerleştirirsen daha iyi olur.
- Hakikaten çok karışık şeyler söylüyor, ama bu karmaşıklığın içinde çok parlak birşeyler gizli.
- Güzel tespit...
- Sahi, Ömer abi... Karıncaların doğada ne işe yaradıklarını hiç düşündün mü?
- Hayvanlar alemine bu ani ilgi neden ki?
- Mahmut amca bana enteresan bir tecrübe yaşattı.

Ömer endişeyle çatalını bıraktı:
- Nasıl yani?
- Gözlerimi yumdum ve karınca diyarına ışınlandım...
- Allah Allah, sonra?
- Orada çok çalışkan ve sağlıklı bir karıncaydım... Ve, ve müzikle uğraşıyordum.

Genç adam rahat bir soluk aldı. Mahmut Bey'in Kemal'in yaşına inebilmesine sevinmişti.
- Bak buna bayıldım.
- Ben de. Mahmut amca: "her varlığın tabiatın musikisine bir şeyler kattığını, durmadan zikrettiğini" söyledi.
- Peki sen ne hissettin?
- Ben de o kısa anda, kendimi karınca gibi gördüm ve dış tehlikelerden ancak müzik yoluyla kurtuldum sanki.

Ömer düşünceli bir sesle karşılık verdi:

- Bak Kemal...Mahmut Bey çok değerli bir insan. Çevresindeki her olaya mantıktan çok duygu gözlüğüyle bakıyor. Bu yüzden hepimizden fazla hassas. Belki de "altıncı duyusu güçlü"diyebiliriz. Bu onun yaşı için anormal kaçmayabilir. Ailesi yine de şikayetçi biliyorsun. Ama senin gibi hayatının ilkbahar çiçeklerini toplamaya hazırlanan biri, biraz daha dengeli düşünüp hissetmeli, Öyle değil mi?
- Nasıl yani?
- Mahmut Bey'in tabiat felsefesi oldukça etkileyici. Sana senfoniden bahsetti mi?
- Evet.
- Senfoni ahenkli bir bütündür, bu yönden haklı. Ama duygularını denetim altına alıp bilimsel gözle de tabiat dengesini gözlemlemek mümkün. Onun örneğinden gidelim: Doğa, tabiat ne dersen, bu mükemmel sistemde, her varlık denge unsurudur... Mesela sen, belgesel seyretmekle övünürsün, gelinciğin ne olduğunu bilir misin?
- Sanırım şöyle kedi-rakun gibi bir hayvan, değil mi?
- Evet, sayılır. Gelincikler genelde yılanla beslenir. Doğabilimciler, gelincikler olmasaydı dünyayı yılanların basacağını söylerler. Yılanlar da aynı yoldan fareleri dengeler.
- Yani fare sayısı da yılanların varolmasıyla mı dengede kalıyor?
- Tamamen. Eğer yılanlar olmasaydı... Hadi cümleyi sen tamamla.
- Yeryüzünde fare sayısı çoğalırdı.
- Dur sana bir de abartılı anlatayım: Dünyanın süper devletleri, fareli köyün kavalcısını masal diyarından transfer etmek için bütçelerinin yüzde seksenini seve seve harcarlardı...

Kemal yüksek sesle güldü:
- Mahmut amcanın tasviri çok duygusaldı, seninki ise son derece eğlenceli...
- İki türde de yaklaşabilirsin olaya Kemal... Hatta başlıkları daha da çoğaltabiliriz. Sen en ortadakilerden seçmelisin. Unutma, ondört yaşına giden tarz, "drama" değildir...

Kemal elini asker selamı verir gibi başına götürdü:
- Tamam doktor bey...Bundan sonra her duyduğum şeyi, **akıl-mantık-denge** süzgecinden geçirip kompitürüme öyle kaydedeceğime, sanatçı sözü veriyorum...

Ömer gülümseyip çatalını yemeğine daldırdı:
- Aferin. Şimdi yemeğini bitir. Rüstem Usta bize fena fena bakıyor.

TANRININ UMUT OLDUĞUNU SÖYLEDİ BİR BÜYÜĞÜM 75

Şükran, lüks restoranda, etrafına heyecanlı gözlerle bakındı. İçeri girip oturduklarından beri Fuat'a göz süzüp gülümsüyordu. Genç adam sıkıntıyla kravatını çekiştirdi:
- Şükran Hanım, bu sıcakta kravat şart mıydı?
- Oyun bozanlık etmeyin doktor. Sosyete kurallarına her zaman uymuşumdur ve yanımdakiler de hep böyleydi.
- Peki peki... Nasıl hissediyorsunuz?
Kadın iç geçirdi:
- Son eşimle..., diye başlayıp parmaklarıyla saydı:
- Yani yedinci kocamla böyle yerlere sık sık gelirdik. Aslında müzikli lokaller daha çok hoşuma gidiyor. Güzel bir yemeğin üzerine romantik bir dans, her zaman tercihimdir.

İlgiyle etrafına bakındığı sırada garson yaklaşıp sipariş almak için hazırol vaziyette beklemeye başladı. Fuat Şükran'ı uyardı:
- Öhö öhö... Şükran Hanım, lütfen garsona bir şeyler söyler misiniz. Epeydir bekliyor da.
- A, Mon cher, mille pardonnes. Ne çeşit balık yiyeceğime karar veremedim henüz.

Garson kibar bir ses tonuyla:
- İzin verirlerse hanımefendiye tavsiyede bulunmak isterim, dedi.
- Lütfen...
- Mutfağımız her türlü deniz ürününe sahip ama Fransız usulü hazırlanmış sosuyla, fırınlanmış Çupra'yı tavsiye ederim.
- Peki benimki ondan olsun...Fuat şekerim sen?
- Şey, benimki kiremitte alabalık olsun.
Garson başını eğip not alırken sordu:
- İçki?...
- Aaa, beyaz şarap mı içsek, yoksa...
Fuat danışanının sözünü kesti:
- Şükran Hanım içki konusunu konuşmuştuk.
Kadının sesindeki neşe sönüverdi:
- Hımm...Evet, biz sadece soğuk su alalım.
- Yanına karışık salata ve meyve suyu da olabilir...
- Emredersiniz. Hemen geliyor efendim.
Garson elinde sipariş listesiyle uzaklaştı.
- Şey içki konusunda uyardığınız için teşekkürler. Birden kendimi eski günlerde zannettim. Balık da içkisiz yenmez ki...

- Vee... Lütfen bana genel yerlerde yüksek sesle, samimi hitaplar kullanmayın.
Kravatını gevşetti:
- Evli olduğumu biliyorsunuz.
Tam o sırada Fuat'ın cep telefonu çaldı. Genç terapist özür dileyerek sofradan kalktı.
- Evet hayatım... İyiyim sen nasılsın?... Tabi tabi canım, biliyorsun nöbetteyim.
Şükrana gözatıp sesini kıstı:
- Şu anda bir hastayla ilgileniyordum, yemeklerine özen göstermesi gerekiyor da... Evet ama Canan, seninle ve annenle olmak istediğimi biliyorsun. Sen de benim mesleğimin zorlukları olduğunu hatırla lütfen... Peki peki hayatım, erken çıkmaya çalışırım...
Sesi duygusallaştı:
- Gelirken, eee, şey, balık almamı ister misin? Bizim bu günkü menümüzde var da... Sensiz boğazımdan geçmiyor. Tamam. Akşama görüşürüz... Ben de seni...
Sofraya döndüğünde Fuat'ın yüzü gülüyordu. Şükran somurtkan bir edayla:
- Arayan Canan Hanım mıydı? diye sordu.
- Evet.
- Yüzünüzden belli... Kuzum, dakika başı aramasından sıkılmıyor musunuz?.. Ben dördüncü kocamı iş yerinde rahatsız ettim diye benden ayrılmıştı. Boşanma davasını açan tek kocam da oydu...
- Neyse bu konuyu kapayalım isterseniz...Neden şu anın ve buranın tadını çıkarıp merkeze iyi izlenimlerle dönmeye çalışmıyorsunuz?
Şükran tekrar etrafını süzmeye başladı.
- Aaa, şu adama bakın yanındaki kadının nerdeyse kucağına düşecek. Cık cık cık...Kızı olacak yaşta. Aşkta yaş farkı çok önemlidir. Ya sizce?
- Bence de ilişkileri kötü etkiliyor.
- Beşinci kocam Hakan Batu, benden tam on dört yaş büyüktü. Bu aramızda aşılmaz uçurumlar doğurdu.
- Evet anlıyorum...Diyorum ki eski yaşamınızı bir nebze unutsanız da ileriye güzel gözlerle, umutla bakmaya çalışsanız.
- Çok zor doktor...
O sırada birkaç garson masaya yaklaştı. Servise başladıklarında Şükran aniden Fuat'ın masa üzerindeki elini yakaladı ve yüksek sesle:

TANRININ UMUT OLDUĞUNU SÖYLEDİ BİR BÜYÜĞÜM

- Fuat bi tanem, bence nişanımızı böyle bir yerde kutlayalım ne dersin? diye soruverdi.

Şaşkınlıktan ne yapacağını bilemeyen Fuat, elinin altındaki suyu devirdi. Şükran'ın şuh kahkahası, genç adamın kızarmış yüzünde yankılanırken, garsonların bu havadisi alkışlamaları sahneyi daha da acılaştırıyordu.

- Aaa evet ya.
- Adamın gidişi neydi öyle...
- Ayla'cığım şu ekmeği uzatıver.
- Baba tuzu versene...

Genç yazarın evi bu sesleri yıllardır duyuyordu. İki katlı müstakil bina, Zeynep için çok özeldi. Babası emekli olunca, annesi, kocasının aldığı toplu parayla evi ve eşyaları yenilemek istemişti. Ama Zeynep'le Muhittin, Melek'in tüm ısrarlarına rağmen eski tip kapıların kaldırılıp, balkonun salona eklenmesine, ya da mutfağın Amerikan tarzına uygun biçimlendirilmesine, tutuculuğa varan bir inatla karşı koymuşlardı.

"Bu ev böyle güzel" diyordu Muhittin. "Tek başıma bir eve çıkmamı istemiyorsan o değişiklikleri aklından sil" diye tehdit ediyordu Zeynep. Melek de bu güçlü ittifak karşısında, elektronik eşyalarından başka birşeyle ilgilenmeyen Ersin'in desteğini de bulamayınca, bayrakları indirmiş ve baba-kıza teslim olmuştu. Onları hiç olmazsa alt kattaki işe yaramayan oda konusunda yola getirdiğini düşünerek biraz olsun rahatlamıştı.

Yemek servisi başladığında Ahmet Bey iştahla sordu:
- Ooo, Melek Hanım, bize dolma mı yaptınız?
- İlahi baba, sanki bilmiyormuş gibi konuştun. Ne zaman Muhittin amcalara gelsek, Melek teyzem, sen seversin diye zeytinyağlı dolma yapar. Yakında geleneksel dolma günü kutlayacağız.

Ayla Hanım sitemle:
- Hakikaten Melek, dedi. Üşenmiyor musun? Her seferinde yabancıymışız gibi...Bir çorba, bir yemek yeterdi.

Ahmet Bey neşeli:
- Yahu kadıncağızın şu mükellef sofrasına niye karışırsınız bilmem, deyince Ayla Hanım kocasını kötü kötü süzdü.
- Ahmet...
- Yalan mı? İnsanın şair olup bu nefis şeylere şiir yazası geliyor.

Ersin çorbasından başını kaldırdı:
- Aman Ahmet amca!..Ne olur şiir okumayı, gecenin ilerleyen saatlerine bırakın.

- Niye?
- Ben o zamana kadar uyurum da ondan...
- Vay kerata... Seçmece şiirlerimi beğenmiyorsun demek?
- Estağfirullah, sadece şiirle pek aram yok.

Zeynep otururken:
- O bir mantık adamı... Aysel'le biz sizi zevkle dinleriz, demeyi ihmal etmedi.

Melek Hanım, misafirlerinin hepsinin servisinin tamamlanmasını memnuniyetle izledi, sonra:
- Sahi merak ettiğim bir şey var, dedi. Bu tıp adamlarının, dikkat ettim, hep bir sanatçı yönleri oluyor. Televizyondaki magazin haberlerinde filan pek çıkar: Filan bestekârın asıl mesleği doktorlukmuş veya bir doktor şiirden müzikten bahseder.

Ayla Hanım da destekledi:
- Geçenlerde ebru sanatının tükenmeye yüz tuttuğunu bir fizikçi ilan ediyordu.

Doktor, genç hastasına göz kırptı:
- Bunu Zeynep'e sorsanız, eminim Rönesans'tan girer günümüzden çıkar ve pozitif ilimlerle sosyal ilimler ve estetiğin bazen içiçe geçtiğini, size felsefi bir dille anlatırdı. Benim cevabım basit: Fazla rasyonel ve maddî bir meslek bizimkisi. Şu kadar gram serum, bu kadar salgılanan adrenalin, vesaire. Ameliyathane kokusuna sinen şeyler işte...Bu yüzden kimimiz müzik, kimimiz resimle ilgilenip stress atıyor.

Muhittin Bey oğlunun kıtlıktan çıkmış gibi hızlı hızlı yemek yemesine bakarak:
- Herkesin az da olsa bir sanat dalına ilgi duyup onunla uğraşması ruh sağlığı açısından da mühim...Ersin'i de otuz beşinden sonra göreceğiz, dedi.

Ersin nefes almak için su içti.
- Niye otuzbeş baba?

Aysel küçümseyen bir tavırla:
- Eee, o yaş yolun yarısı da ondan. Şiiri sevmediğin belli, otuzbeş yaş sembol bir yaştır, diye cevapladı.

Ahmet Bey servis için tekrar kalkan Zeynep'e döndü:
- Sahi, Zeynep, yazını bitirdin mi?
- Evet, son düzeltmeleri de dün akşam yaptım. Tamer abi, gelmene gerek yok, faksla diyor ama şimdi beni oraya bağlayan biri daha var...

Muhittin Bey:

TANRININ UMUT OLDUĞUNU SÖYLEDİ BİR BÜYÜĞÜM

- Şu bahsettiğin çocuk, İlhan mıydı adı?diye sordu.
- Evet, bu günlerde ilgiliye ihtiyacı var. Tamer abiyle iyi anlaşıyorlar ama doğrusu Tamer abi biraz...nasıl diyeyim, "dobra" biri. İlhan da çok darbe yemiş.

Ayla Hanım'a:
- Biraz daha biftek?
- Hayır, sakın....

Ahmet Bey, İlhan'la ilgilenmişti.
- Ama böyle gençlere çok duygusal yaklaşılırsa, bu da iyi olmaz sanırım.
- Tamer abi, kendi de zor şartlarda büyüdüğü için onu çok iyi anlıyor. Ama bunu hangi dille anlattığını bilmiyorum. Geçen gün dergide, onun odasının önünde rastladım İlhan'a. Çocuk kapıyı vurmak için abartısız, iki dakika beklemiştir. Arkadan sessizce onu izledim. Derin nefesler aldı ve içeri girdi. Çıktığında yüzü gülüyordu ama ondan bu kadar çekinmesi beni üzüyor.

Babası Zeynep'i uyardı:
- Bence karışmamalısın... Kendi cephenden İlhan'a yaklaş tabi, ama ilişkilerine yön vermeye kalkışma sakın. Bırak kendileri halletsin.
- İlhan'a sadece, ondan korkmamasını öğretmeye çalışacaktım. Ahmet Bey, dostuyla aynı fikirdeydi:
- Baban haklı Zeynep, bence bunu kendi, deneye yanıla öğrensin.

Zeynep başını eğdi:
- Anlıyorum...

Melek Hanım, yanında oturan Aysel'i sıkıştırıyordu:
- Aysel kızım, çok az yedin, biraz daha fasulye vereyim...
- Yoo, Melek teyze. Elinize sağlık, ekmek yemedim yine de şiştim. Biraz da tatlı yiyeceğim tamam. Mustafa gelince beni duba gibi bulsun istemem.

Ahmet Bey:
- Zeynep... Mideni sormadım farkında mısın? dedi.

Zeynep kurnazca gülümsedi: ·
- Sizin bu altta gizli sorunuz, bana Ersin'in küçüklüğünü anımsattı.
- Ne olmuş benim küçüklüğüme?
- Sanırım yedinci yaş günündü. Annem önceden sürekli: "Bak gelen gidene hediye sorma, çok ayıp" diyordu. Sen de büyük halamıza birkaç gün önce aynen şöyle dedin: Halacım, biliyor musun iki gün sonra 23 Mart... Benim doğum günüm. Annem hediye alırlar diye kimseye söyleme dedi, ben de söylemiyorum.

Masadakilerin kahkahaları bitince Ahmet Bey:
- Senin cin zekana hayranım...Eee, miden nasıl bakalım? diye sordu.
- İyi sayılır. Birkaç gecedir rahat uyuyorum, sanırım ilaçlarınız etkisini göstermeye başladı. Tabi ben de uslu ve itaatkâr bir hastayım. Bakın bu gece salata ve dolmaya hiç uzanmadım.
- Güzel...Buna sevindim. Ya şu terapi?
- O da fena değil...İki ay devam edeceğim. Ömer Bey faydası olacağına emin.

Aysel merakla Zeynep'e döndü:
- Psikoloğa mı gidiyorsun?
- Sevgili babanızın başıma sardığı bir iş...Birkaç seans oldu...

8.
- Ömer Bey odasında yok. Nerede bulabilirim?
- Size bir not bıraktı Zeynep Hanım...Göletin yanında bekleyecekmiş. Sanırım Mahmut Bey'le konuşmaları uzadı.
- Zararı yok. Orayı tarif eder misiniz?
- Giriş yönünden hiç sapmadan beşyüz metre kadar yürüyün, onları göreceksiniz.
- Teşekkürler...

Üç hafta sonunda Zeynep, kendini olabildiğince iyi hissediyordu. Son birkaç görüşmede Ömer'in yakın ama düzeyli alakasıyla, huzursuzluğu da azalmaya başlamıştı.

Salih'ten yediği darbenin üzerinden geçen ilk yıl, onun için "bütün erkekler kötü"ydü. Geçen yıla kadar yaraları biraz daha iyileşmiş olmalıydı ki "**bazı** erkekler çok kötü" diye düşünmeye başlamıştı. Bu seneyse "kimi erkeklerin, **hatta** iyi" olabileceğine kanaat getirmişti.

"Evet yaralarım daha az acı veriyor" diye mırıldandı . Son üç hafta boyunca, zihnindeki ücra köşelere asılı bazı soruları bile tahmin eden Ömer'e karşı artık dostça hisler besliyordu.

Çevresine bakına bakına ilerledi. İçinden müzik sesi yükselen ağaç kütüklerine merakla baktı. Sözsüz bir Türk Musikisi, merkezin her köşesinden duyulacak ama rahatsızlık vermeyecek bir tonda yükseliyordu.

Uzaktan Ömer'i ve yanındaki altmış yaşlarındaki adamı gördü. Adam, terapistin sırtını sıvazlayıp ayrıldı. Zeynep adımlarını hızlandırdı.

Ömer göletteki ördeklere dalmıştı. Genç yazar, bir üzerindeki açık renk pantolona bir de onun rahatça oturduğu yeşil otlara baktı:

TANRININ UMUT OLDUĞUNU SÖYLEDİ BİR BÜYÜĞÜM 81

- Eğer yeşillikte bir seans planladığınızı söyleseniz ona göre giyinirdim.
Ömer ayağa fırladı:
- Özür dilerim, dalmışım. İnşallah sizi buraya kadar yorduğum için bana kızmadınız.
- Öyle güzel bir kısa yolculuk yaptım ki, size ancak teşekkür edebilirim.
- Yürüyelim mi? Size göstermek istediğim çok yer var.
Zeynep adımlarını ona uydurdu.
- Biraz önce yanınızdan ayrılan, Mahmut Bey miydi?
- Evet, biraz daha evvel gelseydiniz, tanışabilirdiniz. Bu ayki yazınızın bir bölümünü tartıştık...
- Sahi mi? Nasıl buldunuz?
Şakacı bir tonda ekledi:
- Dalgınlığınızın sebebi ölümden konuşmanız mıydı?
Ömer gülümsedi:
- Olabilir... Yazınız gerçekten başarılı...
Cebinden bir fotokopi sayfası çıkardı ve altı çizili satırları ağır ağır okudu: "**Ölümün yüzü yok ki, kaşları çatık mı bilelim...Tanrı onu bilerek yüzsüz yaratmış olmalı...** Her insan, ölürken göreceği yüzü beraberinde taşıyor. Gün be gün bir bölümünü işliyor, kanaviçe gibi.

Hayatın yüzü var ama ölümün yok... Belki ta son anda, o büyülü saniyede karşımıza çıkacak bir güzel doktor...Ya da Mecnun misali, upuzun sevda koşusunun peşinden verilecek son nefeste, Leyla benzeri bir dilber...Yahut rezil bir yaşamın ardından, karşınızda sırıtan çürük dişli ağız aralanınca gözüken, sonsuza açılan bir karanlık boşluk...Seneca, düşüncesinin imbiğinden damlayanlara ne güzel şekil vermiş: "Ölüm bazen bir ceza, bazen bir armağan, çoğu zaman da bir lütuftur."

Bizden, bizim düşüncemizden damıtılmış bir şeyler mi? Olmaz mı? Cahit Sıtkı Tarancı'dan

Neylersin ölüm herkesin başında
Uyudun uyanamadın olacak
Kimbilir nerde, nasıl, kaç yaşında.
Bir namazlık saltanatın olacak
Taht misali o musalla taşında.

Ölümden korkmuyorum, zira yüzü yok. Hayatım boyunca gördüğüm bir yüzdense neden korkayım?" İşte! Ona bazı bölümlerini okudum, o da ölüm hakkındaki düşüncelerini anlattı.

Zeynep esefle:
- Kimbilir ne malzeme kaçırdım... Buraya geçen ay gelmediğime pişman oldum doğrusu, dedi.

Ömer Zeynep'in yandan görünüşünü inceliyordu. *Fiziği oldukça hoş. Saçlarını şöyle hafifçe toplasa... Gerçi böyle dağınık da güzel.*
- Bunda benim de payım var, unutmayın.

Genç kız hoşgörülüydü:
- Çoktan unuttum doktor...Yaraları deşmeyi sevmem.

Ömer bir süre konuşmadı. Sonra:
- Bu gün sizinle hem merkezi gezer hem de insan ilişkilerindeki sığlığı konuşuruz, dedi. Tesbit ettiğimiz konu buydu değil mi?
- Merhaba Rüstem Usta...N'aber?
- Sağol, Ömer... N'olsun, akşam yemeğini ateşe attık bekliyoruz.
- Sana arkadaşımı tanıştırayım... Zeynep Hanım, Rüstem Usta...

Zeynep şaşkınlık dolu bir sesle:
- Bu ne kısa tanıştırma böyle? dedi.
- Rüstem Usta teferruatı yalnız yemek süslemede sever...Değil mi ustam?
- Doğru söze ne denir...Hoş geldin Zeynep hanımkızım. Bu bizim oğlanın arkadaşı olduğuna göre sen de pırlanta gibisindir.
- Yapma ustam...
- Dur hele... Babaannen burayı bir kere ziyaret etti, seni kime öveyim... Nişanlın da gelmiyor ki...

Zeynep ustanın son sözleri üzerine irkildi. Genç adamın ellerini süzdü. Yüzüğünü ilk defa farkediyordu. Belki de bugün takmıştı. *Yoksa siz de nişanlı olduğunu gizleyenlerden misiniz Ömer Bey?*
- Ben yine de iltifattan hoşlanmıyorum. Akşama ne var? Belki Zeynep Hanım'ı ikna edebiliriz yemeğe kalması için...
- İmkansız, dergiden arkadaşlar gelecek bu akşam...

Rüstem Ömer'e kaş göz etti:
- O zaman söylemiim...Canını istetmiyelim.
- Tamam peki, gelin şöyle kafeterya kısmına geçelim...
- Tanıştığımıza memnun oldum Rüstem Usta...Bir gün yemeklerinizi tatmak isterim.
- Her zaman bekleriz ...

Ömer Zeynep'in iskemlesini çekti:
- Ne alırsınız?
- Sadece çay.

Biraz sonra, Ömer'in uzattığı çayı alırken etrafı inceliyordu:
- Teşekkürler. Bu güne mi has, yoksa hep böyle boş mu burası?
- Bu saatte boş oluyor. Daha erken çay içilir... Akşam yemeğinin cinsi de sayıyı etkiliyor.

Zeynep bakınmayı sürdürdü:
- Harika planlanmış bir yapı...Bakanlıkla ilgili problem ne oldu?

Ömer otururken:
- Şu anda suskunlar, dedi. Aslında ses çıkmaması bizi ürkütüyor. Düzgün olarak rapor gönderiyoruz. Bu ay beş devamlı hastayla iki yataklı hastamızın ilişiği kesiliyor...Rant peşinde koşan çevreler, bütün İstanbul'u bitirdiler, şimdi de bu topraklara göz diktiler. Kimbilir kaç yıldızlı bir oteller zinciri kurma hayalindeler. Ya da bir tatil köyü.

- Oysa burası ne kadar güzel...
- Dikkat ettiğimiz birinci nokta, ormana zarar vermeden, doğal bir ortamı yaşanılır hale getirmekti...Binaları dış görünüş açısından ormana uydurduk. Yanma ihtimali olmayan özel malzemeler ithal ettik. Gereksiz bir tek ağaç kesmedik. Çeşmeleri de kovuklarına yerleştirdik ki damlalarla sulansınlar.

- Dikkat ettim, müzik için bulduğunuz aksesuar da harika...
- İçine hoparlör yerleştirilen ağaç kütüklerini kastediyorsanız, onu fikir olarak bir kamp alanından çaldığımızı itiraf etmeliyim.

- Hırsızlığın bu çeşidi affedilir. Girişteki şemada bir de çadır resmi var, o nedir?
- Onu krokiye yeni ekledik...Geçen ay Sinop'lu bir yörük, gözleme ve ayran satmak için kurdu çadırı. Buraya gelip gidenler ve merkez sakinleri çok tuttu. Gerçi, yemeklerine rakip oluyor diye Rüstem Usta biraz bozuk çalıyor ama ben de denedim...Adamın karısı, yayık ayranında bir harika...Bir gün sizinle o tarafa yürürüz.

- Arazi oldukça büyük. Buraya göz dikmeleri normal...Adamlar "bunca para getirecek yeri, seksen yüz ruh hastasına mı hasredelim?"diye düşünüyorlardır.

Genç adamın zeki ifadeli yüzü, alaycı bir gülümsemeyle aydınlandı:
- Doğru... Bu tip insanlar için insan sağlığı, daha önemlisi ruh sağlığı hiç önem taşımaz. Önce bunlara terapi uygulamak lazım...

Zeynep, Ömer'i ilk kez bu kadar uzun inceledi. *Kaşları, karşısındakini küçümseyen kalkışlarla arada bir dengeyi sağlıyor. Yoksa fazla şefkatli,*

nasıl demeli, fazla beyefendi bir duruşu var. İnsan onu arasıra hırpalama isteği de duyuyor ama daha çok önünde saygıyla eğilme arzusu ihsas eden bu ağırbaşlı, tumturaklı tavrı yaşına pek gitmiyor.
- Burayı çok seviyorsunuz değil mi?
- Babaannemden sonra dünyada en önemsediğim şey...Tıpkı canlı bir varlık gibi.

Genç kız gizleyemediği bir merakla sordu:
- Nişanlınızı sıralamada sonraya bıraktınız.

Danışmanın tavrı umursamaz gibiydi:
- Ah, Serap mı? İşime ne kadar değer verdiğimi bilir...Ne diyorduk?...

Zeynep masaya yaklaşan Mahinur'a baktı:
- Bu tarafa doğru bir hanım yaklaşıyor. Yanında da bir genç...

Ömer yarı döndü:
- Ooo, bizim takım. Ne haber?,... Gelin birlikte çay içelim.
- Oturmayalım Ömer beyoğlum, Kemal'in sırtı terli. Fizik tedaviden geliyor. Canı meyve suyu istemiş de, lojmana gitmeden uğradık.

Zeynep'i alıcı gözüyle süzdü. *Biraz fazla uzun. Ama sıska denemiyeceği için boyu ona başka bir hava vermiş. Spor giyinmiş...Gerçi klasik de giyinse yakışacak bir tipi var. Serap daha güzel fakat bu daha sevimli. Kim ki acaba?*
- Ömer, bu güzel hanımı tanıştırmayacak mısın?
- Arkadaşım, Zeynep Ardıç. Kendisi dershane öğretmeni, ayrıca bir dergide köşesi var. Yoğun çalışıyor yani. Stress atması için Yürek Ülkesi'ni tavsiye ettim.
- Çok iyi etmişsin...Hoş geldin kızım.
- Hoşbulduk. İsminiz?..

Ömer mahcup:
- Ben de bugün bir tuhafım...Tanıştırmayı bitirmedim değil mi? Mahinur ablamız, merkezin eli ayağı. Bu genç adam da onun yeğeni Kemal... Müzikle ilgileniyor, konservatuar sınavlarına girecek.
- İkinizle de tanıştığıma memnun oldum. Kemal, madem konservatuarı istiyorsun, sana bu konuda fikir verecek bir dostum var, konservatuvar mezunu... Telefonunu Ömer Bey'le iletmemi ister misin?

Çocuğun yüzü sevinçle parladı:
- Hem de çok isterim.
- Tamam öyleyse.

Mahinur konudan duyduğu memnuniyetsizliği belirtir tarzda yüzünü ekşitti. Kemal'in iskemlesini yavaşça döndürdü:

TANRININ UMUT OLDUĞUNU SÖYLEDİ BİR BÜYÜĞÜM

- Hadi biz artık gidelim. Rüstem Usta'ya bir yemek tarifi soracaktım. Kemal?...
- Tamam teyze... Teşekkürler Zeynep Hanım.
- Önemli değil canım. Görüşmek üzere.

Kemal-Mahinur bir ağızdan:
- İyi akşamlar, dediler.
- Size de...

Ömer arkalarından uzun uzun baktı, sonra:
- Mahinur Hanım, çamaşır ve ütüyle ilgileniyor. Kemal, kızkardeşinin oğlu. O da terapi görüyor ama farkında olmadan...İki yıl önce trafik kazasında annesini kaybetti. Bir sürü ameliyat geçirdi. Babasıyla ilişkileri de pek iyi değil. Selim Bey, kazadan kendini sorumlu tutuyor. Kemal'in de böyle düşündüğüne emin. İşte küçük hastam, bütün bunların arasında kalmış bir çocuk...
- Onun yaşı için oldukça zor bir durum.
- Demin söyledikleriniz ona doping oldu, teşekkürler.
- Önemli değil.
- Önemsemeyebilirdiniz, sonuçta yeni tanıştığınız biri.

Zeynep, ardından kompliman geleceğini anladığı cümlelerden kaçmak için konuyu bağladı:
- İnsan ilişkilerinde samimiyeti savunuyorum diyelim...Ya siz...Bu konuda ne düşünüyorsunuz doktor?
- Münazaramız başlıyor demek...Çok genel bir mevzu. Biraz daraltsanız diyorum.
- Pekala şöyle sorayım: İnsanlar çevrelerinde bir yığın ilişkiler zincirinde hayat sürüyorlar. İnsan -insan, insan-tabiat, insan-tanrı. Bu ilişkiler ağında, günümüzün belki de yüzde sekseni, insanla- insan arasındaki münasebetlerle geçiyor.... Bir ailemiz var, sabah kalkıyoruz, onlarla birlikteyiz. Sokağa çıkıyoruz, satıcısı, şoförü...Evdeysek, arkadaşlar, komşular... İşteyken, patron-işçi münasebeti... Zaman ve mesaimizde bu kadar yer teşkil eden kişilerle ilişkide anahtar olan nedir?

Ömer eliyle bardağını itti:
- Hep bir püf noktası arıyorsunuz, ama bu anahtar kavramı yakalamak her zaman çok basit değil. Hem bulsanız bile, günlük hengâmede, insanların çoğu bunu düşünmüyor. Eksikliğini hissediyor belki ama ilişkileri germek, koparmak ya da kavga etmek daha kolay geliyor ve bence ademoğlunun genel tabiatında tembellik var.

- Yani ilişkileri için uğraşmıyor, fedakarlık edip geri adım atmıyor değil mi?
- Aynen öyle...
- Ama yine de değişiyoruz gibi geliyor. Özellikle Avrupa kültüründen etkilenen toplumumuz, artık çocuklarını dayaksız eğitmeye çalışıyor, ona duygularını daha açık anlatıyor. Düşünebilir misiniz, babaannenizle onun küçüklüğündeki ortamda karşılaşsanız nasıl davranırdı ve davranırdınız...Bir de genel bir eğilim var, dikkatinizi çekti mi bilmem?
- Nedir?
- Birkaç yıl öncesine kadar, duvarlarda veya -afedersiniz-umumi tuvaletlerde "buraya çöp dökenin.....,burayı pis bırakanın...." gibi sonu herkesçe malum küfürlerle biten cümleler okurduk. Artık herkes herkese teşekkür ediyor.
- Sahi, artık köşelerde filan "buraya çöp bırakmadığınız için teşekkür ederiz "yazıyor değil mi?
- Evet doktor. İnanın çevremdeki ufaklıkların tabirleri de beni şaşırtıyor. Tabi hala büyüklerinin yanında çocuklarını kucaklamayan insanlarımız mevcut ama birbirimize"seni seviyorum" demeyi öğrendik gibi.
- İnsanlık yine de ihanet ve sevgisizlikten şikayet ediyor.
- Bende hep bir parça umut vardır...
- Neye dair?
- Bahsettiğim anahtarı yakalayıp başkalarını da haberdar ettiğimde sanki dünya birden değişecek ve sihirli bir değnekle dokunmuşçasına güzelleşecek.
- "Ve bir insanı sevmekle başlayacak herşey"...
- Neydi bu?
- Kutsal kitapların birinde olabilir, emin değilim. Duvar yazılarında çok kullanıyorlar.

Zeynep masaya dayandı. Konu antipatik de gelse karşısındaki yüz son derece güven vericiydi:
- Anahtar bu mu sizce? Bir insanı sevmek?
- İnsan ilişkilerindeki samimiyet derecesi, suya atılan taşın hali gibi bence... İnsan önce en yakınından başlıyor. Annesini, babasını, kardeşlerini...
 Gülümseyip ekledi:
- Babaannesini seviyor. Büyüyor, arkadaşlarını seviyor, daha büyüyor fikirdaşlarını seviyor. Aşka rastlarsa, "O"nu seviyor, çocuğu olunca bu

küçük varlığı ve yaşlandıkça da bütün dünyayı sevmeye başlıyor. Tabiatı... Hatta düşmanını...
- Yani en yakınlarımızdan başlayan bir sevgi halkası.
- Evet, tabi içinde sevgiye dair birşeyler barındırmayan insanlar, en yakınına bile hınç besliyor...
Ömer düşünceli bir tavırla ekledi:
- Bakın sizin şu sihirli anahtara yaklaşıyoruz galiba...
Zeynep midesini bastırdı:
- Ben yakalayamadım. Biraz tuhaf hissediyorum.
Ömer endişeyle:
- İyi misiniz? dedi. İsterseniz bırakalım... Çay mı dokundu yoksa?
Zeynep saatine baktı:
- Yoo, hayır. Biraz daha konuşabiliriz.

İlhan kirli bir pansiyon odasında, eski divana uzanmış, kalın tarih kitabını okuyordu.
Saat akşamın yedisiydi. Eski tahta masadaki kitaplar, açık duran ajanda, pet şişedeki su, görüntünün sefilliğini arttırıyordu. Odadaki tek sandalyenin bacağı kırılmak üzere, duvardaki ayna puslu ve çatlak, boyaysa yer yer döküktü. İlhan kitabını ara ara bırakıp bu manzarayı seyrediyor ve yurt günlerini özlediğini kendine itiraf ediyordu. Dışarıda kavga eden kadınların sesi, odasına ne kadar da uyuyordu.
Kapının çalınmasıyla düşüncelerinden sıyrıldı. Pansiyoncu kadın, yaşlı, yüzü ürküntü verici bir tipti. Elindeki kağıt paraları kiracısının göreceği tarzda sallayarak çatlak bir sesle bağırdı:
- Neredesin be çocuk?
- Şey, kitaba dalmışım.
- Ay başı geldi...
- Daha birkaç gün yok mu?
Pansiyon sahibesi aksi bir tavırla:
- Geçen ay bu vakit girdin, dedi. Ne bileyim çıkıp gitmeyeceğini...
- Şu an yanımda yeterli para yok, yarın avans çekerim.
Terslendi:
- Yarını bekleyemem...
İlhan çaresizce ellerini iki yana açtı.
- Yapabileceğim bir şey yok, bu saatte borç isteyebileceğim kimse de...
Kadın düşündü, sonra:

- Yarın para elimde olmazsa polisi kapında bulursun genç adam, dedi.
Genç çocuk gururlu bir tonda:
- Ödeyeceğime söz veriyorum, diye cevap verdi.
Pansiyoncu homurdanarak uzaklaştı:
- Sözünü tutana rastlamadım ya neyse...
İlhan kapıyı kapayınca gidip divana çöktü. Başı ellerinin arasında kendi kendine söylendi: "gözlerinde sadece döviz logoları vardı...Ya sizce Tamer abi? O kadının gözünün rengi neydi?"

Zeynep'in eli bu gece hep midesinin üzerindeydi. Arkadaşlarının gelmesine de yarım saat kalmıştı ama canı kalkmak istemiyordu. *Annem onları epeyce soru yağmuruna tutar nasılsa.*
- Kanaatsizlik tüm insanların sorunu öyleyse.
- En başta elimizdekilerle yetinmezsek ne kadar zengin olursak olalım hep birşeyler eksiktir.
- Bu da insan ilişkilerinde seviyeyi düşürüp sığlaşmasına sebep oluyor.
- Bence böyle...
Genç kız saatine bakıp zoraki ayağa kalktı:
- Eh artık gitmeliyim. Misafirlerim gelmek üzeredir. Bu gece minik dostum da kendini hatırlatmakta birebir.
- Bakıyorum iyi anlaşıyorsunuz.
- Tekniklerini öğretiyorsunuz ya.
Ömer de nedense genç kızdan ayrılmak istemiyordu.
- Sizi geçireyim. Hem...Yol üzerinde göstermek istediğim bir şey daha var.

İlhan Galip Bey'in uzattığı paraları alırken odaya Tamer girdi.
- Merhaba Galip Ağa. Çiçek Yayınevinin muhasebesiyle irtibat kurdun mu?
- Evet Tamer Bey, işte gelen evrak.
Tamer kağıtlara gözattı.
- Ben çıkıyorum, arayan olursa klüpteyim. İlhan n'aber? Bugün izin günün değil miydi?
- Evet ama biraz sıkıştım da, avans için...
- İstersen maaşını versin Galip... Galip?..
- Yok sağolun verdiği yeter.
- Çıkıyorsan beraber çıkalım.
Tamer'le İlhan dergiden çıkıp park yerine yürüdüler. Arabaya yaklaşınca İlhan arka kapıyı açacakken Tamer kapatıp önü işaret etti. Bindikten sonra:

- Elaleme beni özel şoförün mü dedirteceksin bakalım? diye çocuğa çıkıştı.
Şey, estağfirullah...
- Ne tarafa gidiyorsun?
- Sizin yolunuzu uzatmayayım, ben Gülsuyu'nda oturuyorum. Uygun bir yerde inerim.
- Ben de Maltepe'de arkadaşlarla buluşacağım. Klüpte hem sohbet edip hem tenis oynayacağız.

Bir süre konuşmadılar.
- Karışık bir muhit... Neden orayı seçtin?
- İşe yakın en ucuz pansiyonlar orada dediler de...

Tamer duraladı:
- Maaşından memnun musun evlat...Az geliyorsa bilmem lazım.
- Hayır efendim hayır.
- Hala efendim mi?
- Şey, Tamer abi...Ben sadece... Pansiyoncu kadın ay başı gelmeden ücreti istedi.
- Ne uyanık kadınmış o öyle.
- Bırakıp kaçacağımdan korkuyor. Sanırım başına böyle olaylar gelmiş.

Tamer babacan bir tavırla:
- Sana şöyle bir bakması yeterdi aslında, dedi. Neyse...Pansiyondan memnun musun bari?

İlhan mütevazi :
- Bana yetiyor, diye cevapladı.
- İlhan?...
- Daha iyi bir yer bulana kadar demek istedim.

Tamer bir süre sessizce araba sürdü:
- Bak İlhan, sana bir şey teklif edeceğim. Sakın yanlış anlama...Biliyorsun arşivin yanında bir oda var, eskiden makinelerin bir bölümü dururdu, şimdi ambar gibi...Lüzumsuz şeyler var. Galip şikayet edip duruyor... Hem işe geç kalma derdin de olmaz. Kazanırsan fakültelere de eşit uzaklıkta.Ha, ne dersin, orayı senin için temizletelim?
- Bu...Bunu kabul edemem.
- Ne demek kabul edemem? Bu hediye veya sadaka değil ki... Karşılığında daha çok mesai yapacaksın. Anlıyacağın bu bir menfaat anlaşması.

İlhan başını eğdi:
- Ne diyeceğimi bilemiyorum.
- Okey de. Benim, içim rahat etsin, sen de şu cadı ev sahibenden kurtul.

İlhan bir süre düşündü:
- Peki Tamer abi. Ama karşılığında uygun bir kira ödemek koşuluyla...
- Hay Allah senin... Oğlum burası süper lüks daire değil. Bodrum katında, tek havası merdiven boşluğundan gelen küçücük bir oda... Saçmalama.
- Evet ama
- İtiraz istemem...Bizim hanım evdeki fazlalıktan şikayetçi. Sen yatağını hazırla, somyan da benden. Bir daha para lafı edersen kafanı kırarım senin... Ne gülüyorsun?
- Zeynep Hoca'm sizi tanıtırken: "kafa kırmaktan sık bahseder ama gördüğün gibi yıllardır kafam yerinde" demişti de.
Tamer de gülüp, dostça omzuna vurdu:
- Anlaştık değil mi?
- Anlaştık Tamer abi...

9.
Ömer, yemek salonuna girecekken holdeki telefonun çalmasıyla döndü.
- Buyrun...
- Hello darling.
- Merhaba Serap. Nasılsın?
- İyiyim, sen?
- Çok şükür...
- Ah benim kanaatkâr sevgilim, şükür devri çoktan geçti. Artık bulduğunla yetinme zamanı değil.
- Bakıyorum keyfin yerinde.
- Neden olmasın? Venedik bir harika.
Koket bir ses tonuyla ekledi:
- Ama ben, seninle burada olmayı yeğlerdim. Kartımı aldın mı?
- A, evet...
Sesini inceltip Serap'ı taklit etti:
-"İyiyim, çok çok iyi...Ama ben daha iyi, en iyi olmak istiyorum. Hoşçakal"
- Dalgayı bırak. Evet özeti böyle olabilir...Hırslı olmak kötü mü?
- Bunları gelince tartışırız. Ne zaman dönüyorsun?
- Ağustos ortalarını bulur.
- Yani gezini uzattın.

- Eh, öyle de denebilir. Ama hiç belli olmaz, doktorumu özlersem, atlar yarın akşam gelirim. Bilirsin çılgınlığa bayılırım.
- Bilirim. Ne zaman akıllanacağını da merak ediyorum.
- Sen beni tedavi etmeye karar verince...
Ömer renksiz bir sesle:
- Ne zaman istersen evlenmeye hazır olduğumu biliyorsun, dedi.
Serap bastıra bastıra:
- Benim istediğim, **senin** gerçekten bunu arzulaman. Kurban edilmeye razı bir koyun gibi değil, beni karısı olarak görmek isteyen bir erkek gibi hissettiğinde evleniriz. Aman Ömer...Sana benzedim sonunda, halbuki duyguları tahlil etmekten nefret ederim ben...
- Hata ediyorsun. Bir psikologla yaşayacaksın.
- Herkesin branşı ayrı şekerim. Ben anamdan turizmci doğmuşum. Günümü gün etmek, en büyük felsefem...Guten Abend sevgilim. Belkıs Hanım'a selamlar.
- İyi geceler Serap...

Belkıs Hanım, elindeki elişini bırakıp, koltuğa uzanmış, kısık sesli televizyonu izleyen torununu incelemeye koyuldu:
- Bu gece dalgınsın Ömer...
- Yarınki grup terapiyi düşünüyordum. Ayrılmış sevgililer, boşanmış kadın ve erkekler.
- Halledersin sen. Ben odamdayken telefon çaldı, kimmiş?
- Serap. Selamı var.
- Sağolsun...Geliyor mu yoksa?
- "Belli olmaz" dedi. Şimdiki kararı Ağustos'ta dönmek.
- Bundan umursamaz bir tavırla değil de hoşnutsuzlukla bahsetmeni o kadar isterdim ki...
Ömer anlamamazlıktan geldi:
- Niye?
- Seven bir erkek, sevdiğini hep yanında ister de ondan.
- Sevmek, aşk, fedakarlık...Bunlar çok kaypak kelimeler değil mi babaanne?
Belkıs Hanım, işini dizlerinden alıp sehpanın üzerine bıraktı. Bu haliyle, Dilruba'nın getirdiği kahveyi almak için uzandığı yerden doğrulan Ömer'le bu mevzuyu tartışmak niyetinde olduğunu belli etti.
- Bu gece aynı zamanda karamsarsın...

Yaşlı kalfa çıkınca, Ömer hem konuyu değiştirmek hem de babaannesinin az önceki atağına kendi sahasında karşılık vermek için sordu:
- Dilruba Kalfa kaç yıldır yanımızda babaanne. Otuz? Kırk?
- Tam yarım asır oğlum...Ben gelin olduğumda annem, memleketlisi olan Dilruba'nın teyzesinden, bana can yoldaşı olacak birini sormuş... Malum gurbete gelin oluyorum. O zamanki evlilikler, bir görüşme bir düğün...Böyle sizin gibi aylarca tanışma, flört hak getire. Balayımızdan sonra Dilruba'yı yanımda buldum. Babandan başka evladım olmadığı ve deden de genç yaşta öldüğü için bana gerçekten can yoldaşı oldu.
- Evlenmedi mi? Yani ...
- Kısmetleri çıktı tabi...Ama o hiçbirini istemedi. Biz de zorlamadık. Herkesin kaderi farklı...
- Halbuki toplumda şu yargı vardır: "Evlenmek gerekir, çünkü ana baba bâki değil". Hatta bu yargı, insanları körü körüne yanlış bir evliliğe itebiliyor. "Evlenmek için evlenen" bir sürü insan ve tabi mutsuz evlilikler. Birçok insan belki çocuksuz olarak, kırkında dul kalıyor. O zaman, aynı yaşa kadar evlenmemiş bir insandan ne farkı var?
- Evlenmek Allah'ın emri evladım. Tabiatın da kanunu. Ne kadın, ne erkek yalnız yaşamak için yaratılmamış.
- Seni yarınki terapiye götürsem fena olmayacak... Kadınlarla erkeklerin birbirlerine nasıl diş bilediklerini görmen için...Söylemek istediğim, toplum baskısıyla evlenenlerin hali pür melâli...Bak, Dilruba Kalfa hayatından memnun, yaşayıp gidiyor.
- Onun iç dünyasına nüfuz edebilsek belki de çok farklı şeyler görürüz.

Ömer alaycı bir tonda:
- Ona psikanalitik sağaltım uygulamamı ister misiniz Belkıs Hanım? diye sordu.

Torununu Serap konusuna getiremeyeceğini anlayan kadın, tâvizkâr bir sesle:
- Mütehassısı olduğun konulara yabancıyım, anlamam, ama ona kötülüğünün dokunmayacağını biliyorum, dedi.

Aysel'le Zeynep, büyük alışveriş merkezlerinden birinde kolkola girmiş vitrinlere bakıyorlardı.

Aysel birkaç dükkanda hamile kıyafetlerini denedi, arkadaşının fikrini sordu. Başka bir dükkanda Zeynep, kocaman bir ayının arkasına saklanıp onu uzun uzun güldürdü. Birlikte bir mağazanın önündeki mankeni yanlışlıkla devirip oradan hızla kaçtılar. Kıpkırmızı olmuş yüzlerle bir başka dükkana daldılar. Burası komik eşyalar satan bir yerdi. Zeynep, gözlüklü ve pos bıyıklı bir maske takarken Aysel kutudan çıkan hokkabaza takılıp uzun süre onunla oynadı. Zeynep, ilk girdikleri oyuncak dükkanına dönüp arkadaşını zorlayarak, boylarının yarısına varan pandayı satın aldı.

Kafede otururlarken Aysel:
- Bunu bana aldığına inanamıyorum, dedi.
- Niye? Herkesin bir oyuncak ayısı olmalıdır. Yoksa enişte bey kızar mı?
- Yok canım, o böyle şeylere bayılır. Annemin ne diyeceğini merak ediyorum.
- Çok tepki verirse ufaklığa hediyem olduğunu söylersin.
- Akşama geliyorsun değil mi?
- Tabi, yatağım hazır mı?
- Hazır ama uyuyabileceğini sanmıyorum.
- Allaaah...Sabaha kadar Mustafa'yı çekiştiririz artık.

Aysel gülümsedi:
- Hadi kalkalım, sen de randevuna gecikme.

Kalktılar. Zeynep, Aysel'in yüklerini elinden alıp oyuncak ayıyı da kucakladı.

Toplu terapiye katılanlar, salonda halka şeklinde oturmuş konuşmaktaydılar. Geç kalanlar için boş bırakılan birkaç sandalyeye hızlıca gözatan Ömer, gayet ciddi bir yüz ifadesiyle konuşan kadını dinlemeye devam etti.

- Ömer Bey'in de söylediği gibi, evliliğimizin ilk birkaç ayı harikaydı, birbirimizi çözene kadar...Sonra...Sonra birşeyler oldu. Ben ona ufak şeylerden dolayı sinirleniyor, o da kızgınlığını, beni küçümseyerek çıkarıyordu. Daha sonra ailelerimize ve mesleklerimize saldırmaya başladık. Ama en kötüsü kişiliklerimize hücumumuzdu. Bu bir yıl sonra çekilmez hale gelen evliliğimize nokta koymamıza kadar sürdü.

Zeynep, o sırada yavaşça içeri süzüldü. Kendine bakan Ömer'e "kusura bakma" anlamında bir işaret yaptı. Ömer gülümseyip, başını konuşmaya katılan iri yarı adama çevirdi.

- Ben de evliliklerde özellikle kadının kendini sonuna kadar ortaya sermesine, kocasına kul köle olmasına karşıyım. Kadında gizem herşeyden önemli...Hanımefendinin evliliğinde de bu, problem olmuş sanırım.

- Evet, bence de fizik cazibeye çok çabuk doyuluyor. Takviye eden ruhi kabiliyetleriniz ve ortak zevkleriniz yoksa evlilik çabucak tükeniyor.

Ömer konuyu başka bir zemine kaydırmak istedi:
- İnsanoğlunun sınırlı bir varlık olduğu gerçeği bunu gerektirmiyor mu sizce? Evlilik içinde aşkı korumak için ne yapmalı peki?
- Hep cazibeli olmak mümkün değil ama belki küçük sürprizlerle monotonluktan kurtulunabilir.

Uzun süredir konuşan kadının sağ yanından bir ses yükseldi. Hemcinslerinin ortak derdini anlattığından emin bir ses:
- Fakat bu hep kadından bekleniyor...nedense erkekler, evin içinde yarı uzamış sakallar ve eşofmanla dolaşınca problem olmuyor da kadınların her an taze makyajla güzel elbiseler içinde salınması bekleniyor. Bence bu, çifte standart. Olacaksa her iki tarafta saygılı olmalı.

Terapist tarafsızdı:
- Ben görüş bildirmeyeceğim. Beyler açısından durumu eleştirmek isteyen yok mu?

Kibar bir erkek sesi:
- Efendim ben olaya başka bir cepheden bakmak istiyorum, diye sözaldı.

Yarım saat sonra Ömer, elindeki kitabı kaldırıp gruba gösterirken Zeynep, not tuttuğu ajandasına son cümlelerini yazıyordu: *Kadınlar, ilişkiden, daha çok anlayış ve güven, erkekler destek ve onore edilme bekliyorlar.*

- Evet sevgili hanımlar, beyler...Size bir dahaki toplantımıza kadar bu kitabı tavsiye ediyorum. Okuyanlarınızın olduğunu biliyorum ama lütfen bir kez daha sindire sindire okuyun ve önümüzdeki toplu terapiye, bahsedilen sevgi dillerinden hangisine sahip olduğunuzu, eşinizin birincil sevgi dilini ve yazarın tezine göre, niçin uyuşamadığınızı tesbit ederek gelin. Hepinize çok teşekkürler... İyi akşamlar...

Grup salonu terkederken Ömer en geriye kaldı. Sonra Zeynep'e yaklaştı:
- Hoşgeldiniz.
- Hoşbulduk, geciktiğime üzüldüm. Trafik yoğundu...
- Çok şey kaçırmadınız, yeni başlamıştık.
- Gerçekten etkileyiciydi.

Ömer eliyle yol gösterdi:
- Bir şeyler yiyelim mi, açlıktan ölüyorum... Hem de konuşuruz.

Merkezin olduğu gibi bugün kafeteryanın müzik seçimi de klasikten yanaydı. Akşam üzerinin solgun renkleriyle uyumlu müzikte, Zeynep, çok önemsediği konuyu danışmanıyla tartışmaktan son derece hoşnuttu:

TANRININ UMUT OLDUĞUNU SÖYLEDİ BİR BÜYÜĞÜM

- Nasıl oldu da beni gruba kabul ettiler anlamıyorum. Grup terapi etiğinin oldukça sert normları olduğunu duymuştum. Sözleşme filan imzalandığını...
- Aslına bakarsanız, bu da Yürek Ülkesi'nin ayrıcalığı. Normalde, dediğiniz gibi, grubun iki elemanı bile o gün konuşulanları, daha sonra tartışamazlar. Tam bir güven ortamı oluşmalı zira. Ama gördüğünüz ve katıldığınız grup terapi, ilk olarak bu merkezde deneniyor. Bir nevi alt toplantı. İlişkilerin birebir anlatıldığı kısma dışardan kimse katılamaz. O kısım, siz gelmeden bir saat önce bitmişti.
- Ama yine de kendi evliliklerinden bahsedenler oldu?
- Evet tabi. Kimseyi neyi konuşup neyi konuşmayacağı hususunda yönlendiremeyiz. Zaten bu ikinci bölüme dileyenler kalır. Bu grup aslında daha kalabalıktı. İkinci bölüm başlamadan yarıya yakını çıktı.

Arada sırada psikiyatri asistanları, süpervizyona talip son sınıf öğrencileri de misafir olur sizin gibi. Yine de grup elemanlarının her birinden misafirler için onay alırız.

- Desenize size yük oldum.
- O da ne demek? Size farklı bir konumunuz olduğunu daha kaç kere hatırlatmam gerekecek? *Duygusal alıcıların fazlasıyla gelişmiş, ama inşallah grup terapilere katılmanı istememdeki birinci amacı sezdirmeyecek kadar işimde iyiyimdir. Bakalım sen ne zaman kaçtığın konuda açılacaksın Zeynep Ardıç...*

Zeynep taltif dolu bu söz ve davranışlara ne kadar sevindiğini gizlemedi, gülümsedi.

- Sağolun. Beni en çok, o sarışın hanımın konuşması etkiledi. Hani sakallı beyin yanında oturan...
- Ona Bayan Iks deriz. Terapiye katılanlar, kimliklerini açıklamak istemezler çoğu kez, tanıdık birilerinin kulağına gider diye...Biz de böyle bir yöntem geliştirdik, matematik ifadeler kullanıyoruz.
- Bana arkası dönük olan kızıl saçlı kadının adı neydi?
- Bayan Alfa.
- Anna O. vakasındaki şifre de benzer çekincelerle doğmuş değil mi?
- Sayılır. Ama o tarihte danışanlardan çok, nörologların şerefi sözkonusu. Kadının adı Bertha Papenheim. Her tarafta, Bertha'nın, hekimi Breuer'e deliler gibi aşık olduğu söylentileri çalkalanıyor. Hatta yalancı gebelik yaşadığı da bazı kulaklara gitmiş. Breuer'in karısının da bir şeylerden şüphelendiğini yazıyor kimileri. Freud'un da ısrarıyla, bu histeri vakasını, hastanın sanrılarını da ekleyerek talabelerine aktarırken kendi-

ni koruma amaçlı şifreyi geliştiriyor. Bertha'nın B'sinden bir harf geri ve Papenheim'ın P'sinden bir harf geri... Bir isim uydurmalı: Karşınızda Anna O! 19.yüzyılda nöroloji biliminde Charcot'la birlikte teatral bir havanın estiği söylenebilir.
- Sizin Bayan Alfa da güzel tesbitlerde bulundu. Özellikle şu birbirine saygı duymak ve uygulanan çifte standarttan bahsederken. Ama ona bir noktada katılmıyorum.

- ???

- Tamam, erkeklerden de temiz, titiz olmaları beklenir ama cazibe, estetik ve güzellik için uğraşı, kadınsı özelliklerdendir. Evet, bugün erkek güzellik yarışmaları ve mankenlikte erkek faktörü gelişiyor ama bu cüz'i bir şey.

Ömer şakacı:
- Yani göbekli ve traşsız erkeklere evet.

Zeynep gülümsedi:
- Hayır...Ama kilo alan bir erkeğin bunu eşi kadar takıntı haline getirmemesini normal karşılıyorum. Bana "Adem'le Havva'dan beri iki cinse ait sembol kavramlar ne?"diye sorulsa, kadın için "estetik", erkek için "fizik güç" derdim. Ne kadar değişirse değişsin, natürel olan bu bence...Çünkü en sıkışık vaziyetlerde bakıyorsunuz bu yön kendini ele veriyor. Cinsi mevzularda da sonsuz özgürlük diye bir şeye inanmıyorum. Yoksa bu konuda çok mu tutucuyum?

- Bir felsefeci olarak Nihilizm'e kaymamanızın sebebi de bu... Ayağınızı basacak sağlam zeminler bulmuşsunuz ve bunların sağlamlığından şüphe etmekten uzak duruyorsunuz.

Mesleğine pek de yakışmayan bir coşkuyla devam etti:
- İşte hayat bu...Sizinle veya aynı düşünce tarzına sahip biriyle bu konuları konuşurken müthiş zevk duyuyorum. İnsan düşünmeden, hissetmeden, merak edip başkalarıyla tartışmadan, tabiri mazur görün "ot gibi" nasıl yaşar?

- Çevremizdeki milyonlarca insan bunu size cevaplamıyor mu? Bizimkine "entellektüel kibir" diyorlar ama ben de sizin gibi düşünüyorum. Hayatı, "sabah kalkıp o günkü azığını kazanmak, yemek, içmek, uyumak ve karşı cinse kur yapmakla geçirmek"ten ibaret görenlerle anlaşmak mümkün değil.

- Yani birer **Martı Jonathan**'ız. Düzene ve tabulara karşı çıkıp, martılar diyarından kovulmak ve kanatlarımızın parçalanması pahasına daha yükseklerde uçmayı arzuluyoruz.

Dışarı baktı:
- Aaa, Mahmut Bey geçiyor, onunla tanışmak ister misiniz?
- Hem de çok, haydi...

Ömer önde Zeynep, arkada kafeteryadan çıkıp koştular. Ömer seslendi:
- Mahmut Bey...

Yaşlı adam döndü.
- Size bir dostumu tanıştırmak istiyorum. Zeynep Ardıç. Hatırladınız mı?
- Hatırlamaz mıyım."Ölümün Yüzü Yoktur"...Nasılsınız kızım?

Zeynep bu etkileyici sesin sahibinin elini öpme ihtiyacı duydu.
- İyiyim efendim. Yazımın başlığını hatırlamanıza ve tabi beni, çok sevindim.
- İnsanın ikinci doğumuyla ilgili güzel bir yazıyı unutmasına imkan var mı? Tebrik ederim...
- Teşekkürler. Ömer Bey sizden sıkça bahseder.
- Ne mutlu bana...

Ömer söze girdi:
- Ne tarafa Mahmut Bey?
- Odama çıkıyorum.
- Biz de ana binaya gidiyoruz. Zeynep Hanım'a, yatılı hastaların bölümünü gezdireceğim. Yemekte görüşürüz...

Mahmut Bey, Zeynep'e dikkatle baktı:
- Tanıştığımıza sevindim hanımkızım. "Duyan bir kalp için ölümden de beter demler vardır". Bunu sakın unutmayın... İyi akşamlar.

Zeynep büyülenmiş gibiydi:
- İyi akşamlar...

Mahmut Bey uzaklaşınca:
- Gözleri insanda sihir etkisi yapıyor, demekten kendini alamadı.
- Evet. Mahinur Hanım onun için "veli mi, deli mi bilmem?" diyor.
- Deli olmadığı kesin. Mutasavvıf yönü var mı?
- Var mı ne demek! Hayatı bu... Problemi de... İçinde büyütüyor herşeyi. Kimseyi kırmaz, üzmez. Melek gibi biri işte.

Zeynep gülümsedi:
- Ve "melekler dünyada yaşayamaz."

Silkindi, Ömer'e baktı.
- Gezimizi haftaya bırakalım doktor, çok yorgun görünüyorsunuz.
- Sadece zihnen, ama bırakabiliriz. Yalnız, ayrılmadan odama uğrayalım, bahsettiğim kitabı getirdim...Şeyy, bu arada Mahmut Bey'le tanıştı-

rırken sizden "dostum"diye bahsetmem rahatsızlık vermedi umarım. Size artık Zeynep diyebilir miyim?

Zeynep genç adama karşı ufak bir güvensizlik bile duymuyordu. Yine de:

- Benim size doktor demem kaydıyla, yani karşılığını beklemezseniz istediğiniz gibi hitap edebilirsiniz, demeyi ihmal etmedi.

Birlikte, günün inen son ışıklarıyla ana binaya doğru yürürlerken, genç kız, Beykoz Terapi ve Dinlenme Merkezi'nde güneş batımının muhteşem olduğunu düşünüyordu. *Bu gece benim yürek ülkemde de, pembe, lila, mor, eflatun, lacivert bir yığın renk, yüzgörümlük isteyen taze gelinler gibi ara ara görünüp kayboluyor..*

Dönüş yolunda, Paşabahçe civarında birden fren yaptı. Karşıdan karşıya geçen birini ona benzetmişti. Arkadaki arabaların şoförleri bağırıp korna çalarak yanından geçtiler.

Garip... Söylenen sözler karşısında hiç utanmamıştı. "Kendine gel, kızım... O hapiste...Sadece benziyordu" diye mırıldandı.

Ona niye kapıldığını hatırlamaya çalıştı. Okuldaki münazaralarda ne kadar da parlak bir öğrenciydi Salih... İki sınıf üstte olmasına rağmen kantindeki sohbetleriyle tanıtmıştı kendini. Sadece Zeynep'in değil bütün bölümün gözdesiydi. Ne hoş tesbitleri, ne can alıcı anekdotları vardı... Konuşurken sanki, insanın en yakası açılmadık düşüncelerini, bulundukları gizemli köşelerden havalandırıyor, o düşünüş biçimini, bağlı olduğu simli iplerden kurtarıp tekrar eski yerine ama bu defa hafif kıpırdanır vaziyette bırakıyordu. Simyacı mıydı, yoksa sâhir mi, bir türlü çözememişlerdi felsefe bölümünün kızları...

Daha sonraları, onunla yakınlaştıkça genç adamın çirkin yüzünü nasıl olup da hissedemediğini bir türlü anlayamıyordu. Güya, o, Zeynep, duyguları, bakışları, karakterleri bir çırpıda çözen, hassaları gelişmiş bir yazardı. Beynini didikliyor ama o günlere ait bir tane olsun kötü izlenim anımsamıyordu. "Demek benim zayıf yönüm de bu" diye geçirdi içinden. "Parlak sözler, hayran bırakan hitabeler beni mest ediyor. Güzel konuşan insanlara sorgusuz sualsiz kapılabiliyorum."

Bugünlerde onun niye bu kadar sık aklına geldiğini düşündü. Bulamadı. Cevapsız suallerinin arasında rafa kaldırdı. Ömer Bey'e, *Ömer'e*, bunu sorsa belki de bir cevap verebilirdi. Ama hayatının çeşitli safhalarını anlatmasına rağmen o son seneden hiç bahsetmemişti. Halbuki midesinin rahatsızlanmasındaki asıl aktörün, kim olduğunu gayet iyi biliyordu. "Niye bunu psikoloğuyla paylaşmadığı"nın iç hesaplaşmasını yapıyordu bir süredir. *Acaba Ömer, bunu farketmiş olabilir mi?*

Felsefi problemler, bir insanı bu kadar derinden etkileyebilir miydi? Büyük bir tecessüsle Ömer'in zihninden neler geçebileceğini düşündü durdu. Sonunda bir psikologla böyle bir yarışa girmenin imkansızlığını itiraf etti ve iki ayın dolmasını hiç de istemediğini farkedip bu gecelik kendini tahlilden vazgeçti.

Ani bir rüzgar duvağını başından uçurdu. Onu almak için uzandı. O sırada arkadan gelen bir havlama sesiyle irkildi. Arkaya bakınca diz çöktüğü yerde iki ayak gördü. Başını yukarı kaldırınca da Salih'i...

Adam yüzünde hain bir ifadeyle onu denize itti. Zeynep, yüzme bildiği halde dibe çekilmesini engelleyemiyordu. Ayağına bakınca Salih'in bu defa denizin içinde kendisini çeken görüntüsüyle karşılaştı. Avaz avaz bağırdı.

Kıyıda, Mahmut Bey, Kemal, Rüstem Usta, Mahinur ve Bayan Iks durmuş, ona ellerini uzatmaktaydılar. Bir anda kalabalık ikiye yarıldı ve küçük kurtarıcısını gördü. Ayağında sargı yoktu bu defa. Çocuk hemen denize atladı. Çelimsiz vücuduyla Salih'i etkisiz kılıp genç kızı kurtardı.

Zeynep, onun kendisini nasıl taşıdığına hayret etti. Suda yüzüp giden duvağına baktı. Çocuk tekrar denize dönüp onu da aldı. Kıyıdakiler Zeynep'e tek tek sarıldılar. Küçük kurtarıcı, geldiği gibi aniden yok olmuştu.

Hafif bir sıkıntıyla uyandı. Odasında olduğunu görünce rahatladı. Komodinin üzerine uzanıp suyunu aldı. İçince, mendille terini silip üzerindeki çarşafı düzeltti. Aklına bir şey gelmiş gibi çekmeceyi açtı.

İki resim ...Bunlardan birincisi terapi merkezinin uzaktan çekilmiş bir fotoğrafı, ikincisi ise cüzdanındaki hatıra fotoğrafıydı. Küçük çocuğun resminin üzerinde parmaklarını dolaştırıp kalbinin üzerine koydu. Gözlerini yumdu. Sonra aniden birşey hatırladı: *Çok garip...Kıyıdakiler arasında Ömer Bey yoktu.*

10.

Öğlen güneşi her yeri kavururken, yanyana bitişik danışman odalarında birbirinden farklı sahneler yaşanmaktaydı.

Fuat, karısıyla konuşuyordu:

- Evet hayatım, anlıyorum. Erken çıkmaya çalışırım.
Bayan doktorlar, Gülsenem'in odasına toplanmış, terapi metodlarındaki gelişmeleri anlatan bir kaset dinliyorlardı. Başa sarıp tekrar:
- İkna ve telkinin bu yöntemler arasında özel bir yeri vardır...
Ömer, odasında, bütün dikkatini kitabına vermiş, kalemiyle bazı cümlelerin altını çiziyordu.

<u>Ruhlarımız o kadar sıkı bir beraberlikle yürüdü, birbirini o kadar coşkun bir sevgiyle seyretti ve en mahrem taraflarına kadar birbirine öyle açıldılar ki, ben onun ruhunu benimki kadar tanımakla kalmıyor, kendimden çok ona güvenecek hale geliyordum......... Biz herşeyde birbirimizin yarısı idik, şimdi ben onun payını çalar gibi oluyorum:</u>
<u>Nec fas esse ulla me voluptate hic frui</u>
<u>Decrevi, tantisper dum ille abest meus perticeps.</u>*

Genç adam bu dili bilmese de okuduğu satırların manasını, dipnota bakmadan önce yüreğinde okudu:

*<u>Onunla herşeyi paylaşmak zevkinden yoksun kaldıkça, hiçbir zevki tatmamaya karar verdim.</u>

Başhekim Münir Tankurt, odasının duvarında asılı duran tabloyla meşguldü. Çivideki teli, resmin yamulmasına sebep olmuştu yine. Çerçevenin simetrik biçimde durmasını sağlamak birkaç dakikasını aldı. Kapı çalınırken hem "buyrun" dedi hem de geriye çekilip resmi son kez tetkik etti. Merkezin de bu resim kadar düzgün ayakta durmasının kendi titizliğiyle yakından alakalı olduğunu düşünüyordu.
- Buyrun...
İçeriye yaşlı bir çiftle birlikte, yüzü ifadesiz, yürüyüşü robot gibi, genç bir kadın girdi. Münir Bey yer gösterince üçü de oturdu.
- Hoşgeldiniz.
- Hoşbulduk Münir Bey. Bizi Bakırköy'den Profesör Mehmet Bey gönderdi.
- Aaa, tamam. Selçuk Bey'di değil mi?
- Evet. Bu da eşim Nermin...Kızımız Beyza.
- Memnun oldum, Mehmet Bey durumunuzu anlattı. Beyza Hanım bir süre dinlenme merkezimizde misafirimiz olacak galiba.
- Evet, uygun görürseniz. Mehmet Bey burayı ve sizleri öyle övdü ki...
Bir süre onun gözetiminde tedavi gören kızım..
Münir Bey bu hızlı girişi tehlikeli gördü:

TANRININ UMUT OLDUĞUNU SÖYLEDİ BİR BÜYÜĞÜM

- Öhööm. Bir saniye Selçuk Bey, ne içersiniz? Bu arada bir görevlimiz Beyza Hanım'a merkezin ana binasını ve bu taraftaki bahçeyi gezdirir.
- Tabi, tabi... Çay alalım.

Münir Bey düğmesine bastığı alıcıya eğilip:
- Bize üç çay getirebilir misiniz Veli Efendi, dedi.

Kemal'in yüzü bugün somurtuktu. Selim'inse nedense dili çözülmüştü:
- Kemal, duyduğumda kulaklarıma inanamadım. Oğlum... Benim aslan oğlum...Fizik tedaviye başlamana çok sevindim.

Kemal sitemkâr:
- Neredeyse üç hafta bitecek. Uzun süredir gelmediğin için...
- İşlerimin ne derece yoğun olduğunu biliyorsun...

Kemal Gülay'ı sertçe süzdü. "İşlerinin seninle yakından ilgili olduğunu biliyorum" der gibiydi.
- Evet baba, ama seni özlüyorum.
- Yakında seni yanıma alacağım, hiç ayrılmayacağız... Araştırmaların nasıl gidiyor? İmtihanlar için gerekli olanları öğrendin mi?

Kemal hevesle cevapladı:
- Evet. Ömer abinin bir arkadaşı var, adı Zeynep...Bana konservatuvar mezunu bir dostunun telefonunu verdi. Bir defa konuştuk. Önemli olanın aşırı istek, yani tutku olduğunu söyledi. Kabiliyet de çok mühimmiş ama "kuru potansiyel bir işe yaramaz" dedi.

Gülay ilk defa söze karıştı:
- İstendiğinde başarılmayacak şey yoktur Kemal....

Kemal'in, "sen karışma" manasına dik dik bakmasına üzüldü. Selim'e:
- Ben seni arabada bekleyeyim. Baba- oğul konuşacağınız şeyler vardır, diyerek ayağa kalktı.

Selim onun ardından baktı kaldı. Sesinin neşesi düşük:
- Ona kaba davranmıyor musun? diye sordu.
- Elimden başka türlü davranmak gelmiyor baba. Annemi düşündükçe...

Selim, otların üzerine oturan oğlunun yanına çömeldi:
- Bak Kemal, annen öldü...Artık bunu kabul etmen ve ikimizin yaşamının gerçeği olarak benimsemen gerekiyor. Nasıl ki sen, müzik eğitimi almak, ünlü bir müzisyen olmak istiyorsan, benim de mutlu olmaya ihtiyacım var.

Uzun süre sustu, sonra:

- Annenle çok mesut günlerimiz oldu ama kazadan öncesini sen de biliyorsun. Sürekli tartışma, didişme...Hatta bir gün odamıza gelip: "Anlaşamıyorsanız, ayrılın"diye bağırmıştın. Yani, diyorum ki o yaşasaydı bile bugün belki birlikte olamayabilirdik. Ben Gülay'la...
Kemal'in elini tuttu:
- Anlamaya çalışmalısın oğlum. Bu senden baba ricası.
Kemal yaşlanan gözlerini kuruladı.
- O, o kadın annemin yerini alamaz.
Selim kalktı, esefle:
- Hoşçakal Kemal, dedi.

Bahçenin bir başka köşesinde, Mahmut Bey, arada bir Yürek Ülkesi'ne gelip birkaç gün kalan Doğan Dikmen'le hararetle tartışıyordu.
Doğan kırklı yaşlarda, idealist bir kişiydi. Mahmut'u uzaktan tanıyan biri, onun sakin kişiliğine uymayan bu arkadaşlığı niçin sürdürdüğüne şaşırıp kalırdı.
- Azizim şu bu... Ne derseniz deyin, dünyada en önemli şey insan haklarıdır.
- Ben de farklı bir şey söylemiyorum ki.
- Siz takmışsınız bir tanrı-evren birliğine. Gözünüzü açıp insanların ne tür acılar çektiğine bir baksanıza.
- İnsanlar kendi kendilerine zulmederler. Allah adildir.
- Görüşlerinize saygı duyuyorum ama ezilmiş halkların özgürlük savaşımları beni herşeyden çok heyecanlandırıyor.
Mahmut Bey uzun süre sustu. Doğan onun dalıp gitmelerine alışıktı ama bugün onun yanında fazla kalamayacağını düşünüp ortalığı yumuşatmaya karar verdi:
- Neyse azizim, şu Ömer'in arkadaşı...Adı neydi?
- Zeynep Ardıç...
- Geçen gelişimde tesadüf ettim. Ne içten bir kız değil mi?
- Evet, ben de pek sevdim...
- Sence Ömer'le aralarında...
- Böyle şeyler belli olmaz Doğan Bey. Lâkin Ömer nişanlı.
Doğan dayanamadı:
- İşte şimdi de "dar kalıplı aile" söylemi...Aşk denen şeyden bahseder durursunuz. Tanrı aşkı için önce bir insana tutulmak gerekmez mi?

- Ah, Doğan Bey...Az sağa sapsan aynı yola çıkacağız ya, yolun şaşıyor. Doğru söyledin, Leylâ olmadan Mevlâ bulunmaz...Yalnız, yasak aşkla, hiç bulunmaz. Aşk da meşru zemine oturmalı.
- Bu bana uymaz. Gönlümün sesine kimse karışamaz.

Mahmut Bey, Doğan'ın sözleri karşısında başını olumsuz manada salladı ama bir şey söylemedi.

Münir Bey, Beyza'nın anne ve babasıyla konuşurken artık Beyza odada değildi. Başhekim, bir nesil öncenin kabulleriyle yetişmiş bu insanları anlıyor, fakat şimdiki nesille birlikte eğitim vermenin avantajıyla, ebeveyninin anlayamadığı Beyza'ya acıyordu.
- Hastalarımızın yanında durumlarını konuşmayız Selçuk Bey...
- Anlıyorum, afedersiniz. Beyza o kadar çevresiyle ilgisiz ki...
- Öyle görünüp bütün duyduklarını şuur altına atabilir. Daha sonra tepki vermesi beklenir.

Nermin Hanım esefle söze karıştı:
- Keşke tepki verse de bize bağırıp çağırsa ya da bir isyan cümlesi sarfetse...
- Eşini ne zaman kaybetti?

Bu defa hastanın babası konuştu:
- İki hafta oldu. Mehmet Bey anlattı mı bilmem, kızım bir şişe uyku ilacı aldı. Damadımızı kaybedince onu sürekli gözlediğimiz için hemen müdahale edildi. İşte efendim, tüm tedavi süreci ve Beyza'nın son durumu bu dosyada. Bize göre hiçbir değişiklik yok ama doktorların söylediğine göre depresyonu atlatmış, kabullenme devresine girmiş...Konuşmaması, sadece birkaç kelimeyle sorulanları cevaplaması bizi çok üzüyor. Kilo da verdi. Gerçi hastanede, yemeğe alıştı. Şimdi nereye çekersen oraya gidiyor. Mehmet Bey, bir daha intiharı denemeyeceğinden emin ama...

Etrafı süzdü:
- Anladığım kadarıyla bu merkez daha hafif tedavi uyguluyor.
- İç tüzüğümüzü ve ilkelerimizi size birazdan anlatırım ama şunu belirtmeliyim ki, ağır intihar vakalarını, direk kabul etmiyoruz. Teknik alt donanımımız buna müsait değil. Ancak bunu gerçekten istemeyip sadece ilgi çekmek maksadıyla olaya intihar girişimi süsü veren birkaç hastayı kabul ettik. Mesela bir hanım danışanımız var, yedi defa evlenip ayrılmış. Çoğunda da terkedilmiş. Tabi, o bunu kabul etmiyor. Son eşi de adeta çılgınca yaşamına katlanamayıp onu bırakınca, güya intihara kalkışmış.

Mutfaktaki doğal gazı açıp kapıyı kapamış. Ama bunu beraber yaşadığı teyzesinin evinde, o, komşudayken yapmış, üstelik camı aralık bırakmış. Teyzesinin on dakikaya kadar geleceğini ve kendini kurtaracağını biliyormuş. Demek ki ölmeyi gerçekten istemiyordu, hatta ne kadar gazın tehlikeli olabileceğini bilmediğinden, kendini garantiye de almıştı. Hafif bir zehirlenme tedavisiyle düzeldi. Teyzesinin söylediğine göre, olay sonrası bunu, kendini terkeden eşine duyurabilmek için de epey uğraşmış.

Nermin Hanım hüzünlü bir sesle:
- Anlıyoruz...Fakat Beyza, ciddi bir intihara kalkıştı. Onu buraya kabul edemiyecek misiniz?diye sordu
- Bunu söylemedim...Beyza, hastane tedavisini görmüş. Zaten buranın kurulma amaçları arasında, zararsız, bunalımlı insanları ya da ilaç ve benzeri tedavileri ciddi bir hastanede alıp taburcu olan ama henüz normal hayata ayak uyduramayanları, ev ortamını aratmadan tedaviye devam, önemli yer tutuyor. Burası bir nevi ikinci evleri, bu zor geçişi onlar için kolaylaştıran bir istirahat mekanı...

Selçuk Bey, başhekimin fikrini değiştirmesinden korkar gibi acele acele konuşuyordu. Beyza'yı, beğendiği merkeze getirmeye çok istekliydi:
- Çok güzel düşünülmüş...
- Biz de burayla gurur duyuyoruz. Merkezde psikiyatr ve klinik psikologlar omuz omuza çalışıyor. Size kızınız için psikologlarımızın en başarılılarından, merkezin kuruluşunda büyük emek harcayan Ömer Kılıç'ı tavsiye edeceğim. Grubunda bir kişilik noksan oluştu bu ay. Terapi için zaman ayırabilir.

Nermin Hanım yaşaran gözlerini sildi.
- Kızımı tekrar eski haliyle görebilirsem, dünyanın en mutlu annesi olacağım doktor bey, onu yeni doğurmuş kadar mutlu...
- Merak etmeyin Nermin Hanım, bu bir süreç... Evde de olsa geçecek ama söz veriyorum, ben ve arkadaşlarım, kızınızın eski haline daha çabuk ve kendine zarar vermeden dönebilmesi için elimizden geleni yapacağız.

11.

Zeynep, Ahmet Bey'lerin salonunda Mustafa'nın elini sıkıyordu:
- Hoşgeldiniz Mustafa Bey...
Aysel kahkahayla güldü, sonra:
- Ne?. Bey mi?. Vallahi razı gelmem, dedi. Eğer ona bey dersen, bana da hanım diyeceksin.

TANRININ UMUT OLDUĞUNU SÖYLEDİ BİR BÜYÜĞÜM

Aysel'le neredeyse eşit boyda, hafif tıknaz yapılı Mustafa, geniş bir gülümsemeyle araya girdi:
- Siz ona aldırmayın Zeynep...Ben isimle hitabetmek zorundayım, çünkü bir yıldır tembihliyim.
- Peki peki, ben de Mustafa derim, böylece bu canavar anne ikimizi de pençelemez.

Genç kadın arkadaşını kolundan tuttu:
- Hah şöyle... Gel Zeynep, biz balkondaydık. Hava çok sıcak...
- Ayla teyze yok mu?
- Bize yolluk birşeyler alacakmış, Almanya uçakla ne kadar yolsa? Yük yapmayalım dedim, dinletemedim...
- Çok kısa kaldın.
- Bir ay oldu Zeynep...Mustafa'yla da iki gün kalacağız. O, İstanbul'un yoğun trafiğine alışık değil, e benim de ehliyetim yok... Bizi gezdirirsin artık.

Zeynep asker selamı çaktı:
- Tabi efendim ne demek, emrinize amadeyim.

Mustafa karısını uyardı:
- Aranızdaki samimiyeti biliyorum ama bu biraz emrivâki değil mi?

Aysel onun eline vurdu:
- Sen karışma bakayım. Zeynep'in kuması sayılırsın. Seni tanımadan, o >oo, biz Zeynep'le İstanbul'un altını üstüne getirirdik.

Zeynep Mustafa'ya gülümsedi:
- Ağzıma bir parmak bal çalıyor, yaz tatilinde üç beş kere görüşmekle beni idare edeceğini sanıyor. Hakikaten çift eşli adamlara benziyor değil mi?
- Hayatım, biz bütün sene beraberiz. Zeynep'e yeterli vakit ayırmadın mı yoksa?

Aysel savunma pozisyonunda:
- Ayol bu halimle bile fellik fellik gezdik ya, dedi.
- Hadi sızlanma küçük anne, bu kadar laftan sonra seni azad ediyorum, hem sizi yaya bırakmak istemem ama bizim araba tamirde. Ersin seneye ehliyet alacak ya, geziyordu. Arabanın birkaç yerine hatıra yaması yapılacak.
- Geçmiş olsun...Hafta sonuna geliyor nasılsa, babamdan arabasını alabiliriz.
- Vah memur çocukları vah...Babalarımızın arabasına mahkumuz. Almanya'da kişi başına düşen otomobil sayısı ne Mustafa Bey?

Aysel kolunu çimdikleyince düzeltti:
- Uff. Şey, Mustafa...
- Yavaş ol Aysel, zamanla alışacak... Zannettiğiniz gibi değil Zeynep. Tamam, ekonomide lider ülkelerden, ama çok tutumlular. Çalışmada disiplin, iktisat, baş prensipleri... Öyle bizim sonradan görmüş zenginlerimiz gibi annenin, babanın, onsekizini dolduran çocukların ayrı ayrı arabaları yok. Düzgün işleyen metrolarla herkes işine toplu taşımayla ulaşıyor.
- Ne güzel. Bizde de karşıya yaptıkları tramvay ve metrodan bir de Anadolu yakasına ister. Köprü trafiği, Göztepe yolu, Boğaz tarafı belli saatlerde bir kitleniyor...
Aysel mızmızlandı:
- Allah aşkına bırakın şu trafik muhabbetini de annem gelmeden nereleri gezeceğimizi ayarlayalım. Yoksa "yorulursun, bebek" filan diye yollamaz alimallah...

İki gün boyunca, ellerinde dondurma, bazen de kağıt helvalarla, Sultanahmet, Ayasofya, Gülhane Parkı, korular gibi tarihî ve doğal güzellikleri gezdiler. Aysel hep Mustafa'yla Zeynep'i kaynaştırma çabasındaydı.

Lunaparkta iki kişilik bir araca önce Zeynep'in ısrarıyla, Mustafa'yla Aysel, sonra da Zeynep'le Aysel bindi. Arasıra genç çift elele gözgöze gelince Zeynep başını çeviriyordu. O an hüzünlendiğini farketmek onu oldukça sarstı. Kendi kendini ayıpladı.

Sultanahmet köftecisinde siparişlerini beklerlerken Aysel:
- Ben elimi yıkamadım, lavaboya gidiyorum. Uzun sürebilir, diyerek kalktı.

Mustafa karısının ardından sevgiyle baktı.
- Sanırım bizi yalnız bırakıp bu birkaç günlük dostluğumuzun kritiğini yapmamızı istiyor.

Zeynep içtenlikle:
- Benim, sizin hakkınızdaki fikrim değişmedi, dedi. Gayet olgun, aklı başında, uyumlu bir insansınız...
- Teşekkürler ama bu özellikler sizin gözünüze girmem için yeterli değil.

Zeynep başını öte yana çevirdi:
- Mesele uzaklara gitmesi mi yoksa iç dünyasını bir "yabancıyla" paylaşması mı?

Zeynep Mustafa'nın yüzüne baktı.

- Şu birkaç günde anladım ki, Aysel isteyerek, hem de çok büyük bir istekle ardınızdan geldi. Bana zaman tanıyın...Sizi sempatik bulmaya başladım sanırım.
- Sevindim, çünkü benim kızkardeşim yok. Beş erkek kardeşiz. İnsanın, kadın ruhunun inceliğine, her cephesiyle ihtiyacı oluyor.
- Bu bir mecburiyet olmamalı Mustafa...Aysel'in yakın dostuyum diye benimle bir gönül bağı kurup, kız kardeş görmek zorunda değilsiniz.
- Bunu "ben" istiyorum. Aysel, sizinle olan geçmişini anlatmaya başladığında benim de içimde kıskançlığa pek benzeyen hisler oluştu... Ama zamanla anladım ki, onun karakteri üzerinde bu arkadaşlığın çok olumlu tesirleri olmuş. Eğer bu günkü karıma aşıksam, onun dününün en önemli parçasını tanımak bana zevk verecek...
- İltifat ediyorsunuz.
- İltifat etmeyi pek beceremem. Aysel bunu size söylemedi mi?

Muzipçe devam etti:
- Bense, karımla bir numaralı sırdaşının, oturup sabahlara kadar "zavallı Mustafa'yı" çekiştirdiklerini düşünmüştüm.
- Eh benim ısrarlarımla, bir geceyi böyle ihya ettik sayılır. Ama kötü yönlerinizi değil hep iyiliklerinizi anlattı...Şunu bilin ki, o size hayran...
- Biliyorum ve hoşuma gidiyor. Aysel'in benim yüzümden kimleri ve neleri tepip uzaklara geldiğinin farkındayım. Bu da bana sonsuz bir gurur ve heyecan veriyor.
- Birbirinizi gerçekten seviyorsunuz... İtiraf etmeliyim ki, onu paylaşacağım daha iyi birinin olabileceğini zannetmiyorum.

Mustafa'nın gözleri ışıldadı:
- İşte duymak istediğim bu...Teşekkürler Zeynep.

Aysel söylenerek oturdu:
- Eee, köftelerimizi hala getirmediler mi? Açlıktan öldüm...
- İki canlıyım diye her bulduğunu yutarsan, yakında Mustafa'ya teslim ettiğim zayıf-nahif kızın siması hayal olacak.
- Sorma... Almanya'ya gidince kaloride az, vitamince yoğun şeyler yiyeceğim, söz... Ama şimdi nerede kaldı şu köfteler...

Mustafa'yla Zeynep birbirlerine bakıp anlayışla gülümsediler.

Koliler kenarda kitaplarla doluydu. Divanın üzerinde de yastık ve örtüler serilmeyi bekliyordu.

Fotoğraf çerçevesini eline alıp uzun uzun inceledi. Daha sonra genç bir çift ve küçük erkek çocuklarını gösteren fotoğrafı, duvardaki çiviye astı ve etrafına bakındı. Masanın üzerine saati yerleştirdi. Kitapları tahta kütüphaneye dizmeye başladığında kapı çalındı.
- Ooo hocam, hoşgeldiniz. Buyrun...

Zeynep, elindeki pasta kutusunu masanın üzerine bıraktı.
- Merhaba İlhan...Yeni evinin şerefine pasta yeriz diye düşündüm.
- Zahmet etmişsiniz hocam.

Öğretmeni etrafına bakındı:
- Ne şirin olmuş burası. Galip Bey bu işe çok sevindi.
- İşine yaramadı ki...Şimdi de ben işgal ediyorum.
- Onun için dergideki bölümlerin boşluğu değil temizliği önemli. Çiçek gibi yapmışsın burayı. Kız öğrenciler görse parmak ısırır. Bizim Ersin'i getirmeliyim, örnek alsın...
- Gerçekten beğendiniz mi?
- Mükemmel.

Odayı süzerken bakışları fotoğrafa takıldı:
- Annenle baban mı?
- Ve ben...
- Dershanedeki Süheyla, annenin yaşadığını söyledi.
- Evet, Adana'da oturuyor.
- Onunla görüşüyor musun?
- Ayda yılda bir yetiştirme yurduna gelirdi. Son üç yıldır görmedim. Ara sıra telefon ediyor.

Zeynep duygulu bir sesle:
- Bana anlatmak ister misin? diye sordu.
- Anlatılacak pek fazla bir şey yok ki...Çay koysaydım ateşe...Bakın Tamer Abi küçük tüpümü de unutmamış.
- Bu günlük Alaattin Efendi'den içeriz, otur hadi.

İlhan bir sandalye çekip Zeynep'in karşısına oturdu. Derin bir nefes aldı:
- Kendimi bildim bileli yurttayım. Annem beni üç yaşımdayken getirip bırakmış. Babam o sırada veremden ölmüş, parasızlık hiç yakamızı bırakmamış zaten...
- Kardeşlerin var mı?
- Bir büyük bir de küçük kardeşim var, ikisi de kız. Büyüğü annemin yanında. Bu sene nişanlanmış. Annem son telefonda, "onun bari kendini kurtardığına sevindiğini" söyledi.

- Ya küçüğü?
- O da Adana'da bir yetiştirme yurdunda. Liseyi bitirince çalışacak.
- Onları özlüyor musun?

İlhan soruyu duymamazlıktan geldi:
- Annem mevsimlik işçi olarak çalışıyor, işsiz kalınca da dantel örüp satarak geçiniyor. İstanbul'da yapamadı. Babam ölünce çok zor durumlara düşmüş. Şimdi de Adana'lı bir işçi onunla evlenmek istiyormuş.
- Sen razı mısın?
- Annemle ilişkilerimizde hiçbir zaman samimiyet olmadı ki bana danışsın...Yurtta biri vardı, Hamdiye Anne...Hepimiz onu anne biliriz.
- Peki sende hiç yükselme, para kazanıp onlarla birlikte yaşama hırsı uyanmadı mı?

İlhan omuz silkti:
- Hayatımda sizin gibi, Tamer abi, Galip Bey gibi insanlarla hiç karşılaşmamıştım. Bir de lisedeki tarih öğretmenim...Okuldan sonra oyalanmadan hemen yurda giderdim. Benim bütün dünyam, o dar kalıplı yerdi. Bu son sene, dersane ve sizler sayesinde biraz daha sosyal yaşamım gelişti.
- Peki değişen nedir?
- Annemi anlamaya başladım galiba...Daha önce onu sürekli suçluyor, beni bıraktığı için ondan nefret ediyordum. Hatta ilk ziyaretlerinde odama kapanıp hiç görüşmemiştim. Şimdi hala kızıyorum çünkü ne kadar darda olursa olsun beni de yanında götürseydi, babamın eksik bıraktığını onun şefkatiyle tamamlardım. Ama artık nefret etmiyorum. O, "hayatın sefil yönlerini yaşamış ve çocuklarını doya doya sevememiş bir zavallı" gözümde. Şimdi içimde yalnızca bir tek istek büyüyor...
- Nedir o?
- İyi bir bölümü okuyup çok para kazanacağım bir meslek edinmek...
- Ne yapacaksın o zaman?
- Annemi ve kızkardeşlerimi daha sık göreceğim. Daha önemlisi iyi bir aile kurup tam bir baba olacağım...

Zeynep ne kadar kararlı olduğunu ölçmek için sevgili öğrencisini son kez zorladı:
- Ya kader senin gibi düşünmüyorsa? Ya çok çalışsan da az gelirin olursa? Daha çok mu yıkılacaksın?
- Hayır, en kötü duruma da düşsem, bunu çocuklarımla paylaşacağım, onları bensiz bırakmayacağım.

- Bunu duyduğuma sevindim... Hadi bakalım bu kadar duygusallık yeter. Ben pastayı keseyim, sen de Alaattin Efendi'ye iki duble çay söyle. Daha, yakın bir dostumu Almanya'ya uğurlamak için Yeşilköy'e gideceğim.
İlhan hızla kalktı sonra durakladı:
- Şey, hocam!
- Efendim?
- Beni buraya getirdiğiniz için teşekkürler.
- Hadi fırla, bir saatim var ve arabasızım.

Nermin Hanım gardrobu açıp kızının elbiselerini asarken bir yandan övgü dolu bir sesle:
- Kızım burası harika bir yer, dedi. Dolabının genişliğine bak...Bütün elbiselerini astım, hala yer var...Tuvaleti, duşu... Valla beş yıldızlı otel gibi.
Selçuk Bey yatağa oturup birkaç kaç kez yaylandı.
- Hem de bu fiata... Gerçekten Münir Bey çok yardımcı oldu. "Haftaya ancak" diyordu, bak iki günde cevap geldi. Beyza, iki ay sonra istediği zaman buradan ayrılabilirmiş. Danışmanının bu ayın sonunda on günlük bir izni varmış...Sonra yine o ilgilenecek.
- Neyseki ev yakın, her gün gelip Beyza'yı görebilirim. Değil mi Beyza?
Beyza hareketsiz:
- Evet anne, dedi.
Selçuk Bey kızına yaklaştı:
- Burayı beğendin mi kızım?
- Güzel...
O sırada kapı çalındı. Selçuk açınca Ömer içeri girdi. Adama elini uzattı:
- İyi günler efendim. Adım Ömer Kılıç, Beyza Hanım'ın danışmanıyım.
- Memnun olduk Ömer Bey...Biz de çıkmak üzereydik. Beyza burayı çok beğendi.
- Buna sevindim. Nasılsınız Beyza Hanım?
Genç kadın, terapisti o an farketti:
- Teşekkürler..
Selçuk Bey karısının kolundan tuttu:
- Hadi artık biz gidelim...
Nermin Hanım:
- Bir isteğin olursa ara bebeğim. Odanda telefon var ama al bu da yanında bulunsun, diyerek kızına bir cep telefonu uzattı.

TANRININ UMUT OLDUĞUNU SÖYLEDİ BİR BÜYÜĞÜM 111

Beyza, annesinin verdiği telefonu boş bakışlarla elinde evirip çevirdi.
Nermin kızını öptü, Selçuk da gelip yüzünü okşadı.
- Şimdilik hoşçakal kızım.
Ömer, onları kapıya kadar geçirip yarı dönük vaziyette, Beyza'ya:
- Akşam yemeğinizi sekiz civarında getirirler. Dokuz gibi sizi ziyaret edebilir miyim? diye sordu.
- Nasıl isterseniz...
- Burada sizin istekleriniz daha önemli bizim için...
Beyza donuk bir sesle cevap verdi:
- Dokuz uygun.

Havaalanında Aysel herkese tek tek sarıldı.
- Hadi anacığım, ağlama... En fazla dört ay sonra geleceksin yanıma.
- Ne yapayım, mani olamıyorum.
- Onu bırak kızım, çeşmeleri açıldı bir kez. Anasından ayrılırken de böyleydi. Otuz yıllık huyu... Eve gider gitmez bizi arayın, tamam mı?
- Tamam babacığım. Zeynep... En geç haftaya mektubunu masamda bulmazsam bozuşuruz.
- Ben yazmaya bayılırım bilirsin, sen kendini düşün.
- Hoşçakalın... Aaa, anne unuttum.
Aysel annesini kenara çekip, ayrılmadan önce, doğum için son isteklerini sıralamaya başladı. Mustafa Zeynep'in elini sıkarken:
- Yakın zamanda Almanya'ya bekliyoruz, dedi.
- Pasaportumu hemen çıkaracağım.
- Teşekkür ederim Zeynep...
- Niçin?
- Bana bir şans verdiğin için.
- Ben de sana Aysel'i benimle paylaştığın için teşekkür ederim.

12.
Ömer, Beyza'nın odasına girmeye hazırlanırken, Şükran seslenince durdu.
- Hu huuu, Ömer Beey...
- Aaa, Şükran Hanım nasılsınız?
- Vallahi bomba gibi...Bombalar ikiye ayrılır: Bir, saatli bomba, ikiii, sarışın bomba...Ben ikisi de değilim. Hahahaha..
- Fuat, yarın bizi bırakacağınızı söyledi, yoksa bu neşe ondan mı? Oysa biz sizi özleyeceğiz...

- Çok tatlısınız kuzum, ayda bir buraya gelip ifade vereceğim ya...
Ömer'e sokuldu. Alçak sesle:
- Fatma Nurcan Hanım'ın odasını kime vermişler, diye sordu.
- Beyza Hanım adında genç birine.
- Aman doktor, güzel mi?
- Sizin kadar değil.
Şükran elini saçına götürüp şuh bir kahkaha attı:
- Hahhahhay. Ay! Benim her zaman iyi hissetmeme sebep oluyorsunuz. Fuat da çok iyi ama siz bir başkasınız.
Çapkın çapkın ekledi:
- Serap Hanım ne yapıyor, gene sizi ihmal ediyor mu?
- Yakında Avrupa seyahatinden döner. Size bir makyaj takımı hediye etmek istiyordu...Uğrayınca beni bulamazsanız, Fuat'a bırakırım ondan alırsınız.
- Ay, çok düşünceli...Teşekkürlerimi iletin. Hadi hoşçakalın, yeni "vakanızda" başarılar. Ay pardon! Yasak kelime kullandım.
Kıkırdayarak uzaklaştı.
Beyza, sanki dün akşamdan beri hiç kıpırdamamış gibi pencereden dışarıyı seyretmekteydi. Kapı çalınınca isteksizce yerinden ayrıldı. Sonra yine pencereye yaklaştı.
- Manzara güzel değil mi?
- ....
- Bunu aşağıdan görmenizi tavsiye ederim. Gün doğumları ve batımları harikadır.
- ....
- Müzikten hoşlanır mısınız?
- Boşa çaba harcamayın doktor, dün akşam da söyledim, değmez...
Beyza'nın yanından ayrılan Ömer, iskemleyi çekip ata biner gibi ters olarak oturdu.
- Varlığım canınızı sıkıyor mu?
- Farketmiyor.
- Demek benden nefret etmiyorsunuz?
Beyza başını hafifçe ondan tarafa çevirdi ama yüzüne bakmadı:
- Sizi tanımıyorum ki?
- O zaman kendinize bir şans verin...Belki benden nefret edeceksiniz, "defol git, melun herif"diye bağıracaksınız. Ben de "mesleğimi bıraksam

mı acaba" diye düşünüp, üzgün üzgün size bir başka danışman tavsiye edeceğim.
- Ben bağırmam... Yani hiç bağırmadım.
Ömer anlayış dolu bir sesle:
- Öyleyse çok şey kaçırmışsınız, dedi. Bir denemelisiniz. İnsan birilerine kızınca şöyle ciğerleri patlayıncaya kadar bağırmalı.
Beyza savunmacı bir tarzda cevapladı:
- Aşırılıkları sevmem...
- Peki hiç ağlar mısınız?
- Sadece düğün günümde sevinçten ağlamıştım. Bir de küçükken, köpeğim ölünce.
- Farkında mısınız? İlk defa tam bir cümle kurdunuz...Demek uzun da konuşabiliyorsunuz.
Beyza ilk kez acı acı gülümsedi:
- Ben çocuk değilim doktor.
- Ben de doktor değilim. Sizin problemlerinizi aşmanıza yardım etmek isteyen bir psikoloğum.
Beyza sinirli bir tavırla:
- Öyleyse niçin bu halde olduğumu biliyorsunuz. Daha fazla niçin üzerime geliyorsunuz? dedi.
Ömer ayağa kalktı.
- İstediğim sizinle arkadaş olabilmem için bana bir şans vermeniz.
- Bunu niçin yapayım?
- Çünkü ne kadar kamufle edilirse edilsin, burası eviniz değil. Ve böyle bir yer arkadaşsız çekilmez...Görüşürüz...
Ömer elindeki kitabı masanın üzerine bırakıp çıktı. Beyza uzun müddet ilgilenmedi. Sonunda pencereden ayrılıp kitabın kapağına gözattı: "Ölüm Gerçeği (Psikolojik ve Metafizik Açıdan)"

Zeynep, bir hipermarkette alış veriş yapıyordu. Ersin kendine bir masa lambası bakmak için ondan ayrıldı. Genç kız market arabasıyla ağır ağır gezinirken sebze satılan bölümde ileriye doğru dikkatle baktı. Sebze stantında tanıdık birini görmüştü. Arkasından genç adama yaklaşıp:
- Hormonlu domateslerle hormonsuzları psikoloji laboratuvarlarında nasıl ayırdederler? diye sordu.
Ömer, sesin sahibini tanıyınca gülümsedi ama hemen dönmedi. Domateslerden birini ışığa tuttu.

- Hayat laboratuvarında olduğu gibi...Kırmızı, sert ve pürüzsüz olmaları gerekiyor, değil mi?
- Dersine iyi çalışmış bir öğrenci gibi konuştunuz.
- Kabzımal olmam için henüz çok tecrübesizim. İtiraf ediyorum, hayatımda topu topu iki kez domates seçmişimdir.

Genç kız gülümseyerek danışmanının elini sıktı:
- Nasılsınız doktor?
- İyiyim Zeynep, ya sen?
- Çok şükür...

Ömer'in zihninde bir ses:"Şükür devri geçti darling" diye çınladı.
- Daldınız?...

Genç adam silkindi, bir mazeret bulmak için domatesleri işaret etti:
- Babaannemle Dilruba Kalfa'nın karşıma geçip benimle nasıl dalga geçeceklerini düşünüyordum.

Zeynep onun seçtiği domateslere baktı:
- Size yardım etmemi ister misiniz?

Ömer sevinçle:
- Terapi ücretini yarıya indirebilirim, dedi.
- Sert ve kırmızı olmaları yeterli değil, aynı anda sulu olmalarını da gözönünde bulundurmalısınız.

Danışmanı öğrenmeye hevesliydi:
- Bunu yemeden nasıl anlayabilirim?
- Kabuğu sert ve kalın olanlar kendini belli eder. Onları seçmişsiniz hep.

Eline tezgâhtan bir domates aldı. Bir tane de Ömer'in sepetinden.
- Bakın şu...veee şu. Hangisi daha ince kabuklu?

Ömer tezgâhtan alınanı gösterdi:
- Sanırım bu...
- Doğru. Demek ki sizinki tezgâha geri dönüyor.

Torbadan üç beş domates daha geri koydu.
- Heey. Poşetin yarısını boşalttın.
- Olmaları gerekenlere yer açmak için...Şimdi baştan başlayalım.

Ömer Zeynep'e bir domates gösterdi. Başarısızdı. Onu bırakıp başkasını aldı. Zeynep, "idare eder"anlamına bir el işareti yaptı.

Beş dakika sonra Ömer'in torbası tekrar ama bu sefer doğru domateslerle dolmuştu. Sonunda tartması için görevliye uzatırken Ersin, ablasının yanına geldi.
- Abla, harika masalar buldum...

TANRININ UMUT OLDUĞUNU SÖYLEDİ BİR BÜYÜĞÜM 115

- Ben senin masa lambası almak istediğini sanıyordum.
- Evet ama önce bir masam olması gerekmez mi? Seninki Nuh-u nebiden kalma...
- Tanıdıklarımın yanında masama hakaret etme...
Ömer'e döndü:
- Bu Ersin...Bizim evde yaşıyor. Bu da Ömer Kılıç, kendisi psikologtur.
- Özür dilerim Ömer Bey, kendi heyecanımdan sizi farketmedim.
- Önemli değil Ersin. Ablan sınava girdiğini söylemişti, nasıldı?
- Dershane öğretmeni ablamız var ama faydası dokunmuyor ki.
Şakacıktan yaka silkti:
- İnanın felsefe sorularına bile kendim çalıştım, fiske yardımı olmadı.
Zeynep şakacıktan şantajcı:
- Buranın eve dönüşü de var küçük kardeş, tabi yolculuk safhasını da unutmamalı, dedi. Taksi tutacak paran var mı? Sonra... kazayı nasıl yaptığını babam zevkle dinler eminim.
Ersin ciddileşti:
- Aman abla, gözünü seveyim...
- İki kardeşin arasına girmek istemem ama bu konuyu ben açtığım için kendimi sorumlu hissediyorum. İsterseniz mevzuyu kapatalım.
Genç çocuk:
- Sağolun Ömer Bey, dedikten sonra sırnaşık bir tavırla ekledi:
- Abla ben bir de basket topu bakacağım. On dakika sonra çıkışta buluşalım mı?
- Tamam, ben de ancak bunları kasadan geçiririm.
Ersin, Ömer'e döndü:
- Tanıştığımıza sevindim.
- Ben de, kolay gelsin...
Zeynep kardeşinin uzaklaşmasını seyrettikten sonra:
- Seçmek istediğiniz başka sebze var mı doktor? diye sordu.
- Hayır, yumurta alacağım. İyi ki onu paket halinde veriyorlar.
Göz kırptı:
- Bu konuda uzman sayılabilirim, değil mi?
- O kadar emin olmayın. Kutularda da bazen problem çıkabiliyor. Açıp içini kontrol etmeyi ihmal etmeyin bence.
- Teşekkürler. Salı'ya görüşmek üzere.
Ayrıldılar. Zeynep kasaya, Ömer yumurta almaya yöneldi.

Bir yumurta kutusu alıp baktı. İkisi çatlaktı. Onu yerine bırakıp başka bir kutuya uzandı.

13.

Fuat, neredeyse bir aylık uzun tatilinden dönmüştü ama hâlâ Şükran'dan dert yanmaktaydı.
- Kadın, garsonların yanında "Fuat, bir tanem, nişanımızı burada yapalım" demez mi?

Gülen Ömer'e ters ters baktı:
- Lütfen Ömer, zaten başıma sen sarmıştın o cadıyı, bir de gülmek zorunda mısın?

Ömer nefes almak için gülmeyi kesti:
- Evet, evet ama sen evlisin, benim uzun metrajlı nişanlı olduğumu biliyordu. Kendimi kollamak için...

Tekrar gülmeye başladı.
- İyi ya, ben evliyim oğlum...O lokanta, İstanbul'un en mutena yerlerinden biri. Canan veya benim bir tanıdığımız çıkacak da "merhaba doktor, bu hanımefendi kim?" diyecek diye ödüm koptu. Bir de onun sözünü gerçek sanan garsonlar, alkışa başlamasın mı...Allahım, yerin dibine girdim.
- Sen de o kadar lüks yere götürmeseydin.
- Şükran Hanım'ı tanımaz gibi konuşma... Yeri o seçti. Kravat takmam için bile zorladı. Bilmem kaçıncı kocasıyla her hafta sonu oraya balık yemeye giderlermiş.
- Demek kadıncağızın hatıralarını canlandırdın. Hahahaha.....
- Gülme. İzindeyken unutmuştum. Sana anlatırken yine hatırladım o anı... Neyseki ayrıldı... Senle de görüşeceğiz. Hele bir evlen, bana da gülme sırası gelecek.

Bir süre sustular.
- Sahi şu buraya gelen arkadaşının adı neydi?
- Zeynep.
- Çok iyi kıza benziyor. Geçen gün seni beklerken tanıştık ayaküstü. Rüstem Usta söyledi, gazeteci miymiş?
- Yok, yanlış bilgi...Dergide yazıyor, felsefeci. Bu sene dersanede de çalıştı.
- Vah zavallıım...Buraya gelme sebebi anlaşıldı.
- Midesinden problemi var, hafif terapi programımda...Seninle şu yeni hastam hakkında konuşmak istiyordum ben.

TANRININ UMUT OLDUĞUNU SÖYLEDİ BİR BÜYÜĞÜM

- Kim? Eşi ölünce intihara kalkan mı?
- Hımm. Beyza Aytekin. 22 yaşında. Dosyasından ve ailesinden öğrendiğimize göre, lise mezunu. İki yıl önce evlenmiş. Eşiyle aynı mahallede büyümüşler. Tam bir çocukluk aşkı anlıyacağın. Aniden çıkan hastalık, genç adamın birkaç haftada ölümüne sebep olmuş. Hızlı seyreden bir lösemi çeşidi....Beyza gerçekten çok içe dönük. Düşün, ne ağlıyor, ne yüksek sesle konuşuyor...Herşey içinde olup bitmiş. "Eşi ölünce bile bir gram gözyaşı dökmedi" dedi annesi.
- Hiç tepki vermedi mi? Konuşmadı mı? Kocasıyla ilgili filan.

Ömer kafasını iki yana salladı:
- Zorlayıcı bir tip, açılması zaman alacak.
- Asım Hoca'ya bir danışsan...
- Burada değil ki... Yurt dışına çıkmış. Sen izindeyken buraya davet etmiştim, şu genel kurulda bizim müfettişlerin hakkından ancak o gelir diye... Bayağı faydası oldu. Daha az ziyaret ediliyoruz. Neyse işte, gelince söylemişti, altı aylık bir projesi varmış. Hemen hemen bütün Avrupa başkentlerinde de konferansları...
- Ne adam...Kaç yaşında, hala enerjik. Ne dersin, biz onun yaşına gelince böyle kalabilecek miyiz?

Ömer muzipçe:
- Vallahi ben kalırım da seni bilemem, dedi.

Fuat şaşkın:
- Niyeymiş o?
- Asım Hoca bu dinçliğini bekârlığına borçlu da ondan... Eee, ben hâlâ bekârım.

Fuat masanın üstünde duran bardaktaki suyu arkadaşının üzerine serpti:
- Hele bir evlen...
- Heyy, zaten hava karardı. Sen erkenden yağmurunu bıraktın bile...

Zeynep, Ömer'in odasında oturmuş kitap okuyordu. "Dışarıda bir fırtına eksik" diye geçirdi içinden. *Şakır şakır yağmur yağan yaz günleri, hayatımızın sürprizleri.* Ürperip kollarını ovaladı, pencereye vurup aşağıya doğru süzülen damlaları izledi.

Odadaki muhabbet kuşları yağmura meydan okurcasına cıvıldıyorlardı. Ne zaman danışanıyla konuşmaya başlasa, muhabbet kuşları onlardan daha fazla ses çıkarıyorlardı. Aklına sarayları gezerken, gezi rehberinin an-

lattığı bir ayrıntı geldi: "*Padişahlar vezirleriyle önemli hârici meseleleri konuşurken saraydaki potansiyel jurnalciler işitmesin diye yaptırılan bu fıskiyeler.........* "*Aslında muhabbet kuşları da aynı işi görürmüş. Acaba sarayda besleniyor muydu? Öff..Sıkıldım.Ömer nerede acaba?* Genç adam, düşüncelerini izler gibi odaya girdi. Elinde ıslanmış, titreyen bir kedi yavrusuyla hem de.
- Ooo Zeynep, erkencisin.
- Havayı bulutlu görünce erken çıktım. İyi ki de oyalanmamışım, yoksa sırılsıklam olacakmışım.
- Hakikaten, gök delinmiş gibi...
Zeynep yanına gidip kedinin başını okşadı:
- Muhabbet kuşlarına arkadaş mı getirdiniz?
- Şimdilik öyle sayılır, pençeleri büyüyünce ne olur bilmem. Hayvanları sever misin?
- Genel olarak evet, aşırı düşkünlüğüm yok ama kuş ve balık besledim bir dönem...
Ömer bir yandan dolapları karıştırıyordu.
- Belkıs Hanım... yani babaannemle bu konuda pek anlaşamayız. Ben de sevgimi merkezde gidermeye çalışıyorum.
- Ne arıyorsunuz?
- Bu miniğe uygun bir yatak. Şöyle genişçe, fazla yüksek olmayan bir koli...
Zeynep kediyi almak için yaklaştı.
- Verin ben tutayım...Aman da aman, patilerin ne kadar da asil... Annen nerede?
Ömer başka bir dolaba yönelirken:
- Merkezin o kısmını görmedin sen, dedi. Hani bir göçmen çadırından bahsetmiştim ya, işte oradan girmiş. Üç yavruyu doğurduktan sonra iki gündür orayı ev edinmiş.
Bir kutu bulmuştu.
- Hah işte, bu kutu olur, içine de şunu koyalım.
Bulduğu kumaş parçasını kutuya yerleştirip onu, odanın diğer köşesine koydu.
- Tamam...Şimdi bu yavru süt ister.
- Onu ailesinden ayırıyor musunuz?
Ömer'in neşeli sesi değişti:
- Annesi bu sabah öldü. Diğer yavrular da...Onlara bulaşan ve öldüren hastalık nasılsa buna sirayet etmemiş.

Zeynep kediyi şefkatle okşadı:
- Çok yazık, hem öksüz hem kardeşsiz mi kaldın?

Genç terapist, onun bilmeden söylediği bu sözlerin kendi hayatının da özeti olduğunu farkedince, genç kızın bunu anlamaması için duygularını maskelemeye çalıştı. Kediyi alıp kutuya yerleştirirken, minik ayaklardaki tırnaklar, bu cesur adamdan ayrılmak istemedi. Ömer onu okşayarak sakinleştirdi ve yeni yatağına bıraktı. Zeynep bu akşam Ömer'in sesini biraz kısık ve boğuk bulmuştu.
- Hadi bakalım ufaklık, şimdi sütünü söylerim...
Telefona gitti:
- Alo... Veli Efendi? Odamda yavru... Gördün ya, minik bir şey, bir şişe yeter...
Kediye baktı.
- Ilıt olmaz mı, titreyip duruyor. Tabi tabi baktırdım Arife... Yok buna hiç bulaşmamış, bi de iğne yaptı... Tamam, bekliyorum...
Telefonu yavaşça yerine bıraktı, sonra danışanına döndü:
- Ne dersin Zeynep, bu miniğe ne isim verelim?

Genç kız eğilmiş, kediyi okşamaktaydı.
- İsimler hususunda acele etmeye gelmez, biraz düşünün bence...
- Doğru, elbet birşeylerden esinleniriz...Ne kadar çaresiz değil mi?
- Çaresiz ve yalnız...Hangisi daha kötü acaba?

Ömer onun yanına eğildi:
- Hayatta yalnız kalmak korkunç bir şey, çare ise her zaman bulunur.

Zeynep onu dikkatle süzdü. *Bu mutlaka maziyle alakalı bir şey.*
- Bana bir gün geçmişinizi, ailenizin diğer fertlerini anlatacaktınız...

Genç adam doğrulup yavaşça yerine oturdu. Kararsızdı. *Terapide yararlandığım bir yöntem bu nasılsa...Yaşamından örnekler vermek hastayı rahatlatır ve kendini anlatmaya teşvik eder.* Ama hayır, bu gece sadece kendisi için anlatacaktı. Bu *içten kız*, onu anlayabilecek *tek kişiydi* birkaç zamandır. Hem her psikolog bunalabilirdi. *Doktorlar da doktora gider.*
- Böyle yağmurlu bir gündü, tabi yaz yağmuru değil... Kış aylarında, şark hizmetindeyiz. Askeri lojmanlardan ilk defa sivil bir eve taşınmıştık. Evimiz sobalıydı. Erzurum'un kışı meşhur. Böyle soğuk memleket görmemiştik hiç birimiz. Erkek kardeşim Önder, sık sık hastalanıyor, annem zatürree olmasından korkuyordu. Hatta bir ara babaannemin yanına bile göndermişti onu. Keşke hep orada kalsaydı...

Ömer, hikayesinin burasında, dönen sandalyesini pencereye çevirip cama vuran yağmur tanelerinin süzülüşünü seyretti. Zeynep'e arkasını dönmesinin bir sebebi de, olayı her anlatışında gözlerinin dolmasıydı.

- Geçen Pazar Ersin'le olan dialoğun o kadar hoşuma gitti ki...Önder'i hatırladım...Neşeli, hayat dolu, son derece mukallit bir çocuktu.

Zeynep de kalkıp yerine oturdu:

- İsterseniz devam etmeyin...
- Gerisi bilinen hikaye... Havanın basık olduğu bir gece, babam sobayı kontrol ettiğini sanıp yatıyor. Belki de etti... Ama bir kor kalmış işte, küllerin altında...Sonra da zehir salmaya başlamış.

Yutkundu:

- Ben sıcaktan pek hoşlanmam. Uzakta yattığım için hafif bir tedaviyle kurtuldum. Önder on yaşındaydı, ciğerleri dayanamadı. Annemle babamsa, annem grip olduğu için o gece sobanın yanında yatmışlardı.

Zeynep'in sesi titredi:

- Lütfen, tamam...

Kapı tıkırtısı üzerine Ömer gözlerini kuruladı ve döndü. Gelen hizmetli, elindeki süt tasını ve ekmeği masaya bıraktı.

- Sütü getirdim... İçine doğranz diye Rüstem'den bir parça da bayat ekmek aldım...
- Sağolasın Veli Efendi. Sen zahmet etme, ben onu beslerim...

Hizmetli çıktı. Ömer ekmek parçasını sütün içine doğrarken, Zeynep, camın önüne gitmiş, buğulanan gözlerini onun yardımsever ellerine dikmişti.

Muhittin Bey, gazetesini bırakıp koltukta elişi yapan Melek'e baktı. Ersin otomobil sporlarından bahseden dergiyi inceliyordu.

- Uff, hava serinledi birden, daha yaz ortasındayız hem de. Hanım, yeleğimi bulamadım demin.
- Yatak odasının kapısının arkasına astım.
- Ersin, oğlum getiriversene... Zeynep nasıl gitti bu havada ta Beykoz'un tepelerine?
- İyi sardı şu terapi midir nedir?... Yağmur çamur demedi gitti. Gerçi o çıkarken daha bulutlar toplanıyordu...İnşallah ıslanmadan gitmiştir.
- Asıl ben dönüşünden korkuyorum, baksana hiç dineceğe benzemiyor.
- Canım, Zeynep de atlar bir taksiye gelir. Bu selde otobüs bekleyecek hali yok ya.

- Aaah Melek Hanım, yağmurda sokağa çıkmadığın belli. Taksiciler bu havada insana yüz vermez ki... Kaç defa iki-üç kat ücret teklif ettiğimi hatırlıyorum.
- Vah kızııım. Ne yapacak ya?
- Dua edelim de yağmur dinsin. Olmazsa ben Ahmet'in arabayı ödünç alır onu almaya giderim.

Ersin yaklaşıp yeleği babasına uzattı.
- Ah Ersin, tam zamanında çarptın arabayı.
- Ne yapayım babacığım, içimdeki trafik canavarını doğmadan öldüreyim dedim.

Annesi oğluna çıkıştı:
- Her söze de bir cevabın vardır hani...
· Ersin babasının yanına oturup elini onun omzuna koydu:
- Ben kimin oğluyum...Eee baba, Ağustos sonunda bölümler belli olacak. Başarılı oğlunu nasıl ödüllendireceksin?
- Geçen hafta tercihlerini yaparken süt dökmüş kedi gibiydin. Bu akşamki havan nerden geliyor?
- Aman baba...Tercih problemini herkes yaşadı. Dershanelerin rehberlik servisleri gece yarısına kadar çalıştı biliyorsun.
- Evet, ablana kızarsın ama kızcağız arkadaşlarıyla kafa kafaya verip senin listeni bir güzel sıraladı.
- Ablama duyduğum vicdan borcuyla, senin ben bilgisayar mühendisliğini tutturduğumda alacağına söz verdiğin o "özel" hediyenin ne alakası var?
- Yook. Bir alakası olmadan konuşmayı sizden öğrendim. Tabi konu saptırmayı da.

Karı koca, Muhittin Bey'in son sözüne kahkahayla gülerken Ersin homurdanıp yerinden kalktı, dergisini okumak için odasına gitti.

Zeynep koltuğa gömülmüş çayını yudumluyordu. Kısa bir terapi seansının ardından Ömer dışarı çıkmıştı. Zeynep huzurla elini midesine götürdü. İki gündür ne kadar iyi olduğunu düşündü. Birden odayı sözsüz bir Türk Musikisi doldurdu. Birkaç dakika sonra Ömer kapıdan yavaşça girdi. Uyumak üzere olan kedi yavrusu gerindi.
- Çalan müzik Hüseyni makamı mı?
- Uşşak... "Müzikle hiç ilgilenmedim" demiştin.

- Kulağım pek fena değil ama makamı hemen seçemem... Geçen gün gazetede okumuştum, hüseyni makamı, insana rahatlık hissi verir diye de, ondan sordum.
- Farabi de söylediğini onaylıyor. Ona göre; Rast makamı, insana neşe, Küçek makamı, hüzün ve elem, Isfahan, kabiliyet ve güven hissi, Nevâ-Hüseyni, rahatlık, Uşşak da, gülme hissi veriyor. Unuttuğum daha bir sürü makam var... Merkezde gözettiğimiz bir uygulama bu.
- Yağmurlu havaya uygun müzik ha...İşte bu da Yürek Ülkesi'nin orjinalitesi.

Ömer kedinin yanından kalktı:
- Uyudu...
- Zor bir gün geçirdi.
- Hayatının en zor gününü...
- Sizden özür diliyorum, biraz önce istemeden yaralarınızı deştim.
- Önemli değil... Herhalde onun kadar yalnız ve küçük değildim. Onyedim bitmişti ve babaannem vardı.

Zeynep konuyu değiştirmek ister gibi:
- Artık emin ellerde doktor...Çay için teşekkürler, öyle iyi geldi ki, dedi.
- Bu gün terapin güme gitti ama...
- Hayır bir sürü şey öğrendim. Bundan sonra midem kramp girince, "rast" makamında bir eser dinleyeceğim. Hem yarım saat de erken geldiğimi hesaplarsanız, benden bir saat alacağınız var.
- Artık saatine daha sık bakmadığın ve yedi buçuk olmasını iple çekmediğin için memnunum...Ödeştik.
- Evet ama artık kalkmalıyım... Bizimkiler merak eder, tâfik de altüsttür şimdi...
- Arabanız tamirdeydi değil mi? Beni on dakika beklersen birlikte çıkalım, seni bırakırım.

Genç kız itiraz için elini kaldırdı ama Ömer, "lütfen" manasına gelecek tarzda bakıp o sırada çalan telefonu cevapladı:
- Kim? Tamam bir saniye. Bağlayın... Zeynep, baban. Merak etti herhalde.

Zeynep kalkıp telefonu aldı:
- Alo, baba...Evet çıkmak üzereyim... Sen mi? Yok yok zahmet etme, Ömer Bey Üsküdar'a kadar bırakacak, ötesi kolay. Zaten biraz yavaşladı yağmur... Tamam görüşürüz... Olur söylerim.

Ömer selam işareti yaptı.
- Onun da selamı var... Hoşça kal...

Kavacık-Göztepe yoluna saptıklarından beri söyleniyordu:
- Ömer Bey, sizin, sözüne güvenilir biri olduğunuza inanmaya başlamıştım.
- İnancınız niçin devam etmiyor? Güzergâh hakkında herhangi bir söz verdiğimi hatırlamıyorum.
- Beni Üsküdar'da indirip evinize varabilirdiniz. Sizi de merak edenler vardır herhalde?
- Çıkmadan babaannemi aradım...Otobandan gitmek varken yolu uzatmak istemedim. Üsküdar'a gidene kadar evinize varacağız.
- Demek bu bir komploydu...

Ömer şakacı:
- Vallahi masumum, dedi. Yağmurda ıslanan kedi yavrularına ve genç filozoflara yüreğim dayanmaz.

Zeynep gülümseyerek dışarı baktı.
- Tekrar bastırdı. Acaba bu gece kaç kişinin evine su girdi?
- Gecekondu muhitlerinin yüzde doksanı uygunsuz yapıldığı için, yol altında kalan kısımları gitmiştir.
- Bir yandan da barajlar doluyor, çiftçilerin yüzü gülüyor... Bu sene az yağdı.
- Ne garip değil mi? Bazıları evlerini kaybediyor, bazılarıysa belki de inşaatın temellerini atmak için gerekli parayı sağlayacağından, seviniyordur. "Hayatın" tezatlar üzerine kurulu "felsefesi"...
- Önümüzdeki ay konum galiba "mutluluk ve izafiyet" olacak. Şuradan sapacağız.

Ömer Zeynep'in işaret ettiği yola girdi.
- Üsküdar'ın neresindesiniz?
- Sahil denebilir. Üsküdar'ı bilir misiniz?
- Biraz. Herkes kadar Şemsipaşa-Harem yoluna âşinayım.
- Bizim köşk kıyıda değil. İçerlek kalıyor. Gerçi yolu sayarsak zaten denize sıfır ev yok çevrede. Salacak'tan Selimiye'ye doğru bir çizgi çekerseniz, ortalarına düştüğümüz söylenebilir.
- Yani boğazın ucunu görebiliyorsunuz.
- Evet.

- Ne güzel! Küçükken biz de çok gezdik. İzmir'de denize yakın bir apartman dairesinde oturduk. Ama köşkte yaşamak farklı olmalı...
- Benim de çocukluğum ve ilk gençliğim dolaşmakla geçti. Yaklaşık on beş yıldır İstanbul'dayım. Babaannemle yaşamak ayrı bir zevk. Köşk hayatı öyle gözde büyütülecek kadar şaşalı değil. Bir kalfamız ve ona yardım eden iki de yardımcımız var.

Zeynep bir müddet konuşmadı. Sonra:
- Domateslerin akıbetinden bahsetmediniz, dedi.

Ömer gülümsedi:
- Babaannem ve Dilruba Kalfa hayranlıkla yüzüme bakıp, benim için bunu ilgili görevlinin seçip seçmediğini sordular.
- Siz ne dediniz?
- Gururla karşılarına geçip, hepsini bizzat ellerimle seçtiğimi söyledim.

Havası söndü:
- Korkarım ne kadar dikkat ettimse de yumurtaların birinin altı çatlakmış.

Zeynep kahkahayla güldü:
- O kadarcık kusur, kadı kızında da bulunur. Şuradan sağa sapacağız. İlerideki iki katlı, açık renkli ev. Akşam yemeğinde ne var bilemem ama bize eşlik ederseniz seviniriz.

Durdular.
- Çok cazip bir teklif ama babaannem bensiz yemeğe başlamaz. Haftanın sadece üç günü onunla yiyebiliyorum.
- O halde ısrar etmeyeceğim. Buraya kadar getirdiğiniz için teşekkürler. Size kızmıştım ama dışarıyı görünce kızgınlığım çabuk söndü.

Zeynep, o anı uzatmanın kendisini ne kadar sevindireceğini hisseder hissetmez telaşlandı. "Yanılıyor muyum yoksa bana bakışları değişti mi" diye geçirdi içinden. Arabanın içi karanlıktı. Yağmurda fazla ışık vermeyen sokak lambası da ona yardımcı olmuyordu ki. Sonunda güç duyulan bir sesle "iyi geceler" diledi.
- İyi geceler Zeynep.

Genç kız, şemsiyesini açıp arabadan indi. Ömer zarif silueti gözleriyle takip etti. *Yağmurluğunun bej tonu, saçlarına asil bir hava katıyor. Bu nazik varlığa sanki yıllardır âşinayım. Seni tanıdığıma gerçekten memnunum Zeynep Ardıç...*

Zeynep sanki onu duymuş gibi birkaç adımdan sonra geri döndü. Ömer'in penceresine vurdu. Cam inince, heyecanla:

- Kedi yavrusuna bir isim buldum, dedi. Aslında "Yağmur" yakışırdı. Ama sizde kötü hatıraları var. Bu yüzden içinizi ısıtacak bir şeyler düşündüm. "Temmuz" a ne dersiniz? En sıcak ay. Hem onu bu ay bulduğunuzun anısına...
- Temmuz... Kulağa hoş geliyor. Evet onu Temmuz diye çağıracağım... Sağol Zeynep.

Ömer, aynı gece çalışma odasında kitap okumaktayken, kapı tıkırdadı.
- Ömer, hala okuyor musun evladım?
- Merak etme babaanne, yarın biraz geç gideceğim.
- Sütünü getirdim.
- Sağolasın.
Belkıs Hanım odayı süzdü:
- Babanın bu odada bir sürü hatırası var. Burayı bozmayıp da onu hayatımdan çıkarmadığın için öyle seviniyorum ki...
- Bu evde ne varsa, o haliyle öyle canlı ki, kendi zevkim için bunu asla yapmam.
- Biliyorum, burada da tek yaptığın değişiklik, masana koyduğun şu resim. Bana onun hikayesini bir gün anlatacaksın değil mi?
- ....
- Serap'tan bugün bir kart aldım. Paris'ten sonra gidecekleri yer belli değilmiş.
Ömer umursamaz bir sesle:
- İyi, dedi.
- Bu umursamaz halin beni deli ediyor. Senin duygusuz bir erkek olduğunu düşünmeye başlayacağım neredeyse.
- ....
- Dönünce Serap'la düğün tarihini kararlaştıracak mısınız?
Ömer sütünü yudumladı:
- Bilmem...
- Ömer... Tam üç yıl oldu resmen nişanlanalı. Çocukluktan beri de tanışıyorsunuz. Hâlâ "bilmem" ne demek?
- Onunla birlikteyken evlilikten konuşmuyoruz ki.
- Ya ne konuşuyorsunuz?
- Ben ona "duygusuz erkek" halimle bir parça romantizm aşılamaya çalışıyorum, o ise gününü gün etmenin yollarını bana ezberletmeye uğraşıyor. Yani karşılıklı bir beyin yıkama savaşı sözkonusu.

- Ben o işlerden anlamam. Bildiğim tek gerçek, bu kadar uzun süre nişanlı kalmak, insanın her türlü duygusunu öldürür.... Birbirinize saygınız da kalmayacak evladım.
- Sen o güzel kafacığını böyle meselelerle üzme anacığım.

Belkıs Hanım birden yumuşadı:
- Bana, böyle seslenince sanki Remzi ölmemiş gibi geliyor. Sen yaşa Ömer...

Torununun yüzünü okşadı:
- Yeter ki sen yaşa... İster evlen, ister evlenme.

Ömer babaannesinin elini sıkıp avucunu öptü. Belkıs Hanım odadan çıkınca Ömer, yırtılıp sonra da özenle bantlandığı belli olan resme uzun uzun baktı.
- Temmuz...Bu isim sence nasıl küçük dostum?

14.

Rüstem kocaman bir sandviçi Kemal'e uzattı:
- Al bakalım delikanlı. Fizik tedaviye giden genç erkekler güçlü olmalı.
- Sağol Rüstem Usta. Mahmut amcayı gördün mü?
- Demin şurdan geçiverdiydi. O adam ya ağaçların arasında ya da göletin orada duruyor daha çok.

Çocuk, tekerlekli sandalyesini sürerken sandviçinden kocaman bir ısırık almayı ihmal etmedi.
- Teyzemi görürsen söyle, ben onunlayım.

Kemal uzaktan Mahmut Bey'in yanındaki kadını süzdü. Ellerini kollarını salladığına göre Mahmut amcasıyla tartışıyor olmalıydı. Kadın söyleyeceğini söyleyip yaşlı adamı başı eğik bir tarzda yalnız bırakınca yavaşça yanına yaklaştı.
- Merhaba Mahmut beyamca.
- Merhaba Kemal.
- Biraz önce yanınızda bir teyze vardı, gelemedim.
- Evet, o benim hanımım. Haftada bir ziyaretime gelir, ihtiyacım var mı sorar.
- Çok üzgün görünüyorsunuz. Kötü bir haber mi getirdi?
- Bu dünyadaki en kötü haber nedir bilir misin evlat?
-............
- Yakınlarının seni anlamaması. Hele bu hayat arkadaşın olursa.

Kemal başını eğdi:

TANRININ UMUT OLDUĞUNU SÖYLEDİ BİR BÜYÜĞÜM

- Sizi anlıyorum efendim.
Yaşlı adam şaşkınlıkla gözlerini açtı:
- Anlıyor musun?
- Annem ve babam da böyleydi. Yani babam daima üzgün, annem daima şikayetçi. Ben çok küçükken güzel anlaşıyorlar mıydı bilmem. Ama hatırladığım tek tük huzur manzaralarının haricinde gergin bir ilişkileri vardı. Annem bir defasında beni yanına alıp anneanemlerde iki ay kadar kalmıştı. Dönünce "uzun bir tatil" dediler. Ama ben herşeyin kötü gittiğini anlıyordum.
- Sen hangisine hak veriyordun?
- Bence ikisi de kendilerine göre haklıydı. Annem zengin kızı. Bir eli yağda bir eli balda büyümüş. Her neyse. Evlenince babam anneme geçmişini aratmamak için çok çalışmış. Ama yine de zorluklar zayıf bünyeli annemi yıpratmış ve severek evlendiği adamdan nefret eder olmuş. Annem haklı, çünkü insan yaşamını birden değiştiremez. Babam haklı, çünkü elinden geleni yapmış ama yetmemiş.
- Sen bu yaşta bunları nasıl takdir ediyorsun?
- Ömer Abi'yle bir yıldır bunları konuşuyoruz. Bir kısmını ona babam anlatmış. Ben de yaşadıklarımı ekleyince, bulmaca tamamlandı.
- Peki sana bir şey soracağım, tabi kızmazsan...
- Buyrun.
- Babanla arandaki problem ne?
Kemal uzun süre düşünmedi:
- Annemi özlüyorum... Onun yerini kimse alamaz.
- Yani baban biriyle mi ilgileniyor?
Kemal başıyla tasdik etti. Kıskanç bir ses tonuyla:
- Geçen gün bizimle gördüğünüz kadın... İş yerinden arkadaşı. Onun yanındayken babamı tanıyamıyorum. Sanki bambaşka biri oluyor. Ondan sözederken bile gözleri parlıyor.
- Bu...bu bir kısakançlık olmasın.
- Hayır. Ne yazık ki o kadar şanslı değilim.
- Anlayamadım?
- Kıyaslanan şeyler kıskanılır değil mi? Yani Gülay Hanım ve ben, babamın gözünde sevdikleriyizdir. Ve ben babamı onunla paylaşmak istemem.
- Evet...
- İşte durum farklı. Çünkü babam artık beni sevmiyor. Benden kurtulmak için buraya bıraktı. Ve ziyaretlerinin arası gittikçe açılıyor.

Hüzünlü bir sesle tekrar etti:
- Babam beni sevmiyor.

Muhittin Bey uzun bir aradan sonra direksiyonu zevkle kavramıştı:
- Oh arabamız gıcır gıcır olmuş.
- Hakıkaten tamir geçirdiği belli değil.
- Ersin bir cezayı haketti. O gün komşular bizdeydi, yumuşatarak söyledi kerata.
- Bu defalık affediver... Sen nereye gideceksin?
- Şöyle bir halana uzanacağım. Telefonda kendini iyi hissetmediğini söyledi.
- Alıp bize getirsene. Halamı görmeyeli kaç ay oldu kimbilir.
- Teklif ederim ama bilmem. Bilirsin evinden ayrılmayı pek sevmez.
- Hımm...Tamer abi, taslakları beğenecek mı acaba?
- Eminim beğenir. Yalnız son kısmı değiştirseydin. Bana biraz "şey" geldi.
- Cüretkâr?
- Tam kelimesi değil. Belki "meydan okur gibi" denebilir... Okuyucudan köşene tepki geliyor mu?

Zeynep havalı bir edayla:
- Şimdiye kadar yüzlerce mektup aldım. Tabi dergiye geldiği için kızınızın hayranlarından habersizsiniz, dedi. Sonra sesi doğallaştı:
- Bir çoğu tebrik ediyor ama olumlu eleştiriler de yok değil. Enteresan olan, hep aynı noktada birleşmeleri. Senin dediğin gibi üslubumu biraz "meydan okur" tarzda bulanlar az değil.
- Bu seni kızdırıyor mu?
- Aksine kamçılıyor. Çünkü genelde mektupların sonu şöyle bitiyor: "Tebrik ederim Zeynep hanım, bu minvalde gitmeniz dileğiyle..." İnsanlarda acaip bir eleştiri mekanizması var. Hem "niye buraya vuruyorsun" diyorlar, hem "aferin vurmaya devam et" diyorlar.
- Ben senin uslubunu genel olarak beğenirim. Yalnız bu ayki yazın için bu tesbiti yaptım.
- Anlıyorum. Tekrar gözden geçiririm. Aslında bazen yazarken ben de farkına varıyorum. "Zeynep kızım, kendine gel, sen felsefecisin. Ruh tahlilini, sosyopsikolojik sebepleri irdelemeyi bırak" diyorum. Ama sanki insan ilişkilerindeki yanlışları bulmak ve onları düzeltmelerini insanlara ihtar etmek asli görevimmiş gibi geliyor.

- Çoğu insan, başkalarının davranışlarını değiştirmek için dünyaya geldiğini sanır.
- Ben davranış değil de, insanların düşüncelerine hükmetmek isteyen bir diktatörüm. "Niye böyle düşünüyorlar? Şöyle düşünseler ne olur?" Bazen beğenmediğim insanların kafalarını açmak ve beyinlerinin içine "doğrusu bu" iksirini boşaltmak istiyorum.
- Sanırım bu yaşınla ilgili. Korkma geçer... Bizim yaşımıza gelince, artık kimsenin, ne düşünce, ne duygu, ne davranış, hiçbir şeyine müdahale edemeyeceğini anlarsın. Gençler daha idealist.
- Bunun için mi "ideal dünya" tasvirleri hep genç yaşta hayal ediliyor?

Muhittin Bey başını salladı:

- Bunun için baba ve anneler büyük çocuklarında daha sert, son çocuklarında daha anlayışlı oluyor.

Zeynep gülerek ekledi:

- Torunlarında da ipin ucunu kaçırıyorlar.
- Evet, baksana Ahmet'le Ayla şimdiden kendilerini havaya kaptırmışlar. Artık seneye iyice koyverirler.
- Ben şurada ineyim baba. Dergiye girmeden annemin bir siparişine bakacağım. Sen de gelip bi çayımızı içmez misin?
- Yok, halana geç kalmayayım. Hadi hayırlı işler. Tamer Bey'e, İlhan'a selamlar.
- Söylerim, sen de halamı öp benim için.

Zeynep, dergide bilgisayarın tuşlarıyla oynuyordu. Elinde iki çayla içeri giren Tamer:

- Anlayabildin mi? diye sordu.
- Vallahi birşeyler yaptım ama siz bir bakın...

Tamer masanın başına geçti.

- Tamam düzelmiş işte.
- Eh sizinki kadar karışık değil ama ilk haline çeviremedim. Yazıda kullanıyorum da, herhangi bir problemde kardeşime müracaat ediyorum. Ersin olsaydı canavar gibi düzeltirdi şimdi. Aaa, niye onu aramıyorum ki?
- Böyle uzaktan anlayabilir mi?

Zeynep kafasını olumlu tarzda sallayıp telefonu tuşladı.

- Alo, anne... Dergiden arıyorum, Ersin'i verir misin?

Bekledi:

- Ersin canım, dergideyim. Tamer Bey'in bilgisayarında bir problem var. Düzeltebilir miyiz?...Dinle bak..............

Zeynep kardeşinin verdiği komutlarla bilgisayarı eski haline çevirdi.
- Harikasın.

Tamer'e gösterdi:
- Teşekkürler... Evet, Tamer abi, işsiz kalırsan dergide birşeyler ayarlayacakmış...Ne?... Kes şunu. Hadi görüşürüz.

Genç kız telefonu kapatınca Tamer:
- Ne diyor? diye sordu.
- "Bu küçük iyiliğim karşısında ne yapacaksınız" diyor. Çok menfaatperest oldu bu çocuk.
- Amerikan filmlerini izliyorlar da ondan. Bizim kız da birkaç yıl önce, evde yaptığı her işe karşılık akşam harçlık bekliyordu. Annesiyle iyi bir terbiyeye çektik.
- Aman sizin terbiyenizden korkulur... Neyse, düzelmesine sevindim. Durun, unutmadan şuraya not alayım.

Masadaki not defterine, yaptıklarını yazdı.
- Bir daha bozulursa bu komutları izlersiniz.
- Çayını al Zeynep, soğumasın. Sormadan çay getirdim. Miden nasıl bu günlerde?
- Gayet iyi...

Bir süre ikisi de keyifle çaylarını yudumladılar.
- İlhan'ın odasını gördünüz mü?
- Doğrusu inmeye çekiniyorum.
- Neden?
- Henüz bana tam olarak güvenmiyor. Daha doğrusu hep tetikte. Ona yaklaşmalarımı ya aşırı minnetle karşılıyor ya da gurur maskesinin arkasında şiddetle reddediyor.
- Zaman vermelisiniz...

Tamer başını salladı.
- Çok tokat yemiş. Onu o kadar iyi anlıyorum ki... Ve onun rehberi olmak istiyorum. Bu benim kendi çocuklarım için bile hissetmediğim bir şey, acaib bir tutku... Sana bunun için teşekkür etmeliyim Zeynep... Onu buraya getirdiğin için.

Ömer yeni danışanına yaklaşma çabalarını arttırmıştı. Ama pek başarılı olduğu söylenemezdi.

TANRININ UMUT OLDUĞUNU SÖYLEDİ BİR BÜYÜĞÜM   131

- Beyza Hanım bugün bir değişiklik olsun ister misiniz?
- Farketmez.
- Gelin sizinle bahçeye inelim.
- Nasıl isterseniz.

Genç kadın aşağıya inene kadar bir tek kelime etmedi. Gölete doğru yürürlerken Ömer:
- Buraya alıştınız mı? diye sordu.
- Günler geçiyor işte.
- Anneniz her gün geliyor.
- Babam da, o da geliyor.
- Verdiğim kitaba göz attınız mı?

Beyza tereddütle cevap verdi:
- Biraz.
- Ne düşünüyorsunuz?
- Felsefi bir şey. Biraz ağır.
- Lisenin hangi bölümündensiniz? Sözel mi sayısal mı? Eskiden Fen-Edebiyat derdik.
- Edebiyat.
- O zaman ağır gelmemeli.
- ....
- Ölüm sizce nedir?
- Tehlikeli konulara girmiyor muyuz doktor?
- Kimin için?
- Benim için.
- Tehlike, göreli bir kavram...Ölüm sizi korkutuyor mu?

Beyza meydan okur gibi:
- Hayır, ona o kadar yaklaştım ki...
- Anlıyorum...Bunu niye yaptınız?
- Neyi?
- Yani niçin bir kutu ilaç içip, ölmek istediniz?

Genç kadın hayretle:
- Bu açık değil mi? diye sordu.
- Sizin izahınıza muhtacım.
- Onun yanına gitmek istedim.
- Böylece onunla tekrar birlikte olacaktınız...

Bir süre sustuktan sonra Ömer tekrar atağa geçti:
- İnançlı bir insan mısınız? Allah'a inanır mısınız?

- Evet.
- Ya ölüm sonrasına?
Beyza kekeledi:
- Bil-bilmiyorum. Bu-bu konuyu kapatalım.
- Peki. Gelin size kafeteryada bir çay ısmarlayayım. Aaa Fuat geliyor. Fuat!
- Merhaba Ömer.
Beyza'yı işaret etti:
- Beyza Hanım mı?
- Evet, tanıştırayım. Fuat, psikiyatr arkadaşım. Beyza Hanım, yeni danışanım.
Genç kadın tedirgin bir tavırla:
- Lütfen doktor, geri dönmek istiyorum. Beni odama götürün, dedi.
- Ama...
Beyza hafifçe bağırdı:
- Lütfen, odama dönmek istiyorum.
Sözünü tamamlar tamamlamaz arkasını dönüp hızla yürüdü.
- Görüşürüz Fuat.
Ömer onun arkasından koşup yetişti. Fuat ümitsizce iç geçirdi.

15.

Zeynep, sessizce odaya girdiğinde, genç adam başını masaya dayamış düşünüyordu.
- Öhö,öhö... Uygunsuz bir vakit değil ya?
Ömer başını kaldırdı, yüzü yorgun ve üzgün görünmekteydi.
- Ah, hayır Zeynep, sadece düşünüyordum.
- İyi misiniz?
- Evet, tabi. Otursana.
- Perşembe gelemedim. Kusura bakmayın. Arayıp not bırakmıştım, aldınız herhalde.
Neşesiz bir sesle cevap verdi:
- Aldım... Asıl sen kusura bakma. Seni bu halde karşılamak istemezdim. Bugün ne konuşuyoruz?
Zeynep şaşırmıştı:
- Hiç iyi görünmüyorsunuz... Gidebilirim.
Ömer acı acı gülümsedi:
- İyi bir psikolog, iç dünyasında ne olursa olsun bunu belli etmez.

TANRININ UMUT OLDUĞUNU SÖYLEDİ BİR BÜYÜĞÜM 133

- Hastanız olmadığımı sanıyordum.
- Öf, haklısın... Zeynep, biraz dışarı çıkalım mı? Boğulacağım.

Bahçenin en güzel köşelerinden birindeki bankta yanyana otururlarken Ömer:
- Şu, Merkez'in arazi problemi, diye söze başladı. Bu ara çok sıkıştırıyorlar. Olmadık insanlarla bağlantımızı kurmuşlar. Adamın biri de hasta kılığında içeri sızıp burayı görüntülemiş. Kaseti medyaya vermekle tehdit ediyorlar.
- İyi ama burada hoş olmayan hiçbir şey yok ki...
- Orası öyle ama... Kasetin içeriğini bilemeyiz. Seni gezdirmiştim hani. Daha ağırca olan hastalar, ana bina tarafında kalıyorlar. Diğerleriyle aralarındaki bölme her zaman kilitli. Fakat hemşirelerin giriş çıkışı için birkaç giriş eklenmesi gerekiyor. Geçenlerde şizofren tedavisi görüp evine gitmeden önce burada birkaç aylığına kalan bir hastayı Şükran Hanım'ın katında yakaladık. O kısma nasıl geçti anlayamadık. Daha sakince olan arka bahçeye, mutlaka bir görevliyle beraber çıkarılıyorlar oysa. Kadın da almış mı adamı odasına... Ona eski eşleriyle olan kavgalarını anlatırken Fuat gelmiş. Münir Bey sinirden köpürdü.

Bahsi geçen casus nereleri, nasıl görüntüledi? Daha önemlisi kimdi ve kimlerle görüştü? Münir Bey, son üç yıldaki bütün hastaları tek tek araştırıyor. Sahte kimlikle buraya sızması imkansız...
- Bu bir blöf olamaz mı?
- Sanmam. Münir Bey çok telaşlı. Ah bir yolu olsaydı!

Zeynep bir süre düşündü.
- Aklıma bir şey geliyor.

Ömer hevessiz:
- Nedir? dedi.
- Onları kendi silahlarıyla vurabilirsiniz.
- Nasıl yani?
- Medyayla.
- Anlamadım?
- Anlatmadım ki...

Zeynep heyecanlanmıştı:
- Patronumdan bahsetmiştim, Tamer Özek... Bir sürü tanıdığı var. Kanal sahipleri, gazete patronları, muhabirler filan. Bir program hazırlayalım... "Yürek Ülkesini" onlara tanıtalım. Burayı tanıyıp da beğenmeyecek,

beğenip de onaylamayacak kimse olacağını sanmıyorum. Hatta Münir Bey kabul ederse hastalarla da birkaç röportaj yapılabilir. Düşünsenize buranın helikopterle görüntüsü alınsa...

- İlk bakışta basit görünebilir ama işi şarlatanlığa vuranlara aynı yolla cevap vermek bence en iyisi.
- İşe yarayacağına inanıyor musun?
- Yarayabilir. Hemen her kanalda böyle bir programı yayınlatacak gücümüz olduktan sonra...Gazetelere de ilan veririz...Reklama ihtiyacınız olduğunu kabul edin.
- Doğru. Açıldığından beri tavsiyelerle hasta alıyoruz.

Biraz düzelmişti:
- Münir Bey'le bir konuşayım. Medyayla kötü anıları var... Daha evvel çalıştığı yerde de bir sağlık skandalı çıkmış. Gazetelerin tekzip mekanizması da malum...Onun için Yürek Ülkesi gibi eksiksiz gördüğü bir projeye bile zor "evet" demişti. Ya Tamer Bey?
- Siz o kısmı bana bırakın. Yalnız önce detayları öğrenmem lazım.

Heyecan, sirayeti çabuk duygulardan olmalıydı. Zira Ömer'e de bulaşmıştı:
- Odaya dönelim, sana ayrıntıları anlatayım...

Ömer bir yandan havluyla yüzünü kurularken bir yandan da yatağının üzerine oturup telefona uzandı:
- Alo Zeynep, nasılsın?
- İyiyim, ya siz?
- İdare ediyorum. Beni aramışsın.
- Evet, "Yürek Ülkesi'yle" ilgili... Tamer Bey gerekli yerlerle irtibat kurdu. Münir Bey hazır mı?
- Evet, Fuat'la benim ısrarlarımız sonuç verdi. Onu bu yolun tek çare olduğuna inandırdık.
- Güzel... Haftaya bir çekim ekibi gelecek, sonra bunu kanallara ucuza verecekler. Bir dahaki adım, gazete haberleri...
- Rakiplerimiz daha çabuk davranmazsa...
- Onları oyalamalısınız.
- Münir Bey'in rol kabiliyetine kalmış...Aralık ayında merkezi boşaltma konusunda söz verir gibi davranacak...
- Bu iş oldukça gizli tutulmalı, yani yayınlanıncaya kadar. Casusa ulaşabildiniz mi?

TANRININ UMUT OLDUĞUNU SÖYLEDİ BİR BÜYÜĞÜM 135

- Şüphelileri beşe indirdik. Gelip çok kısa kalıp gidenler, hafif depresyon bahaneleri, yakınları olmayan hastalar...Emniyetten bir arkadaş, yarın birkaç ipucu araştırmaya gelecek...
- Güzel... Şey, ben haftaya gelmesem iyi olacak.
Ömer şakacı bir sesle sordu:
- Televizyonda görünmek istemiyor musun?
- Onun için değil, yoğun olacaksınız. Bir de ben başınızda...
- Peki, seni bir haftalık azad ediyorum. Ben de iznimi birkaç hafta erteledim. Burada bize ihtiyaç olabilir.
- Kolay gelsin... Size irtibat kuracağınız telefonları vereyim........
Ömer Zeynep'in söylediği rakamları yazdıktan sonra:
- Herşey için teşekkürler, dedi.
- Mutlu sona varalım, sonra teşekkür edin.

16.
"*Sana daha önceleri de yazmam gerektiğini, kalemi elime alınca anladım...Çok daha önce, sen Mustafa'yla tanışıp kısa sürede evlenmeye karar verdiğinde, mesela bir yıllığına anneannenin yanına Mersin'e gittiğinde... Hayatımın en boş yılıydı. Tabi ki ailem ve işim beni tatmin ediyor. Ama sen... Bugüne kadar sana karşı hissettiklerimi detaylandıramadım birtanem. İkili ilişkimizde etkilenen ve bunu açıkça ifade eden taraf hep sen oldun. Bana karşı hayran bir küçük kardeş gibi davrandın. Bense dinleyen, tenkit eden, üzüldüğümde ise sana sarılıp ağlayan ablaydım. Bazen bir iki yaş değil, on yaş küçük birinden de ablalık görebiliyorsun. Dershanede böyle bir öğrencim vardı: Fatma... Ne zaman dilim sürçüp bir hata yapsam gözlerim onunkilere takılıyordu. Fatma, en arkada oturur ve dost gözlerle bana bakardı. Öyle geniş bir hoşgörüsü vardı ki, diğer çocuklar bu doğal durumu abartıp gülerken, sanki hiçbir şey olmamış gibi ilgiyle beni dinler, durumu kızarmadan geçiştirmemi sağlardı. Babam, "ilk yıllarda öğretmenlerin başına gelecek en normal şey" olduğunu söylese de, ben her zor durumda Fatma'nın gözlerine sığınmayı adet edinmiştim. O bana sınıf hakimiyetini kurmamda yardım etti diyebilirim...Gülüyor musun?.. Haklısın. Belki de onun hiçbir şeyden haberi yoktu. Etrafına yönelttiği güven dolu bakışlar, bende bu izlenimi yarattı. Her neyse... Önemli olan çevrende dengeyi sağlayacak dost bakışların bulunması. Dilsiz, cümlesiz, harfsiz konuşabildiğin insanlar... Dur kızma... Sen o insanların en başında geliyorsun. Seni Fatma'ya benzettiğimi zannedip hayıflanma. Sen,*

yakınlığımızın ve bana neler kattığının bilincindesin. Sadece bunları bir de benden dinlemelisin diye düşünmüştüm. **Çünkü en derin aşklar bile itirafa muhtaçtır.** *Sözlerin desteklemediği bir sevgi ise her zaman yavan.* **Bu garip konuşma tarzını nereden edindiğimi söyleyeyim mi: Psikoloğumdan...** *Evet bana bir kitap verdi. "Beş Sevgi Dili"... Kitabı sana da gönderiyorum. Mutlaka Mustafa'yla ikiniz de okuyun. Seninle ara ara konuştuğumuz mevzular var. Mektubunda sevgi dilinin ne olduğunu da tesbit etmiş ol. Bakalım tahminlerim doğru mu? Bakalım can dostumu iyi tahlil edebilmiş miyim?*

Günlerin nasıl geçiyor güzel anne? Cinsiyetini öğrenir öğrenmez aradığın için teşekkürler. Şimdi onu zihnimde daha rahat canlandıracağım. Babam da isim sözlüklerini karıştırmaya başladı.

Bu günlerde onunla pek konuşamıyoruz. Ne garip! Hayatın boyunca aynı insanlarla yaşıyorsun ve belli dönemlerde belli yakınlıklar kuruluyor. Bana iki ay önce biri gelip: "annene mi yakınsın, babana mı?" dese, yüzüne garip garip bakar:"belli değil mi, tabi ki babama" derdim. Onunla olan ilişkimi biliyorsun. Küçüklüğümden beri her sıkıntımı ona anlatırım. Bunun kökeninde, küçükken geçirdiğim boğulma tehlikesi esnasında, annemin beni banyoda hoyratça yıkadığı sırada, babamın onu uyarmasının hatırlamamın yattığını düşünüyorum. Sudan her zaman korktum. Hala da yüzmeyi öğrenmeye yanaşmam bilirsin. Bende nefessiz kalmışım hissini uyandırıyor. Sanki kazadan annemi sorumlu tutuyorum, babam da benim kurtarıcım. O her zaman benim korkularımı anladı ve asla istemediğim bir şeye zorlamadı. Ömer Bey, terapi seanslarında, sıkça, o yaşların anne-çocuk ilişkisindeki önemini söylüyor. Ona küçüklüğümü pek anlatmadım gerçi. Babanın da dediği gibi, terapi usulleri değişmiş hayatım. Nedense psikoloğum, geçmişten çok bugünümle ilgili. Annemle aramdaki soğuklukta, bir de Ersin'in etkisi var galiba... O doğduğunda ben on yaşını geçmiştim. Hiç de kıskanacak bir yaş değil, değil mi?.. Ama ben gizli gizli onun beşiğine tırmandığımı ve biberonundan kimse görmeden süt çektiğimi hatırlıyorum. Neyse... Bu bahsi geçelim. İşte o dönemde babam sanki yeni doğan onun oğlu değilmiş gibi, benim bakımımı üstlendi. Okula o götürür, sabah kahvaltımı zorla yaptırır, akşamları derslerimle ilgilenirdi. Annem, Ersin'le benim aramızda ölü doğan kardeşimizin anısına mıdır bilmem, kendini Ersin'e öyle bir kaptırdı ki, kızının babasına olan bağlılığını fark edemedi herhalde. Bunu geri istediğinde ise artık çok geçti. Lisedeyken bir gün hatırlıyorum annem ağlamış ve: "benimle hiçbir şeyini paylaşmıyorsun kızım" demişti. Ergenliği atlatıp, daha dengeli yaşlara varınca, ona yakınlaşmaya başladım. Ama babamın

TANRININ UMUT OLDUĞUNU SÖYLEDİ BİR BÜYÜĞÜM 137

benim için "özel" yeri hiçbir zaman değişmedi. Garip olan, son birkaç aydır anneme karşı hafif bir pişmanlık duymam. Sanki, geçirdiğim genç kızlık yıllarımda, onun ilgisi ve paylaşımından uzak olmam, bende bir eksiklik doğurmuş gibi geliyor. Belki Salih'e aşık olmamda ve başıma gelen felakette bile bu ihmalin rolü var. Ne bileyim... Annemsiz geçen yıllarımı -ruhi arkadaş anlamındatekrar yaşamak kabil olsa, babama yönelttiğim sevginin yarısını adil bir biçimde ona verirdim. Onun da buna ihtiyacı var. Bu günlerde aramız iyi. Bana geçen gün ne dedi biliyor musun? "Zeynep bunu bana anlattığın için sağol". Hele ona söylediğim şeyi henüz babama açmadığımı öğrenince gözlerinde yanan minnet ışığı, neredeyse ağlamama sebep olacaktı. İşte bizim ailede olduğunu söylediğim değişiklik bu. Babam da durumdan memnun gözüküyor. Çünkü o da Ersin'le olan baba-oğul ilişkisini kuvvetlendirmeye çalışıyor. Ersin yeni yeni konuşmaya başladığında onun ilk kelimelerini babamın duymaması için ahtapot gibi doladığım kollarımı yavaş yavaş gevşettim. O güne ait tek tesellim, babamın ben uyurken onunla ilgilenmiş olduğunu düşünmem.

Çocukluk itiraflarımla, içini bulandırmadığımı umarım. Ama bana ayrılırken sıkı sıkı tembih ettiğin bir şeydi bu. "Çocukluğundan beri seninle tanışıyoruz Zeynep. Ama bana tam olarak hiç açılmadın" demiştin. İşte sıra bende birtanem.

Telefonda, "uzun uzun düşüncelerini de anlat ki seni yanımda farzedeyim" demiştin. Bu aralar Zen budizmini araştırıyorum. Biraz karışık bir şey ama ana fikri "ânı yaşamak". Becerebilirsem İslam mistisizmindeki "ibnu'l vakt" terimiyle kıyaslayacağım. Kaşlarını " I don't no" makamında yukarıya kaldırdığını görür gibiyim. Tamam güzelim, işte sözlüğün: "Vaktin çocuğu olmak" anlamına gelen arapça bir deyim ibnu'l vakt. Başına gelecek bir hadise karşısında önceden endişelenmemesi için, mürşidin, müridine verdiği derslerden, tavsiyelerden biri bu. "Başına gelince katlanmayı veya problemi çözmeyi düşün evladım" demek. Zen'deki ânı yaşamanın özünde ise "o saniyede ne ile meşgulsen yalnız ona odaklanmak" yatıyor.

Terapistim(bu tabire alışmam kolay olmadı. Annemin gözünde o hala "şey doktoru") buna örnek olarak, "mesela saçını tararken, yalnızca tarağın saçlardan ritimli geçişini düşünmek" gibi diyor. Ya da ne bileyim, yemek yaparken ya da salata doğrarken başka şeyleri zihinden atmak. Bana bu tip şeyleri bir hafta denememi tavsiye etti. Az kalsın, olan aklıma da gidiyordu. Meğer ne zor işmiş, düşünmeden bir şeyler yapmak. Sadece saçlarını tara, sadece saçlar... Zihnini boşalt... Bir dene bak! Vallahi benim aklıma, saçlarımın çok dökülmesinden sonbahar, ondan çağrışımla bahçedeki yaprakların dökülmesi ve erik ağacı, ondan mülhem de annenin yaptığı erik hoşafı geldi. Durdur durdurabilirsen... Tekrar saç taramanın ritmine döndüğümde, sizin ve bizim sülalenin güzel yemek yapan bütün kadınları zihnimde çoktan resmi geçit yapmıştı bile. Bu felsefi öğretinin bir de koanları varmış. İnternetten bilgi bulabilirsin ilgini çekiyorsa. Bu koanlar bilmece formatında küçük öyküler. Sanırım günümüz hikayeciliğinde "kısa kısa hikaye"denen türe tekabül ediyor. Mesela: Zen nedir? diye bir Zeniste sormuşlar. Elindeki torbayı yere bırakmış. Gerçekleşmesi nedir? denince eline torbasını alıp yoluna devam etmiş. Bu biraz Tolstoy'un İnsan ne ile Yaşar'ındaki düşünce tarzına benziyor değil mi? Gelince sana okuduğum hikayesi vardı ya: Üç Soru. "En önemli an, şu an, en önemli kişi, şu anı paylaştığın. En önemli iş de şu anda yaptığın iş."

Koanlardan birinin sorusu şöyle: doğmadan önce yüzün neye benziyordu? Sokrat'ın mayotik metodunu da andırıyor diyeceğim ama onunkiler bana da ha ustaca düşünülmüş gibi geliyor. Sonra onun amacı da çok farklı. Kişiye kesin biliyorum zannettiği bilgilerin mesnedsizliğini göstererek aklını çalıştırmasını sağlamak. Üstad kendisini at sineğine benzetirmiş biliyor musun?

Eminim bu satırları Mustafa da okuyacak ve "üf iyi ki felsefeye merak sarmamışım" diyecek. Sayısal zekaların hışmından her zaman korkmuşumdur. Onun için artık kalemi bırakıyorum.

İlk mektupta sana aile içi ilişkilerimizden yazdım. Haftaya da sana, küçük kurtarıcıma ilişkin kimseye açmadığım duygularımdan bahsedeceğim. Hayır küçük anne...Şimdi olmaz, günlerini sabırla örmeli ve böylece minik şekere sabırlı olmayı öğretmelisin. Hoşçakal. Tombul yanaklarından öperim. Mustafa'ya selamlar."

- Sizde müstesna bir gönül gözü var Zeynep Hanım.
- İltifat ediyorsunuz...
- Hayır gördüklerimi söylüyorum. Âmak-ı Hayal'deki Râci'ye benziyorsunuz. İç tecrübeleriyle gerçeğe ulaşmaya çalışan genç sâlik.
- Yapmayın ben felsefeciyim.
- Felsefeyle tasavvufu ayıran çizginin inceliği şaşırtacak derecededir. Siz köşenizde yer verdiğiniz hikayecik ve anekdotlarla, hayatı felsefeye bağlarken sanki bu çizgiyi ortadan kaldırıyorsunuz.
- Hayatımda, yani yazı hayatımda, bunun kadar hoş bir tesbit duymamıştım. Demek yazılarımı aynı zamanda tasavvufi buluyorsunuz?
- Tam olarak değil...

TANRININ UMUT OLDUĞUNU SÖYLEDİ BİR BÜYÜĞÜM

Mahmut Bey, yemek pişirir gibi el hareketleri yapmaya başladı:
- Bir tutam tecrübe, bir kaşık hayal, bir fiske umut ve asıl önemlisi, Kalbine vurdu:
- Azıcık gönül tozu... Yaptığınız karışım, tam manasıyla leziz...
- Beni şımartıyorsunuz. Aslında tasavvuf-felsefe benzerliği hakkındaki sözlerinize katılıyorum. Yalnız, birinde akıl gözlüğü, diğerinde inanç ön planda. Mutasavvıflar haddi aşarsa "naz makamı oluyor, felsefeciler dini hususlarda biraz hızlı at koşturunca, "zındık" diye damgalanıyor. Tek bozulduğum nokta bu...Sanırım tasavvufu koruyan bir şeyler var.

Mahmut Bey geniş bir gülümsemeyle cevap verdi:
- Tasavvufu koruyan şey, insanoğlunun yaratılma sebebi.
- Yani?..
- Aşk-ı İlâhî.
- ....
- Öyle gerçekler var ki, akıl orada susmak ve rakibi değil rehberi olan inanca yol vermek zorunda.
- Doğru ama, aklımızın ermediği şeylerden sorumlu değiliz öyle değil mi?

Mahmut Bey coşkulu bir tarzda:
- Birisi bağlayıcı, diğeri aşkın...Zevkin son noktasına kadar ulaşmak varken sorumluluk kimin umurunda, diye yanıtladı.

O sırada Ömer arkalarından yaklaşmış ve bankın yanına çömelmişti:
- Denge üstadım...Dünyada herşeyi ayakta tutan bu değil mi?

Mahmut Bey döndü:
- Ah...Ömer, gel.

Genç terapist yanlarına oturdu.
- Son söyledikleriniz heyecan vericiydi. Yalnız, bu dünyanın içinde, bu dünya şartlarıyla kayıtlı olduğumuzu unutmamalıyız. Tabiatta herşey orantılı işliyor. O yüzden akıl ve gönül de elele vermek zorunda değil mi?

Mahmut Bey esefle itiraf etti:
- Öyle...
- Biri çizgisinden saparsa diğeri tutup onu düzeltmeli. Dünyanın salt akılcılarla dolu olması korkunç olduğu gibi, yalnız öbür alemi özleyenlerle de bu boyut çok zorlaşıyor.

Zeynep'e gülümsedi:
- Hoş geldin Zeynep...
- Hoşbulduk. Buraya gelmemi istemiştiniz.

- Toplantı biraz uzayacaktı da ondan. Bir felsefeciyle bir mutasavvıfı buluşturayım dedim.
- İyi yaptın Ömer, Zeynep'le konuşmak bana büyük zevk verdi.
- O zevk bana ait...
Mahmut Bey kalktı:
- Ben artık kalkıyorum, ikindi namazını kılacağım. Size iyi sohbetler.
Yaşlı adam uzaklaşınca psikolog, danışanına döndü:
- Şimdi teşekkür edebilir miyim?
- Niye?
- Mutlu sona yaklaştık da ondan. Münir Bey'in yanından geliyorum. Medya desteği müthiş işe yaradı. Adamlar geri adım atmışlar. Emniyetteki arkadaş, o beş kişiyi araştırdı. Hepsi temiz...Göçmen çadırı söküldü. İşbirliği yapmış mafyayla. Gözleme yemeye gidenleri konuşturmaya çalışmış. Çadıra yerleştirdiği bir kamerayla da çekim yapmış ama pek bi şey çıkmazmış. Polisler öyle dedi... Programı izledin mi?
- Siz aramasanız kaçıracaktım? Halbuki kanal kanal geziyordum. Göletin ve kafeteryanın üstten görünüşüne bayıldım.
- Salı günü yoktun. O gün de birkaç gazeteci gelip Münir Bey'le görüştüler. Fuat röportajlara katıldı. Ben uzak kalmayı tercih ediyorum, medyatik bir yüzüm yok.
- Kendinizi küçümsemeyin. Sahi hastalarla konuşma kısmı da çok enteresan olmuş. Neydi, Şükran Hanım mıydı?.. Onun konuşması Ersin'le babamı kahkahadan kırdı geçirdi.
Ömer gülümsedi:
- Aslında buradan ayrıldı. Ayda bir geliyor. Fuat'a ısrar etmiş ekibi görünce. Kadıncağız son ayrıldığı eşine hala yanık. Kendini nasıl göstereceğini bilemiyor. Giyiminin abartısını fark ettin mi?
- Farkedilmeyecek gibi miydi ki? Yalnız doktorlardan bahsederken biraz çapkın bir dil kullanması, hakkınızda şüphe doğurabilir.
Ömer kahkahayla güldü:
- Onun karakteri televizyonda o kadar belirgindi ki... Yalnız kıskanç eşler için problem olmuştur.
Duraklayıp üzgün bir tonda ekledi:
- Bu arada bizim Fuat bir haftadır eşiyle küs.
- Yapmayın...Bu meseleden mi?
Ömer başını "evet" manasına salladı:

TANRININ UMUT OLDUĞUNU SÖYLEDİ BİR BÜYÜĞÜM 141

- Canan Hanım çok ciddiye almış. Fuat'ın hastalarını ismen tanır. Televizyonda görünce...
- Yazık... Neyse düzelir inşallah. Rüstem Usta'yla Mahinur Hanım da çok hoştular.
- Rüstem Usta'nın bıyıklarını burarak "Yürek Ülkesi için çalışmaktan gurur duyuyoruz" demesi, hepimizi müthiş duygulandırdı.
- Peki bütün bunlar, işlerin yoluna girmesini sağlayacak mı?
- Sen küçük bir adım dedin ama karşı tarafı bayağı korkuttu. Meseleye yılbaşına kadar halloldu gözüyle bakıyor yönetim.
- Sevindim.
- Zeynep! "Yürek Ülkesi" için yaptıkların...
- Ben bir şey yapmadım, sadece tanışıklıklarımı kullandım.
- Yine de sağol. Burası benim için çok önemli.

Zeynep bu duygusallıktan kaçmak için ayağa kalktı.
- Temmuz'u çok özledim. Ne yapıyor?
- Onu görmek ister misin? Ana binanın maskotu oldu. Gülsenem Hanım yalvarıyor ama onu vermek içimden gelmiyor.
- Hadi gidelim. Hem Fuat Bey'e soracaklarım vardı, unuttunuz mu?

Serap, Avrupa'da bir otelin balkonunda, kalabalık bir arkadaş grubunun arasında otururken, oldukça neşeli günler geçirdiğini düşünüyordu. Aralarında yabancıların da bulunduğu topluluk, hayatı umursamayan bir tablo sergiliyordu.

Kadınlı erkekli grup, gitmek üzere hareketlendi. Sadece genç kızla yaşıt bir erkek yerinden kıpırdamadı. Serap diğerlerini geçirip onun yanına döndüğünde Uğur:
- Sonunda başbaşa kalabildik, dedi.
- Halinden gayet memnun görünüyordun.
- Seninle yalnız kalmaktan daha güzel değildi.

Kızın elini tutmaya çalıştı. Serap elini kaçırdı:
- Rica ederim Uğur. Nişanlı olduğumu biliyorsun.
- Biliyorum ve bu beni çok kızdırıyor. Sen benim olmalısın.

Serap dalgın dalgın gülümsedi:
- Ömer'in bu sözleri senin kadar ateşli söylemesi için neler vermezdim.
- Bak, sen de onun sana göre olmadığını biliyorsun.
- Saçmalama. Okulun ilk senesinden beri seni reddediyorum. Hala peşimdesin.

- Redddedilmek aşkı kamçılar güzelim... O ukala nişanlından bıkmanı bekliyorum.
- Avucunu yalarsın.
- Kızgın halin, benim daha da hoşuma gidiyor.
- Biraz önce Perihan'a da aynı şeyleri mi söylüyordun?
- Benim kıskanç meleğim. Hayır onun kulağına eğilmiş, yanındaki bankere çok yamulmamasını, çünkü evli olduğunu söylüyordum.
- Nereden biliyorsun?
- Adam, Fransa'nın en meşhur bankerlerinden. Geçen yıl da bizim Türk kafilesiyle birlikte birkaç gece geçirmişti.
- Perihan akıllı kızdır. Kendini tehlikeye atmaz.
- O, akıllı, sen de bencil bir varlıksın.
Serap tek kaşını kaldırdı:
- Bunu nereden anladın?
- Benimle ilgilenmiyorsun ama başkasının kulağına bir şeyler fısıldarken gözlerinle beni uyarıyorsun. Tıpkı oyuncağıyla oynamadığı halde, onu başka çocuklardan kıskanan bir bebeğe benziyorsun. Her şey senin olsun istiyorsun. Duygusal doktorun, müzmin aşığın...Hatta belki de, zengin bankeri etki alanına alamadığın için Perihan'a bile kızgınsın.
- Ruhumu ne de güzel okudunuz Uğur Bey. Ömer bile bu kadar başarılı değil.
Uğur daha da yaklaştı:
- İzin versen seninle ilgili daha pek çok şeyi yakın incelemeye alırdım.
Serap onu uzaklaştırdı:
- Hayır Uğur, ben nişanlıyım. Ve Ömer'i çok seviyorum.

Münir Bey övgüyle:
- Çok mütevazisiniz Zeynep Hanım ama biz size bütün merkez olarak müteşekkiriz, dedi.
- Kesinlikle Yürek Ülkesi'nin gücü.
- Aldığımız talep telefonlarını bir bilseniz. Henüz gazetelerde bile reklamı çıkmadan, bu çok büyük bir başarı.
- Burayı kurup geliştirmekle, o başarı size ait.
- Eh neyse. Artık yıl başına kadar rahatız. Bakanlıktaki dostum bunu resmen söyledi dün akşam.
Fuat lafa karıştı:
- Ömer'de artık rahat uyur herhalde.
- Son iki haftadır hepimiz çok çalıştık aslında. Güzel bir tatili hakettik.

- Öhö öhö. En iyi danışmanlarımı bir anda tatile gönderemem. Teker teker izin isteyin.

Selçuk Bey çekyata uzanmış rahat bir tavırla etrafı süzüyordu.
- Burası gerçekten harika bir yermiş kızım. Geçen hafta iki kanalda burayı tanıttılar, seyrettin mi?
- Evet.
Nermin Hanım endişeyle:
- Buraları da çektiler mi? Sen onları gördün mü? diye sordu.
Beyza sertçe:
- Hayır anne, rezil olmadık korkma, dedi.
- Beyza...
- Nermin lütfen, kızın üstüne varma. Bu bölümü fazla göstermediler, gördün ya. Daha çok tabi güzellikleri, tedavi usullerini, musikiyi, psikologları öne çıkardılar. Birkaç hastayla da görüşmüşler ama fazla detaya inmeden. Müteşebbis ruhu uyandırmak için yayınlanan bir programda, topu topu on dakika ayırdılar.
Beyza ilgisizce ayağa kalktı:
- Yeni çamaşır getirdin mi anne?
- Evet ama hemşirelerden biri burada çamaşır yıkandığını söyledi.
Genç kadın hırçınlaştı:
Ben evden istiyorum...
- Tamam kızım bir şey demedim.
Selçuk Bey araya girdi:
- Psikoloğundan memnun musun Beyza?
- Fena değil...
- Münir Bey bana burada her şeyin senin arzuna göre olacağını söyledi. Anlaşamıyorsan değişebilirmiş.
Genç kadının yüzünde belli belirsiz bir telaş ifadesi belirdi. Sadece bir an.
- Gereği yok.
- Tamam biz gidelim artık.
Beyza, annesiyle babası çıkınca, dolaptan Ömer'in verdiği kitabı aldı. Yatağa uzanıp okumaya başladı.

17.

Derginin terasına serpiştirilmiş dört beş masada, çalışanlar, öğle tatilini sohbet ederek geçiriyorlardı. İlhan, çaycının yeni çırağı Ali'yle konuşurken onun paragöz biri olduğunu düşünüyordu.

- Evet ama dünyada her şey para demek değil ki...
- Ayakta uyuyorsun oğlum. Dünya almış başını gidiyor.
- Bence hedefe yavaş yavaş varmak en güzeli. Piyangoymuş lotoymuş bunlar ruh sağlını da bozuyor.
- Sen de dedem gibi konuşuyorsun...Birden zengin olmanın neresi kötü?
- İnsan her şeyi sindire sindire yaşamalı. Aniden para kazananlar, ne oldum delisi oluyor.
- Bütün gün başını gömüp o kalın ciltli kitapları okuyorsun ya, senin beynin sulanmış. O kitapların içinde,"elli derste milyarderlik" ya da "kısa yoldan zengin olmanın yolları" diye başlayanları hiç görmedin mi?

Tamer merdivenin son basamağında durup terasa gözattı, sonra şakacıktan kızgın, herkesin duyabileceği bir sesle:
- Alaattin yahu, bu derginin çalışanlarına ne oluyor? Dolar zengini gibi boyuna dışarıdan hamburger, döner ısmarlıyorlar. Suyu mu çıkmış senin mis gibi kaşarlı tostunun? dedi.

Alaattin Usta:
- Ali oğlum, Tamer Bey'e yap iki tost, diye bağırdı.

Ali yerinden fırlayıp tost makinesinin başına geçti. Tamer terastakilere hitaben:
- Arkadaşlar görüyorum ki aylıklarınız dışarıdan yemenize yetiyor. Teşekkür ederim. Önümüzdeki bir yıl maaşlarınıza zam yok, dedi.

Dergi çalışanları homurdandılar. Birkaç kişi ciddiye alıp kalktı, tost söylemek için sıraya girdi. Tamer İlhan'ın yanına oturdu.
- Nasıl gidiyor İlhan? Üniversiteden n'aber. Tercihlerini yaptın mı?
- O sıkıntı da bitti. Zeynep hocam bayağı yardımcı oldu. Kardeşi de bu sene girdiği için yakından ilgili.
- Aman istemediğini yazmamaya dikkat etseydin.
- Yok. Zaten bütün hocalarımızın söylediği tek bir şey vardı: Girdiğinizde okumaktan pişmanlık duymayacağınız bölümleri yazın.
- Çok tantana koptu. Sen nasıl buldun sistemi?
- Bence avantajları da var, dezavantajları da. Puanları bilmek güzel ama şu yüzdelikler kafamızı karıştırdı.
- Hayırlısı olsun.

Arkasına baktı:
- Hadi Ali, öldüm açlıktan...
- Getiriyorum Tamer Bey.

İlhan'a:

- Sen yemek yedin mi ?diye sordu.
- Evet.
- Öyleyse birşeyler iç. Bu sıcakta çay çekilmez. Vişne suyuna ne dersin?
- İçmezsem kızacaksınız.
- Hah, öğrenmişsin...Ali! Bize iki de vişne suyu getiriver.

İmalı bir ses cevap verdi:
- Tamam patron...

Zeynep, odaya girerken midesinin uzun zamandır bu kadar şiddetli ağrımadığını düşündü.

Ömer masaya eğilmiş, önündeki takvimde bazı tarihleri yuvarlak içine alıyordu. Zeynep girince yanlış bir iş yapıyormuş da suçüstü yakalanmış bir çocuk gibi irkildi:
- Buyursunlar sevgili hastam...
- Rahatsız etmiyorum ya.
- Takvimimize bakıyordum, oniki seansı geride bırakmışız. Önümüzde altı görüşme var.
- Bakıyorum benden çabuk bıktınız. Terapi programının bitmesini iple çekiyorsunuz.
- Tam tersine...Seni buraya daha fazla bağlamak için çareler arıyorum. İş teklifi mi yapsam, ne yapsam?
- Vallahi böyle seçkin bir kuruluşta çalışmak güzel olurdu. Ama Tamer abinin buna pek sıcak bakacağını sanmam. Editörlük teklifi iki yıldır gündemde.

Genç danışman arkasına yaslandı:
- Gerçekten mi? Tebrik ederim. Okulu bitirdikten sonra, dört beş yılda bu kadar başarı göstermek herkese nasip olmaz.
- Dalga mı geçiyorsunuz?
- Bu gün miden mi rahatsız? Çok alıngansın...
- Evet, gelirken sancıdı durdu.
- Öyleyse sohbeti bırakıp biraz terapimizle uğraşalım bugün. Fuat geçen sene gittiği yurtdışı sempozyumlarda övgüyle sözedilen bir gevşeme tekniğinden bahsediyordu. Önce derin derin nefes almaya başla bakalım... Sonra da biraz liseli yıllarından konuşalım.

Koltuğunda iyice rahat vaziyette oturmuş hayatının daha önce atladığı safhalarını genç terapiste ince ince anlatıyordu:

- Sonra liseyi bitirdim ve üniversiteyi kazandım. O yıl benim için çok özeldi.
- Niçin?
- Felsefe çok istediğim bir bölümdü ve dershaneye bile gitmeden kazanmıştım. Kendime olan güvenim artmış, etrafıma daha hoş görülü bakmaya başlamıştım.
- Veee, ona rastladın...

Zeynep duraksadı:

Neden bahsettiğinizi anlayamadım.
- Hayatının erkeğinden bahsediyorum.

Genç kız oturduğu koltukta dikleşti:
- Böyle biri olduğunu nereden çıkardınız?
- Herkesin bir üniversite aşkı vardır.

Sadece nabız ölçüyor. Zeynep karşı atağa geçti:
- Siz üniversitede mi tanıştınız nişanlınızla?

Ömer yüzünü buruşturdu:
- Şimdi sizin terapinizle meşgulüz küçük hanım...Psikoloğunuzun özel hayatına müdahale etmeyin lütfen.
- Pekala...Dediğim gibi birinci sınıftan sonra diğer yıllar da büyük bir hevesle geçti. Alanımı beğenmiş, seçimimden hiçbir zaman pişman olmamıştım. Bir yandan da çalışma imkanlarını araştırıyordum. Mezun olunca açıkta kalan yüzlerce öğrenci olduğunu biliyordum. O sırada Tamer abiyle tanıştık. Ben son sınıftaydım. O, fakülteye bir konferans vermeye gelmişti. Konferansın sonunda, öğrenci soruları kısmında, herkes kağıda yazıp gönderiyordu sorularını. Ben, parmak kaldırıp söz istedim...Hiç unutmam İlkçağ Felsefesi Hocamız Halit Bey -dersimize de girerdi- "Buyur kızım" dedi. Ben de Tamer abiye, sonrasında bütün salonun alkışladığı, orijinal bir soru sordum. Çıkışta Tamer abi yanıma geldi -Halit Hoca'dan kimliğimi sormuş- "küçük hanım"dedi, "dergimizi okuduğunuzu söylediniz. Doğrusu sıkı bir eleştirmensiniz. Mezun olunca bizimle çalışmak ister misiniz?" Bu benim için bir sürprizdi. Çünkü o günün en ünlü düşünce dergisinin sahibi ve başyazarı bana iş teklif ediyordu. Ona "ne yapabilirim" diye sordum. O da mezun olana kadar bu konuda proje üretmemi, diplomamı alır almaz kendisiyle görüşmemi söyledi. Veee, beni şaşkın ve mutlu bir yaratık olarak, ardında bıraktı, gitti. Birkaç ay düşündüm. Sonrasında şimdiki köşenin taslağını çıkardım. Ben dergideki herkesten

farklı yazmalıydım. Derginin ağır felsefi havasını yumuşatmalı ona renk ve nefes katmalıydım.
- Ama yazdıklarınız hafif de olmamalıydı.
- Aynen öyle doktor...Okurlar felsefe tarihi ve felsefeye dair anlaşılmaz konularda yorulduktan sonra, benim köşemde mola vermeli, "evet tıpkı böyle hissediyorum" diyerek hayatın felsefesiyle tanışmalıydılar.
- Ve ortaya edebi, psikolojik tahlillerle dolu, sanat yönü ağırlıklı harika bir dizi yazı çıktı.

Zeynep mütevâzi bir tavırla:
- Teveccühünüz efendim, dedi.
- Şimdi de gelelim hayatınızın erkeğine...

Artık beni şaşırtamazsınız doktor.

- Ben sizi demin bu konuda ikna edemedim galiba. Böyle biri yok ve olmayacak.
- Hadi geçmişi anladım da yarın için bu kesinlik niye?

Zeynep üzerindeki hayali tozları silkeledi:
- Erkekler üzerinde konuşulmaya değmeyecek varlıklar...Tabi babam, Ersin, Ahmet amca bu kapsamda değil.

Ya ben?

- Öhö öhö...
- Şeyy, sizin karşı cinsten bir psikolog olduğunuzu düşünürsem böyle rahat konuşamam. Şu an nötrsünüz gözümde.

Ömer anlayışlı:
- Öyleyse devam edebilirsin, dedi.

Zeynep safça:
- Ne söyleyeyim? diye sordu.
- Israrla kaçtığın konuyu deşmeyeceğim. Fakülteden sonra neler yaşadın?

Genç kız gerildi.
- Evet?....
- Şeyy, bir yıl boştum. Sonra Tamer abiye müracaat edip, kafamdakileri ona anlattım. "Hemen başla" dedi.

Ömer kasıtsız soracağı sorunun, sevgili danışanıyla arasını bozacağını tahmin etse, belki de bu konuyu hiç açmamayı tercih ederdi.
- Niçin hayalini kurduğun işe bir an önce atılmayıp bir yıl bekledin? Fakültenin yormadığını söylemiştin?

Yapma, o yılın hesabını sorma bana.

Cevap veren sesi donuktu:

- O seneden bahsetmek istemiyorum.
Ömer üzerine gitti:
- Bilmediğim bir şey kalırsa sana yardım edemem.
Genç kız ilk defa ayağını denize değdiren bir çocuk tedirginliğiyle cevap verdi:
- Duygusal bir fırtına yaşadım diyelim
Ömer, bu çocuğa yüzme öğretmeye kararlı ama dikkatli sordu:
- Baban, kardeşin ve Ahmet bey haricindeki erkeklerden nefret etmenin sebebi bu mu?
Zeynep midesini tutup ayağa kalktı:
- Lütfen bu bahsi kapayalım. Canımı sıkıyor.
Bir ayağını uzatsan, bak parmakların değdi bile.
- Zeynep şu an üzerine gitmezsek asla bu yaradan kurtulamazsın. Bana olanları anlat.
Genç kız, danışmanına arkasını döndü. Ellerini oğuşturuyordu. Bir türlü söze giremedi. *Hadi kızım kendine gel. Ne var sanki. Anlat ona.*
Ömer şu anda onu, psikolog gibi değil, çok değer verdiği dostunun problemini çözmeye çalışan biri olarak inceliyordu. Yardım etmek istedi:
- Ahmet Bey demişti ki, beş yıl evvel ....
Zeynep birden Ömer'e dönüp sözünü kesti:
Onunla bu konuyu konuştunuz mu?
- Sadece telefonda bana....
- Demek en güvendiğim aile dostumuzla Ömer Kılıç Bey arkamdan plan çeviriyorlar.
- Zeynep, yanlış anladın dinle...
Eliyle kesti:
- Hiç gerek yok.
Sehpanın üzerindeki çantasını hızla alıp kapıyı çarpıp çıktı.
Ömer ardından koştu, kapıya gelince durakladı. Dudaklarını ısırıp kapıyı yumrukladı. O kadar. Dönüp koltuğa çöker gibi oturdu. Ellerini başının arasına aldı.
Temmuz, yattığı yerden gelip genç adamın bacaklarına sürtündü ve acı acı miyavladı.

18.

- Hoşça kal... Seni hiç unutmayacağım...
- Gitmek zorunda mısın?

- Babam beni almaya geldi, bunu kabul etmeni rica etti.
Elindeki çerçeveyi verdi:
- O benim sırdaşım, resmimizden ona bahsettim...
Çocuk utangaç bir ifadeyle çerçeveyi aldı.
- Birgün büyüyünce mutlaka seni bulacağım...

Aysel Zeynep'in mektubunun ilk kısmını dikkatle bir daha okudu. *"İşte böyle Aysel...Ömrümün belki de en acı günüydü. Hayatımı kurtaran o çocuk hayalimden silinmesin diye resmimizi hep cüzdanımda saklıyorum. Adını hatırlamamam ne garip. Ama onunla dilsiz bir dialog yaşadığım söylenebilir. Hem ismini hatırlarsam belki büyü bozulur. Düşünsene adı Salihmiş bir de... Ne kötü tesadüfler yaşantımızı mahvediyor bazen. Hayatımın bu iki aktörü, beni o kadar etkiledi ki rüyalarımda bile onları peşpeşe görüyorum. Salih arkamdan pis pis sırıtıyor, isimsiz kurtarıcım bana ellerini uzatıyor. O eller o kadar güçlü ki, onlara uzanıp tutabilirsem, her yer biranda aydınlanıyor. Bazen de ellerim boşluğu kavrıyor ve kabus karanlığında bir sabaha uyanıyorum. Sen o günün bereketini tahmin et...*

Bunlarla canını sıktım değil mi? Mektubunda sevgi dilinin onay sözleri ve hizmet davranışları olduğunu yazmışsın...Onikiden vurdum...Tam tahmin ettiğim gibi...Bunu Mustafa'ya olan sevgini rahatça ifadenden ve onun seni nasıl şımarttığını anlatırken, sana karşı yaptığı hizmetleri göklere çıkarmandan anlamıştım. Ama nitelikli beraberliği yabana atıyorsun gibi geliyor bana. "Aylarca da görmesem onu yine de çok severim "diyorsun... Doğrusu ben de "ölümsüz aşk" lara inanırım ve felsefemde ölüm sonrasına uzanan sevgilere büyük yer vardır ama bir denizci karısı olmak da istemem...Düşünsene, altı ay o liman senin bu liman benim gezecek, sen bir hafta göreceksin yüzünü... Sevgilerin çoğunu zaman ve mekan birlikteliğinin azlığı bitirmiyor mu?

Bugünlerde nelerle meşgul zihnim? Zor bir soru. Bir köşe yazarıyla polemiğe girip girmemek arası güç bir seçim arefesindeyim. Geçen seneki bir yazımdan hareketle bir sürü şey zırvalamış. Adam ülkenin en güçlü gazetesinde. Hatırlıyor musun, bir ara yazı ahlakıyla ilgili bir tartışma çıkmıştı da seninle bunu konuşmuştuk. Bu zat-ı kebir de, takmış "kalemin bekâreti" benzetmeme. Nazire yazar gibi zehir zemberek döktürmüş geçen haftaki köşesinde. Yazımdan da bir paragraf almış. Anlatmak istediğim şeyi zaten açık açık yazmıştım. Sen tut, sembolik anlatımlarla süslü küçük bir bölümü, evir çevir rezil hale getir. Cevaplasan bir türlü cevaplamasan başka. O, haftada iki gün yazıyor. Ya-

ni ben haddini bildirene kadar sekiz gol yiyebilirim. *Yok on... Önümüzdeki ay takvimimiz beş hafta çünkü.* Beni en hırpalayan cümlesini yazayım sana: "Kısır bir namus kavramı var zaten milletin zihninde. Zeynep Hanım da bunu iyiden iyiye abartıp halkı bu fikre angaje olmaya davet ediyor."
Başka bir problem, Tamer Abi'yle ilgili. Editörlük teklif ediyor ve bunda gayet ısrarlı. Onu kabul ettiremezse dergide iki köşede yazmamı isteyeceğini söyledi geçenlerde. Ama ben öğretmenlik istiyorum biliyorsun. Bütün belgelerim hazır. Bu alımda olur mu bilmem ama İstanbul'da açık kadro çok. Ne zamansa olacak. Bütün günümü dergiye bağlayamam anlayacağın.
Mektubunda sürekli sevgiden sözedip beni de bu alana çekiyorsun, alacağın olsun...Boşuna sevinme, erkekler ve evlilik hakkındaki düşüncelerimi değiştirmedim meleğim...Hatta bunu katmerleyecek olaylar yaşıyorum. Bahsetmeye değmez...
Hadi güzelim, ben artık hafiften hafiften vedaya başlayayım. Seni, Mustafa'yı ve küçük dostumu sevgiyle kucaklarım. (Bebeği doğmadan nasıl kucaklayacaksam...) Hoşça kal."
Aysel, mektubu katlamadan önce, son satırlardaki ince manaları çözmek için boşuna kafa yordu.

Ömer, köşkün verandasında kahvesini yudumlarken Belkıs Hanım yanına oturdu. Genç adam, tabureye uzattığı ayaklarını indirdi.
- Rahatsız olma oğlum.
- Gel babaanne, güneş batımını kaçırdın.
- Tatilini yaşıtlarınla deniz kenarlarında geçirmek yerine, yetmişini çoktan geçmiş bir kadınla, güneş batımlarını izlemekten ne zevk alıyorsun bilmem...
Ömer, onun elini okşadı:
- Yaşınızı pek sık söylemezdiniz Belkıs Hanım, hayrola?
- Aman, sende...İmalarla lafımı ağzıma tıkarsın hep... Kaç gün izinlisin?
- Bu defa iki hafta aldım...Hazır Serap yokken seninle şöyle bir kaplıcalara kaçalım mı ha, ne dersin?
- Senin sıcak suyu sevmediğini bilirim. Sade benim romatizmalarım için, bu fedakarlığa lüzum yok...
Ömer bıkkın bir tavırla:
- Olsun, ben de İstanbul'dan uzaklaşmış olurdum, dedi.
Babaannesi şaşırmıştı:
- İstanbul'dan hiç ayrı kalamazdın sen...Canını sıkan bir şey mi var?
Belkıs Hanım'ın sorusunu cevaplayamadan zil çaldı.

- Dilruba Kalfa uyukluyordu, ben açayım.
Ömer fincanını bırakıp kapıyı açmaya gitti. Gelen hiç beklemediği biriydi.
- Merhaba sevgilim.
- Serap?!

Akşam yemeğinde Ömer suskundu. Serap'sa sürekli konuşuyordu:
- Uydu yayınından sizin merkezi görünce bir heyecanlandım...Nereden geldi reklam yapmak aklınıza allasen?
Ömer renksiz bir sesle:
- Öyle gerekti, diye cevapladı.
Belkıs hanım, torununa sertçe bakıp:
- Merkezin bazı problemleri vardı ya, karşı tarafın baskısı yüzünden böyle bir şey düşündüler, değil mi? diye sordu.
Niyeti, duyguları körelmiş iki gence konuşmayı öğretmekti. Genç adam ağzının içinde cevap verdi:
- Hımm..
Serap nişanlısına döndü:
- Fuat'ın yerine sen çıkmalıydın televizyona...Ne o öyle, donuk bir surat, ifadesiz gözler. Sen oranın fikir babası sayılırsın.
- Fuat gayet iyiydi...
Belkıs Hanım, doğal bir sesle sordu:
- Sahi bu işlerde, şu Zeynep dediğin arkadaşın mı önayak oldu?
Ömer, Zeynep'in adını duyunca, yeni yeryüzüne inmiş gibi bir tavır aldı, gözleri parladı. Serap Belkıs Hanım'ı süzdü. *Bir şey mi ima ediyor?* Gözlerini kısarak Ömer'i dinledi.
- Evet. Çalıştığı derginin sahibi bütün medya patronlarını tanıyor.
Nişanlısı ilgisiz görünerek:
- Zeynep kim? Yeni bir hasta mı? diye sordu.
- Sayılır, eski bir ahbabımın aile dostu...
Serap konuyu değiştirdi:
- Şükran Hanım'a ne oldu sahi?
- Taburcu olalı bir ay olacak neredeyse. O da çıktı televizyona birkaç saniye...
- Gördüm ve bizim gruba tanıttım. Gelirken onlar da yanıma bir sürü matrak hediye verdiler. Taraklar, aynalar filan...Hahaha...
- Sahi erken döndün, arkadaşların hala Paris'te mi?

Genç kız Ömer'in soğuk davranışlarını kırmak için masa üzerindeki parmaklarını tuttu:
- Bir kısmı... Birden İstanbul'u ve seni özlediğimi farkettim. Uçak biletini dün gece yarısı ayırttım. Eve uğramadan da doğru buraya geldim. Babam bu işe fena bozuldu. Eşyalarımı onunla gönderip, akşam yemeğine beklememelerini söyledim.
Ömer elini kibarca kurtarıp su içmek için bardağına uzandı:
- Ayıp etmişsin...
Serap bozuldu. Sertçe:
- Umurumda değil, dedi. Uçaktan iner inmez buraya gelmek istedim ve geldim.
Kırgın pozlarıyla ekledi:
- Sen de hiç aşık bir nişanlı gibi davranmıyorsun...
Ömer alttan aldı:
- Sadece "annen seni özlemiştir, biz yarın da görüşebilirdik" demek istedim...
Belkıs Hanım, az önceki el savaşını ve şimdiki sıkıcı dialoğu farketmiş, Ömer'e acıyan gözlerle bakmaktaydı. Konuyu ustaca değiştirdi:
- Serap, biraz Venedik'i anlatsana kızım...Filmlerdeki kadar güzel mi?
Genç kız manevrayı anlamıştı. Somurtkan bir ifadeyle cevapladı:
- Evet gondolla kanallarda gezmek bir harika.
Bir süre konuşma olmadı. Her biri kendi dünyasındaydı. Genç kız, mücadeleci kişiliğiyle yeni bir atağa geçmeye karar verdi. Diri bir sesle, aniden:
- Ömer, balayına Venedik'e gitsek, ne dersin? diye sordu.
Nişanlısı kekeledi:
- O-olabilir...

Gecenin geç vaktinde Ömer, Serap'ı evine bıraktı. *O, yol boyunca nelerden bahsetmişti?* İleriye, ortak hayatlarına yönelik çılgın hayallerini büyük bir tutkuyla anlatırken, Ömer'in ne kadar bunaldığını farketmemişti bile.
Evin önüne geldiklerinde araba yavaşça durdu. Serap neşeyle:
- Yarın ne yapıyoruz? diye sordu.
- Bir planım yok. Ne yapmak istersin?
- Adalara gidelim mi?
- Olabilir.
- Sabah seni ararım...Kahve içmeye yukarıya gelebilirsin.
- Sağol, uykum var.

TANRININ UMUT OLDUĞUNU SÖYLEDİ BİR BÜYÜĞÜM 153

- Tamam görüşürüz.
Kız eğilip nişanlısını öptü:
- İyi geceler...
- Sana da.
Dönerken arabasını sahilin karanlık bir noktasında durdurdu. Kız Kulesi'ni gören bir banka oturdu. Dalgın dalgın denizi seyrederken, iki gün önce Zeynep'le aralarında geçen dialoğun her kelimesini didikleyerek zihninden geçirdi. Konuşmanın sonuna doğru neler söylemişti o güzel kız?
- Böyle biri yok ve olmayacak...Erkekler üzerinde konuşmaya değmeyecek varlıklar...Bu konuyu konuşmak istemiyorum...Hiç gerek yok...
Başını ellerinin arasına alıp sıktı ve iki gündür içini bunaltan duygularla mırıldandı:
- Ben onu demek istemedim Zeynep...*Öff, danışanıma aşık oluyorum. Ben profesyonelim, buna engel olmalıyım. Ama nasıl???*

19.

Ali, İlhan'ın yatağına uzanmıştı. Radyoda Türk Sanat Musikisi çalındığını duyan İlhan kalkıp radyonun sesini açtı.
- Dinlediğin şarkıların bile içi geçmiş.
- Sanat müziği sevmez misin?
- Ben arabesk ve pop severim.
- Zevkler ve renkler tartışılmaz...
Ali duvardaki resmi gösterdi:
- Seninkiler mi?
İlhan başını sallamakla yetindi.
- Annen güzelmiş, kardeşin var mı?
- İki kızkardeşim var.
- Bizim gecekonduda da beş tane var onlardan...Sekiz nüfusuz. Babam bir an önce kısmetleri çıksa diye bekleyip duruyor.
- Geçim şartları zor.
Ali alay dolu bir ses tonuyla:
- Sen yırtmışa benziyorsun, dedi.
İlhan şaşırdı:
- Ne demek istiyorsun?
- Anlamamazlıktan gelme... Patron... Tamer Bey. Bakıyorum aranız gayet iyi...
- O, o çok iyi bir insan...

- Bir şey demedik oğlum, hemen savunma pozisyonuna geçme... Allah muhabbetinizi arttırsın, gözümüz yok...
İlhan'ın canı sıkılmıştı. Kalkıp masadaki kitapları karıştırdı. Ali bir süre onu seyrettikten sonra konuyu değiştirdi:
- Kızlar hakkında ne düşünüyorsun?
Genç çocuk safça:
- Hangi kızlar?
- Ooo, sen gerçekten Mars'ta yaşıyorsun. Bir de fakülte okuyacakmış... Doğrulup oturdu. Eliyle havaya kum saati çizdi.
- Kızlar oğlum, kızlar...Hani şu, biz erkeklerin hoşuna giden doksanaltmış-doksan varlıklar ha?!
İlhan kekeledi:
- Şeyy, birkaç arkadaşım var.
Bu defa şaşırma sırası Ali'deydi.
- Arkadaş mı?
- Ya ne olacaktı bu yaşta?
- Yaşımızın nesi var? Tam zamanı...Onyedi yaş onsekize hücum ediyor. İlhan sandalyeye oturdu. Gülerek:
- İyi ya, koca ve baba olmak için çok erken, dedi.
Ali tekrar uzandı, elini salladı:
- Evlenmekten sözeden kim...
- Seni pek anlayamıyorum Ali...Zor şartlarda yaşadığını söylüyorsun ama hiç de öyle bir yaşamdan gelmiş gibi konuşmuyorsun...
Öteki gevrek:
- Ne yani, gönül eğlendirmek, sade zengin morukların hakkı mı? diye sordu.
İlhan ders verir tonda cevapladı:
- Gönül eğlendirmek kimsenin hakkı değil ama benim, senin konumundakiler için haydi haydi lüks. Gezmeler, tozmalar...
- Hıh, zaten daha ilerisini düşünmen beklenemezdi. Fosil yaratık... "Hayat bana acımıyorsa ben de kimseye acımam". İşte benim tek felsefem bu.
Durakladı:
- Eminim hiç olmamıştır...
- Ne?
- Yani bir kızı hiç öpmemişsindir. Belki de yalnız bile kalmadın?
İlhan kızardı:
- Flört edeceğim kız, ileride eşim olmalı...

TANRININ UMUT OLDUĞUNU SÖYLEDİ BİR BÜYÜĞÜM

- Allahım ne sâfiyet... Sana inanamıyorum ya... Oğlum, yoksa başka bir problemin falan mı var ha? Anlarsın ya...
İlhan ayağa kalkıp, Ali'ye gitmesini ima edercesine acele acele konuştu:
- Bu bahsi kapatsak...Hem Alaattin Usta biraz önce sana seslenmedi mi? İşi tavsatırsan Tamer Bey bozulur.
Ali yerinden kalktı:
- Tamam tamam... Şu şımarık yazarlardan biri çay istiyordur, ya da Tamer **abi**, zile basmıştır.
İlhan'ın kolunu yakaladı:
- Bu kafayı değiştir oğlum, yoksa üzerine toprak serpip çiçek ekerler.
İlhan onun arkasından kapıyı örtüp yatağına uzandı. Hayalinde bir manzara canlandı.
Geçenleede, Tamer ondan evine gitmesini, unuttuğu bir paketi almasını istemişti. Kapıyı açan onbeş yaşlarındaki kızın, bal rengi saçları, yeşil gözleri vardı.
İlhan bir şeyler söylediğini hatırladı. Kız içeri kaybolup hemen döndü. Paketi uzattı. İlhan ona gözlerini ayırmadan bakarken geri geri gitmeye çalıştı, merdivende tökezledi. Kız bu duruma gülmedi, ona tatlı tatlı bakmaya devam etti.
-"Kızlar hakkında ne düşünüyorsun?"
İlhan, hayal aleminden geldiği belli olan bir sesle:
- Güzel hem de çok güzel gözleri var, diye mırıldandı

Zeynep, annesine kuruladığı bulaşıkları veriyordu.
- Anne inadı bırak da, bu maaşımla peşinatı verip, alalım şu makineyi.
- Kızım, eve harcamaktan kendine bir çöp alıp çeyiz koyamıyorsun kenara.
- Aman anne, ne çeyizi? Benim evim, burası...
Zeynep'in halası Semiha mutfağa girdi:
- Bana yıkatmadınız, yarın kalkıp gideceğim vallahi.
- Aaa abla, sen de hiç misafirlik bilmezsin...Oturup sohbet etsene kardeşinle.
- Sorma, zorla kolumdan tutup getirdi. Ben de geçen sefer söz verdim diye kıramadım.
- Ev kedisi oldun. Bir sürü akraban var. Her hafta çık git birine, açılırsın.
- Bilal öldükten sonra gönlüm çekmiyor ki.
Melek Hanım iç geçirdi:

- Zoor, zor ama artık alışman lazım. Kızım, o tavayı aşağıya koyma, hergün kızartma yapıyoruz. Şöyle el altında bir yere...
Zeynep'in elindeki tavayı alıp tezgahın kenarına dayadı. Hep birlikte içeri geçtiler. Ersin koltukta gazete okuyordu.
Melek Hanım:
- Şimdi bir kahve içeriz değil mi? dedi.
- Ben yaparım..
- Yok sen halanla lafla biraz, ben yapayım. Şöyle şekerlice...
Annesi mutfağa dönerken Zeynep halasının yanına oturdu.
- Annen terapiye gittiğini söylemişti. Hani, hiç gitmedin kaç gündür.
Genç kız yüzünü buruşturdu.
- Artık bıraktım. Zaten iki aylık bir şeydi... Yol da uzak. Ta Beykoz'la Kavak arasında. Midem de idare ediyor.
- Milli Eğitime başvuracağın doğru mu?
- Evet, belgelerim hazır. Bu alımda olmasa da İstanbul'da öğretmen açığı çok. En geç ikinci döneme olur.
- Seni hep babana benzetmişimdir. Öğretmenlik tam sana göre meslek...
- Şimdi de çalışıyorum ya halacığım.
- Evet ama ne bileyim? Yazarlık, bizim neslin meslek hanesinde pek tutulmaz. Doktor, öğretmen, mimar filan...eh, "yeğenin ne oldu" diyene illa böyle cevap vermek lazımmış gibi.
Zeynep bir süre önüne baktı, sonra farklı bir sesle:
- Hala, korkmuyor musun o koskoca evde tek başına? Bu sene Ferhan da gitti, diye sordu.
- Neden korkacak mışım?
- Sebebsiz... Annemler üç günlüğüne sana gelmişti eniştem ölünce, Ersin de bir arkadaşındaydı. Yatağımın altında bıçakla uyumuştum ben.
- Belki yıllar önce korkardım, yeni evliyken filan. Ama yaşlanınca hepsi geçiyor. Ne korku, ne haz, ne tutku...Horul horul uyuyorsun sabaha kadar. Güneş doğunca da kurulu saat gibi kalkıyorsun.
- Aaa en tatlısı sabah uykusu bence.
Ersin gazeteden başını kaldırdı:
- Hele annen başına dikilip "hadi kalk" deyince yorganı çekip beş dakikayı geçirme kısmı...
Zeynep kardeşinin sözlerine güldü. Beş günden sonra ilk defa bu kadar gülmüştü. *Beş koca gün...*

TANRININ UMUT OLDUĞUNU SÖYLEDİ BİR BÜYÜĞÜM

Ömer tatilden pek zevk alamıyordu. Günlerdir Zeynep'i ve onunla yaptıkları son konuşmayı düşünüyor, durumu nasıl düzelteceğini bilemiyordu. Serap'ın tam bu sırada dönüşü fena olmuştu. Onu her gün bir yerlere sürüklüyor, adeta damarlarında dolaşanın, kan yerine "gezme hormonu"ndan ibaret olduğunu genç adama ispatlıyordu.

Sıkıntıyla iç geçirip merkezi aramak için telefona uzandı. Fuat ona güzel havadisler verdi.

- Anlıyorum, başka ne dedi Beyza?
- Fazla bir şey söylemedi.
- Fuat, bir haftam kaldı...Çok üzerine gitmeden oraya alışmasına yardımcı olur musun?
- Tamam, bence seni arıyor...İtiraf etmedi ama kaç kere, "tatilinin uzayıp uzamayacağını" sordu...
- İnşallah dediğin gibidir.
- Serap gelmiş öyle mi?
- Evet, kaç gündür bacaklarım koptu, sürekli geziyoruz.
- Eee, kim dedi sana turizmci bir kızla nişanlan diye...
- Haklısın, mesleklerimiz hiç uyuşmuyor. *Aslına bakarsan hiçbir şeyimiz uyuşmuyor.*
- Hadi kapatıyorum Ömer...
- Beyza'ya selam söyle...
- Tamam, görüşürüz.

Ömer telefon defterini açıp Z harfinde parmağını gezdirdi. Aradığı ismin numarasını çevirdi.

- Alo, Genç Filozof Dergisi mi? Ben Zeynep Ardıç'ın bir arkadaşıyım. Ziyaret edecektim, açık adresinizi alabilir miyim?....... Evet...evet, tamam biliyorum. Köşede Mc Donald's var mıydı?...... Tamam teşekkürler... Size de iyi günler.

Zeynep, Tamer'in odasında oturmuş, onunla derginin çıkacak sayısının kapağını inceliyordu.

- Evet ama bu ayki kapak resmi biraz tuhaf...
- Yüzde yetmişinde Hint felsefesinden bahsedilen bir sayı için normal değil mi?
- Karikatür tarzı bir çizim. Derginin ciddiyetiyle tezat oluşturuyor. Neslihan'a da söyledim.
- Çok az zaman kaldı ve elimizde ilk defa başka seçenek yok. Ne yapsak?

- Her zaman çok anlamlı olacak diye yırtınmıyoruz. Aslında şu, bilgisayarın ekran koruyucuları gibi sembolik bir şey olabilir. Geometrik bir desen mesela...
Tamer biraz düşündü:
- Bunu Neslihan'a bir teklif edelim. Kız, "özgünlüğümü kaybettirdiniz sipariş çize çize" diyor zaten...
Sekreter kapıyı tıkırdatıp başını içeriye uzattı:
- Dışarıda Zeynep Hanım'ı görmek isteyen bir bey var...
Zeynep merakla:
- Kimmiş? diye sordu.
- Adını söylemedi, bir arkadaşıyım dedi.
- Allah Allah... Hemen dönerim Tamer abi...
Ömer, holde, başını öne doğru eğmiş oturuyordu. Zeynep, kapıdan çıkıp onu görünce bir süre durakladı. Sonra ani bir kararla yaklaştı. Soğukça:
- Merhaba Ömer Bey, dedi.
Ömer ayağa kalktı:
- Merhaba Zeynep, evden arayacaktım, sonra bu gün dergide olacağın aklıma geldi. Biraz konuşabilir miyiz?
- Bunu istediğimi pek sanmıyorum.
- Yoğun değilsen, dışarıda bir yerlerde oturup....
Başını öte tarafa çevirdi:
- İstemezsen hemen giderim...
- Ne istiyorsunuz doktor?
- Beni sonuna kadar dinlemeni.
Zeynep bir süre düşündü.
- Pekala, Tamer Bey'e çıkacağımı haber vereyim.

Ömer'in kullandığı arabada, hiç konuşmadan boğazın virajlı yollarında ilerlediler. Zeynep başını çevirmiş yan camdan dışarıyı seyrediyordu. Ömer, arada onu süzüyor ama söz açmıyordu. Bir çay bahçesinin önünde durdular.
Oturunca bir müddet birbirlerine bakamadılar. Aralarında esen soğuk rüzgarı ikisi de unutamamıştı. Sonunda Ömer söze başladı:
- Birşeyler içelim mi?
Zeynep donuk bir tavırla:
- Hayır teşekkürler, dedi.

- Yiyip içmesek de, bir şeyler söylemek zorundayız. Garsonların hakkımızda kötü düşünmesini istemezsin sanırım.
- Pekala, kola içeyim.
- Midene zararlı değil mi?

Genç kız imalı:
- Midemin asidini bazı laflar koladan fazla çoğaltıyor, dedi.

Ömer o tarafa yaklaşan garsona:
- İki kola rica ediyoruz, deyip adamın uzaklaşmasını bekledi.
- İlk karşılaşmamızda da bir pot kırmıştım, o zaman ilk adımı sen attın ve "Yürek Ülkesine" geldin. İkincisi, pot kırmanın ötesinde bir patavatsızlıktı...Bu sefer benim sana gelmem gerekir diye düşündüm. Aslında ilkinde de tekrar özür dilemek için telefonunu Ahmet Bey'den istemiştim...Ama sonra sana bu konuşmanın içeriğinden bahsetmeye çekindim, çünkü o dönem oldukça şüpheci ve alıngandın bana karşı.

Evet Zeynep, zannettiğin gibi ardından birşeyler çevrildiği yok. O gün Ahmet Bey, bana sadece senin duygusal bir darbe yediğini ve genç erkeklerden nefret ettiğini söyledi. Başka bir şey bilmiyorum inan...

Zeynep'in ifadesiz yüzü değişmemişti. Ömer:
- Sözlerimi evde çalışıp geldim ama eğer kaşlarını böyle çatmaya devam edersen lafımın kalan kısmını unutabilirim, dedi.
- Özür dilerim, doğal refleks.

Terapist uzanıp kaşlarının yakınlığını işaret etti:
- Ben daha önce onları hiç bu kadar samimi görmemiştim...Neredeyse kucak kucağalar.

Genç kız dayanamayıp gülümsedi:
- Hakkımda bilmediğiniz çok şey var...
- Ben o gün farklı bir şey kastetmeden "O" demiştim. Haziran ortalarından beri seni tahlille uğraşıyorum. Kimseler söylemeseydi de ben bulmacayı çözmüştüm. Sadece ona ne sıfat vereceğimi düşünürken, sen kapıyı çarptın gittin ve benim bütün iyi niyetimi, yüz seksen derece yanlış anladın.

Farklı bir sesle devam etti:
- Bak dostum, senin problemin ne biliyor musun? En ince manaları, ima edilmeden çıkarıp, diğerlerini o dakika reddetmek. Allah kahretsin... Keşke o anda bu kadar hassas davranmasaydım da, onun ne adi bir adam olduğunu haykırsaydım. Neye sebep olduğu için ondan nefret ediyorum biliyor musun? Seni üzmesini geç...Eğer istersen bunu tartışa-

cağız. Ben seninle, ne mesleki prestij puanı ne de para için ilgilenmiyorum. Seni incelediğim bir kobay da farzetmiyorum. İlk defa duygularını hiç saklamadan, düşüncelerini boyamadan, anladığı, hissettiği gibi konuşan birine rastladım. İlk defa "hasta" sıfatıyla karşıma oturan birini "dostum" hissettim. İşte o adamdan, seninle aramı bozduğu, samimiyetimizi hançerlediği için nefret ediyorum...

Lütfen... Geldiğimiz noktadan aşağıya düşmek istemiyorum. Bu bir tuzak, oyun, senin açılman için bir serenat değil...Dostluğunu geri istiyorum Zeynep...Buna ihtiyacım var...Bana güven, çünkü sana güveniyorum...

Zeynep düşünceliydi. Cevap vermedi.

Ömer bir süre bekledi.

- Eğer samimiyetime inanmıyorsan sus Zeynep...

Genç kız ılımlı:

- Sizinle gerçekten çok şey paylaştık doktor, dedi. Bu, bu benim için çok zor. Yani anlatmak... Nasıl hırpalandığımı, kadınlık gururumun ne derece ayaklar altına alındığını bir başkasına, hele genç bir erkeğe anlatmak...

- Bunları sonra konuşalım."Yürek Ülkesine"dönmeni istiyorum... Senin sohbetine, terapine ikimizin de ihtiyacı var.

- İkiniz?

- Ben ve Temmuz...

Zeynep bu defa sıcak bir gülümsemeyle cevap verdi.

Ömer'le Serap balkonda oturuyorlardı. Genç adam bu gece oldukça neşeliydi:

- Demek gondoldan düştün?

-"Ayağa kalkıp bir de manzarayı öyle seyredeyim" derken dengemi kaybettim.

Nişanlısının koluna girip başını onun omzuna yasladı:

- Sen yanımda olmayınca dengem bozuluyor.

Ömer şakacı bir tavırla:

- Bunu bana hastalarım da sık sık söyler, dedi.

- Bazen hastalarını kıskanıyorum. Onlarla çok ilgilisin...

- Seni ihmal ettiğimi söyleyemezsin, neredeyse on gündür birlikteyiz. İznim bitince daha az görüşeceğiz. Buna hazır olmalısın.

- Şimdi de aklın hep Merkez'de. Oraya büyük bir tutkuyla bağlısın.

- "Yürek Ülkesi"ne olan duygularımı eskiden beri biliyorsun, şikayetçi olman mantıksız.

Serap ayağa kalktı, trabzanlara tutunup karanlığı seyretti. Sonra umursamaz bir tavırla Ömer'i kıskandıracağını umduğu sözler söyleme sevdasına düştü:
- Paris'teyken Uğur da bize katıldı.
- Şu fakülte aşkı mı?
- Haksızlık etme, ona hiçbir zaman karşılık vermedim.
- Pardon, "platonik aşığın mı" diyecektim, şaşırdım.
- Bana olan duygularından bahsetti durdu.

Ömer gayet sakin:
- Kıskançlık krizlerine kapılıp, görünce onu tokatlamalı mıyım? diye sordu.

Serap öfkeyle:
- Hayır, sadece beni paylaşamayacağını söylesen yeter, dedi.
- Ateşli bir aşık olamayacağımı biliyorsun.

Belkıs, Serap'ın değişken tabiatlı olduğunu söylerken haklıydı. Şimdi de yalvarır gibiydi:
- Ara sıra beni sevdiğini de söyleyemez misin?

Ömer konuşurken gayet dikkatli olması gerektiğinin farkındaydı:
- Seni beğeniyorum...
- Bu ikisi arasında dağlardan daha büyük fark var.
- Sevgi yavaş yavaş kökleşen bir duygudur Serap.
- Duyguları bir psikologla tartışacak kadar bilgim yok tabi.
- Hissetmediğim duyguları dile getirip seni kandırmamı mı istiyorsun?

Genç kız gittikçe acılaşan bir sesle:
- Hayır Ömer, doğru sözlülüğün sende en beğendiğim özelliktir.

Bunları söyleyip içeri girdi. Ömer onun arkasından baktı bir süre, sonra bakışları karanlıklara daldı.

Babaannesine karşı kendini savunurken, nişanlısına romantizm aşılamaya çalıştığını söylemişti. Oysa kızcağızın her duygusal yaklaşımını reddediyordu işte. O an kendini iki yüzlü hissetti. Birden sağ elini havaya kaldıdı. Nişan halkasını yavaşça çıkardı. Parmaklarının arasına alıp inceledi.

20.

Ömer kucağına tırmanan kedi yavrusunu şefkatle okşadı.

Beyza tedirgin:
- Ona çok süt içirdim galiba, dedi.

- İyi ya, şişmanlamış. Birkaç gün daha sende kalsın. Benim odamda tamirat var.
- Tatiliniz nasıl geçti?
- Güzel...Fuat'la bir problem çıkmadı inşallah?
Beyza ellerini oğuşturdu:
- Burada herkes çok ilgili.
- Bu seni sıkıyor mu?
- Pek sayılmaz.
- *Neyse artık "farketmez" demiyor.* Aşağıya inelim mi? Hava çok bunaltıcı.
- O ilk dolaşmamızdaki gölete gidebilir miyiz?
Ömer, ilk defa ondan talep gelmesine sevinmişti. Davranışlarından genç kadının kendisine güvenmeye ve bağlanmaya başladığını anlamıştı. *Bu iyiye işaret.*
- Elbette...

Zeynep arabayı kullanırken arada bir, iç aynadan, arkadaki halasına gülümsüyordu:
- Yani hala, iki gün daha kalsan ölürsün.
- Yeter kızım, misafirin seyrek geleni tatlı olurmuş.
- Sen senede bir geliyorsun, onun için de bayram baklavası gibisin ha?..
Semiha Hanım güldü:
- Senin de çok sevdiğin bir yuvan olunca anlarsın. Hiç kimse kalmasa bile, yine de oradan çıkmak istemiyor insan.
Zeynep böyle bir birlikteliğin özlemini çekercesine sordu:
- Vefat ettiğinde Bilal eniştemle kaç yıllık evliydiniz?
- Tam otuz sekiz yıl bir yastığa baş koyduk.
- Bayağı uzun zaman... Hiç kavga eder miydiniz?
- Yemek tuzsuz yenir mi?
- O kadar mı zaruri?.. Benim kastım, şöyle dişe dokunur kavgalar. Bir tarafın başını alıp gittiği...
- Bence ayrılmayı "hiç düşünmemiş" bir çift yoktur yeryüzünde.
- Yapma, bu kadar vahim mi?
- İki farklı insan, bir ev, bir yaşantı...Alışmak uzun vakit istiyor. Sonra, tahammül güçleri farklı...
- İyi de sen enişteme hala aşıksın, bunu nasıl becerdiniz?
- Biz kavgalarımızın sonunda asla gurur yapıp, ilk adımı karşıdan beklemedik. Haklı veya haksız, sinirimiz geçip normalleşince, ben veya o, hemen özür dilerdik.

- Haklıyken özür dilemek zor değil mi?
- Eğer birini gerçekten seviyorsan, küsken için içini yer, barışmanın yollarını ararsın.
- Sanırım bu farklı bir boyut...Salih'le hiç böyle hissetmemiştim.

Halası şaşkınlıkla yeğenine baktı:
- Senin beş yıldır onun adını ağzına aldığını duymamıştım...

Zeynep mahcup ama içi rahat bir tavırla gülümsedi:
- Bazı şeyleri yeniyorum hala. Bunda gittiğim merkezin katkıları da oldu.
- Öyleyse oraya devam et Zeynep...Seni gerçekten iyi gördüm.
- Seni bırakınca Beykoz'a gideceğim...

Semiha Hanım, yeğenini yeni bir ilgiyle süzdü. *İyileşiyor. Bunu ona kim geri verdiyse sağolsun.*

Ömer elindeki gazozlarla, ürkek gözlerle etrafına bakınan Beyza'nın karşısına oturdu.
- Rahat ol Beyza, kimse seni izlemiyor... Rüstem Usta akşama hünkarbeğendi yapıyor. Parmaklarınızı yiyeceksiniz dedi.
- Merkezin yemekleri çok güzel.
- Rüstem Usta medâr-ı iftiharımız. Her yörenin mutfağını tanır ve uygular. Farkettin mi? Bir gün hamsi tava, bir gün içli köfte, başka bir öğün Kayseri mantısı. Bilmediği yok...
- Hımm, gerçekten. Demin gördüğümüz hanım kimdi?
- Mahinur Hanım... Hani yeğenini azarlıyordu yanlarından geçerken?
- Evet...O yeğeni miydi?
- Adı Kemal... Didişmeden duramazlar ama aslında birbirlerine çok düşkünler.

Beyza gazozundan büyük bir yudum aldı. Gözleri dalıyordu.
- Uykun mu var?
- Pek değil, bilmem neden, kendimi uyuşmuş hissediyorum. Halbuki gündüz uyumayı hiç sevmem.
- Tuhaf... Kliniğe uğrayıp kan tahlili yaptıralım bugün.
- Olabilir.
- Sana ilk tanıştığımızda, müzikten hoşlanır mısın demiştin...
- Sizi cevaplamamıştım. Evet hoşlanırım, hele merkezdeki dinlendirici müzikler...
- Odanda özel yöntemlerle döşenmiş hoperlör sistemi var. Senden önce kalan hanım pek sevmediği için iptal etmişti. Kadriye Hemşire'ye söylersen bahçedeki müziğin aynısı odanı doldurur.

Genç kız ilk kez gülümsedi:
- Tamam...

Zeynep, Selim'in yanından geçerken adamı ilgiyle süzdü. Otların üzerine sere serpe oturan Kemal'e yaklaşıp:
- Ne haber üstad? dedi.
- Aaa Zeynep abla, nerelerdeydin? Epeydir göremedim seni...
- Bir süre gelemedim. Zaten Ömer Bey de tatildeymiş. Onu gördün mü? Odasında bulamadım.
- Genç bir danışanı var, onunlaydı. Sonra da Mahmut amcayla merkezin ta öbür ucuna yürüyeceklerini söyledi. Yanında cep telefonunu kapatıyor.
Zeynep gülümsedi:
- Mahmut Bey'in yanındayken teknoloji dilsizleşiyor ha?
- Ne güzel benzetmeler yapıyorsun...Ömer abi senin felsefe öğretmeni olduğunu söylemişti. Felsefe zor mu?
- Sana notaların zor gelmesi kadar...
- Anladım...Sevince her şey kolay, öyle değil mi? Babam da biraz önce aynı şeyi söyledi.
Zeynep bu zeki ve duyarlı çocuğun yanına çömeldi.
- Onu gördüm. Babana çok benziyorsun...
- Evet, herkes öyle söylüyor.
- Fizyoterapi işine ne diyor?
- Benim yürümemi çok istiyor. Bunu beni sevdiğinden mi yoksa sakat bir çocuk istemediğinden mi düşünüyor, bilemiyorum...
- Babanın gözlerinin içi gülüyordu, seninle gurur duyuyor olmalı.
- ....
Kemal uzaktan, ağabeyi gibi sevdiği danışmanını gördü.
- Heey, Ömer abi...Bak burada kim var...
Genç adam gülümseyerek yaklaştı.
- Hoş geldin Zeynep...
- Hoşbulduk Ömer.
Ömer, onun kendine ilk defa adıyla hitabettiğinin ayrımına vardı. Heyecandan kısılan bir sesle, ne zamandır orada olduğunu sordu.
- Doktorumu köşe bucak heryerde aradım. Cebin de kapalı. Kemal'i görünce ona takıldım. Dönüşte geçersin diye burada bekledim...

TANRININ UMUT OLDUĞUNU SÖYLEDİ BİR BÜYÜĞÜM

Ömer, Kemal'e babasının gelip gelmediğini sordu. Sonra da Zeynep'e baktı. Genç kız ayağa kalktı:
- Bize müsaade edersin değil mi Kemal? Görüşürüz.
- Güle güle...
İkisi de nereye gideceklerini biliyorlardı.

Ömer'in odasında her zamanki gibi sohbet ediyorlardı. Ama bu kez süngüsüz, kalkansız, savunma ihtiyacı olmaksızın.
- İşte böyle doktor...
- Doktor?
- Sana lügatimde yer biçmekte zorlanıyorum. Uzun süredir erkekler benim için, ya "bey", ya "amca" ya da "ağabey"di. Salih'ten sonra kendi yaş gurubumla pek yakın ilişkim olmadı.
Heceledi:
- Ö-MER... Kendimi konuşmaya yeni başlamış çocuklar gibi hissediyorum.
- Demek duygusal dengeni zorlayan, midendeki küçük dostuna pasaport veren o alçaktı...
Zeynep tiksintiyle tekrarladı:
- Alçak, namussuz, iki yüzlü...
Gülümsedi.
- Allahım bunları söyleyen ben miyim? Aysel duysa şaşkınlıktan düşüp bayılır... Kendisi kadar rahat iletişim kurduğum biri olduğunu ve bu birinin, benim nefret ettiğim cinsin üyesi olduğunu bir bilse...
- Bak yine yardım alıyorsun ötelerdeki filozoftan...
- Yakalayamadım...
- Önümüzdeki ay konun, kadın-erkek ilişkileri değil miydi? Aramızdaki doğal dönüşümden esinlenebilirsin...Araya koyulan engeller, erkek-kadın arasındaki arkadaş tutumları, cinsiyet faktörünün dostluktaki etkileri filan. Sen süslersin artık...
- Aaa, hakikaten.
Ayağa kalkıp, hayali bir zâta reverans yaptı:
- Teşekkürler en büyük filozof...
Yerine oturunca yüzünü buruşturdu:
- Bir de şu Yılmazcan davasında gâibden yardım gelse çok sevineceğim.
- Sahi, neydi o geçen haftaki yazısındaki saldırgan üslup öyle? Oysa sen gayet kibarca dokundurmuşsun.

- Sorma. Sence hiç kaale almamalı mıydım Ömer?
- Hayır. Bu tipler cevap vermedikçe üstüne sıçrar.
- Verince de, sıçramakla kalmayıp iyice bulaşıyor ama.

Genç adam bir süre dostunun sıkıntılı yüzünü inceledi. *Bu kızla nasıl kavga edilir ki... İnsan yanındayken ayrı bir kişiliği olduğunu unutuyor. Uzmanı değil ama, içe nüfuz edip "gerçek ben"i ortaya çıkarmada ondan başarılısını görmedim. Sohbet ederken Adeta Ömer olmaktan çıkıyor Zeynep Ardıç'la bütünleşiyorum. "Tamam işte bu"dedirtiyor. Ona nasıl anlatmalı?*

- Biliyor musun Zeynep, senin üslubunda büyülü bir şeyler var. Bu yüzden çok da üzülme bence. Sonunda polemiğe girmediğini, sadece hakkını savunduğunu Yılmazcan da anlayacak.

- İnşallah. Problem ettiği satırları belki de onlarca kez gözden geçirdim inanır mısın. Başka nasıl anlatılabilirdi diye kafa patlattım.

Hafifçe başını egdi:

- Seni arayıp akıl danışmamak için kendimi zor tuttum.

Ömer gülümsedi:

- Gördüğün gibi pek işe yaramıyorum. Aynı tarzda duyup düşünürken yol göstermek zor. Ben de bir aydır adamı arayıp "yapmak istediğin ne, kızı rahat bırak"dememek için kendimi güç zaptettim. Sonunda geçen Cumaki yazısı bardağı taşırdı. Gazetedeki adresine dokunaklı birkaç cümle postaladım. Arkanda seni destekleyen kalabalık bir okuyucu kitlesinin olduğuna eminim. Tamer Bey ne diyor?

- O da bu ayki başyazısında bu işi irdelemek niyetinde. Ben karşı çıktım ama "damada dahi baba yumruğunu göstermezsen, kızı sahipsiz sanıp üzebilir" diyor.

- Al sana bir atasözü daha. Yılmazcan bu kış yeni bir rakip bulacak desene.

- Vallahi ne yapsam bilmiyorum. Üzerine kol kanat gerilmesi güzel de, "kendi halledemedi abisini çağırdı" diyecek, ona bozuluyorum. Öte yandan bu adamla ancak Tamer Abi başa çıkabilir gibi geliyor. Zaten cevap hakkımı kullanmamda ısrar etmişti. Bu yüzden bu atışmadan birazcık kendini sorumlu tutuyor.

O sırada kapı çalındı. Ardından Beyza başını içeri uzattı.

- Meşgul müsünüz Ömer Bey?
- Ah, gelin Beyza...

Kollarındaki kediyi Ömer'e uzattı.

- Emanetinizi teslime geldim...Yalnız bu sabahtan beri aksırıyor.

- Önemli değil, baktırırız...
Terapist boş elini ikisini tanıştırmak için kaldırdı.
- Beyza...Zeynep...Uzun referanslara gerek duymayacak kadar samimi olacağınıza eminim.
Gülümseyip ekledi:
- Burç haritanız öyle diyor.
Zeynep genç kadının elini sıktı:
- Hayatınızda böyle yıldız falı bakan psikolog gördünüz mü?
Beyza sıcacık bir tavırla başını iki yana salladı. Zeynep Ömer'e yaklaşıp Temmuz'u kucakladı:
- Bu şirin şey Temmuz mu? Ne kadar büyümüşsün böyle. Nerede o patileri ıslanmış titreyen küçük yavru, nerede sen....
Ömer esprili bir tarzda lafa karıştı:
- Eee, Ağustos'u bitiriyoruz, Temmuz da normal olarak serpildi.
Gülüştüler. Beyza:
- Bu ismi nasıl bulmuştunuz? Çok orijinal, dedi.
- İsim annesi Zeynep.
Zeynep kediyi yukarı kaldırıp gözlerine baktı:
- Sizce de Temmuz güneşi gibi yakıcı gözleri yok mu?
Genç adam yerine otururken:
- Yaptırdığın kan tahlilinin sonucunu aldın mı Beyza? diye sormayı ihmal etmedi.
Danışanı tedirgindi:
- Hayır, doktor başka tahliller de istedi. Bir hastalık mı arıyor acaba?
- Sanmam... Tedbir diyedir...
- İnşallah... Ben artık gideyim.
- Yarın üçte seninle göletin orada buluşalım. Mahmut Bey'i de görürüz hem...

Ali, Galip Bey'in çayını götürdüğünde odada kimse yoktu. Çayı bırakıp etrafına bakındı. Önce kapıyı kontrol etti. Sonra elindeki kirli mutfak beziyle kasanın üzerindeki anahtarı çevirdi, açamadı. Eğilip kasanın şifresini inceledi.
Masanın çekmeceleri aralıktı, onları kontrol etti. Bazı kağıtları inceledi. O sırada dışardan ayak sesleri ve konuşmalar gelince zıplayıp eski haline döndü. Çay tepsisini aldı. Galip Bey odaya girdiğinde en tabi haliyle:
- Galip ağam, işte çayını bıraktım, dedi.

- Sağolasın Ali.
- Yahu muhasebeciler böyle kapılarını açık bırakırlar mı? Kötü niyetli hiç mi adam yok burada?
- Derginin çalışanlarından başkası buraya giremez ve onların da hepsi temiz insanlar. Sonra şeytana uysalar da şeytan onlara fazla yardım edemez.

Eliyle şifreli kasayı gösterdi:
- Burada parayı çok tutmam. Aldığım gibi gereken kişilere dağıtırım.

Ali başını salladı:
- Eyvallah. Benden söylemesi...

Çıkarken merdivenlerde Tamer'e rastladı.
- Tamer Bey, çay getireyim mi?
- Yok Ali, sağol. İlhan'ı gördün mü?
- Odasındadır herhalde.
- Bana yollasana...Dur, neyse ben inip söyleyeyim. Kaç zaman oldu uğramadım.

Ali uzaklaşan Tamer'in arkasından kendi kendine söylendi:
- Herifteki şansa bak. Gir patronun kanadının altına...

Tamer, birkaç merdiveni çocukça bir neşeyle atlayıp İlhan'ın kapısını tıklattı.
- İlhan aç oğlum, ben Tamer.
- Buyurun, buyurun efendim.

Tamer, İlhan'ın ardından içeriye girdi.Bir süre memnun bakışlarla odayı süzdü.
- Burası ne güzel olmuş böyle. İlk halinden beri epey değiştirmişsin. Galip'e komşu olarak senden iyisi bulunamazdı.
- Sayenizde.
- Hala bu minnettarlık ağzından sıkılmadın mı?

İlhan sitemkâr:
- Siz de hiçbir teşekkürü kabul etmiyorsunuz, dedi.

Tamer'in gözü kütüphanedeki kitaplara takıldı.
- Bakabilir miyim?
- Tabi.

En alt rafa kadar kitapları inceledi. Sonra memnun bir ifadeyle ayağa kalkıp İlhan'a döndü:
- Bravo. Bu yaşta iyi bir kütüphaneye sahipsin doğrusu. Bu kitapların çoğu bende yok.
- Paramın büyük bir bölümünü onlara yatırıyorum.

- İyi ediyorsun.
- Oturmaz mısınız?
- Yok yok... Karşıya geçilecek. Bu gün iş yok demiştim ama Hüsnü Bey aradı, acil bazı şeyler gönderecekmiş. Gider misin?
- Elbette.

Tamer kapıya yöneldi:
- Bak bir de itiraz ediyordun. Dergide kalman ne kadar işe yaradı. Sana her zaman ihtiyaç duyabiliyorum.

Genç çocuk duygusal bir sesle:
- Bu bana gurur veriyor Tamer abi, dedi.

Duygusallığını sertliğiyle maskelemeyi her zaman beceremeyen adam, çıkarken elini İlhan'ın omzuna koydu.
- Hayatın sana daha neler getireceğini hayal et evlat ve büyük düşün...
- ....

21.

"Ne haber küçük hanım? Benim hantal hamileler gibi mektuplarını yanıtsız bırakacağımı düşünüyordun değil mi? Seni böyle şaşırtmak hoşuma gidiyor. Mustafa, mektuplarımızı tenis maçına benzetiyor. Bir sen, bir ben...Beraberlik, her maçta en sevdiğim sonuçtur.

Gevezeliği bırakayım da sadede geleyim. Bakıyorum sevgi konusunda yola gelmeye başlamışsın. Ruh tahlillerin ve evlilikle ilgili pozitife yakın düşüncelerin hoşuma gitti. Mustafa gönderdiğin kitabı elinden düşürmüyor... "Zeynep ne güzel hediye seçmiş"deyip, gezinip, okuyor... Bakış açını ne veya kim değiştirdi bilmem ama, bu etkene -aktöre- gönülden teşekkür ediyorum. Tabi, senden içli aşk mektupları beklemiyorum. Bu bir ütopya...Ama yine de şeytanın bacağını kırmış görünüyorsun...

Mektubunda bu ayki yazı başlığının, kadın-erkek ilişkileri olduğunu yazmışsın ve benden destek istiyorsun. Hemen bir tanem... Sen istersin de, ben seninle sürekli tartıştığım bir konuyu açmaz mıyım?

Bu konuda tam olarak ne düşünüyorum? Aslında düşünceyle fiilin zıt olduğu alanlardan biri de bu. İdeal fikirlere sahip olabiliyorsun ama iki insan evlilik ilişkisi içinde çok faklı inan. Sırıttığını görür gibiyim. Kapat o dudaklarını bakayım... Hayır Mustafa değişmedi, onu kasdetmiyorum. Belki şaşıracaksın ama evlendikten sonra bende değişiklikler oldu. Sen şimdi "Ne yani eski Aysel değil misin?" diye soracaksın. Tabi ki ana karakter çizgileri, yılların alışkanlıkları, belirginleşen huylar değişmiyor ama ben evlenmeden önce kendimde farketmediğim özellikler olduğunu görüp şaşırıyorum. Mesela, ailesine ne kadar düşkün bir kız olduğumu bilirsin. Mustafa'yı çok sevmeme rağmen, Almanya'daki ilk aylarım, ağlamaktan gözlerim balon gibi şiş olarak geçti. Sürekli bir baba evi ve yurt özlemi çektim. Bu konuda eşim yardım etmese ne yapardım bilmem? Ama şimdi daha farklı hissediyorum. Yakın zamanda sizleri ve ailemi görmemin etkisi de var tabi... Daha fazla "ev kadını" olmaya başladım sanki. Biri gelip, "hadi yine onsekiz yaşındaki evin tek prensesi Aysel ol" dese, buna şiddetle karşı çıkardım. Hayatıma bu kadar alıştım....

Sonra, sürekli destek bekleyen kararsız tabiatım...Evlendiğin zaman kimse senin adına birşeyler yapmıyor ve resmen o ailenin "kadını" oluyorsun. Birileri artık senin yerine karar veremez, o yüzden kararsızlık gibi bir lükse sahip değilsin. Biliyor musun, bir süre sonra bu hoşuna da gitmeye başlıyor. Galiba anne olmaya hazırlanırken ruhunun dengesinde de değişmeler oluyor.

Bir başka değişiklik, şımarıklık hususunda. Sen beni her zaman ağır, aklı başında bulmuşsundur ama sana bir şey itiraf edeyim: Ben evde tek olduğum için, nazlanmayı, bebek gibi pişpişlenmeyi pek severdim ve bunun asli huyum olduğuna inanırdım. Oysa burada, Mustafa'nın beni nazlamasına müsaade etmiyorum. Hele o yokken, bu güvenli yönüm daha bir ortaya çıkıyor. Sanki her şeyleri becerebilirmişim gibi geliyor. Bana ihtiyacı olan birinin varlığı, benim daha güçlenmeme sebep oluyor. Böylece ilişkimizde, ben de artık destek olan taraf olmanın gururunu yaşıyorum. Biliyor musun, artık hamamböceklerinden de korkmuyorum. Hatırlarsan onlarla karşılaşınca böcek bir yana ben bir yana kaçardım. Toz beziyle yakalayıp (tabi yine de midem bulanarak) atabiliyorum. Geçen gün birine selam bile verdim...

Sanırım evlilik içinde büyüyorum ve bu bana müthiş bir zevk veriyor. Tıpkı kol değnekleriyle yürümeye mahkum birinin, yavaş yavaş onları atıp yürümeye başlaması kadar heyecan verici. İlk adımı attığındaki duyguyu düşünebiliyor musun? Bu kişilik gelişimi yolculuğunda, yanıbaşında güvendiğin-sevdiğin adam... Daha iyisi can sağlığı. İşte böyle, ilk aklıma gelenler... Ne tesbitler yaptım ama değil mi? Senin gibi bir yazarın yanında, cümlelerim çok sönük kalıyor gerçi...

Şu Yımazcan mıdır nedir? Kendini ne zannediyor Allahaşkına? Son yazısını internetten okudum. Hemen bir e-mail gönderdim. Aynen şöyle yazdım:

"Zeynep Ardıç'ı yıllardır okuyan biri olarak, "kalemin namusuyla" ilgili satırlarından anladığım şeyin, sizin **tam kırk gündür** köşenizde anlattıklarınızla yakından uzaktan alakası olmadığını düşünüyorum. Ya ben ve benim gibi düşünenler saf, ya da ülkenin en tirajlı gazetesinde haftada iki gün yazıp, her hafta orijinal konu bulmak güç bir iş. Kalemin bozulmamışlığını, satılmamışlığını, iffetini anlatırken kullanılan "kalemin bekâreti" benzetmesinin neden bu kadar kaleminize dokunduğunu da anlayabilmiş değilim. Bu tabirin etse etse kadınları rahatsız etmesi gerekirdi. Tamer Özek, aldığı tebrik mektubu ve maillerinin yüzde doksanının kadın okuyuculardan geldiğini yazdı oysa.

Türkiye'ye Avrupa'dan bakan biriyim beyefendi. En seçkin düşünce dergilerimizden birine, topyekün açtığınız bu savaşın perde arkasında neler yatıyor tahmin etmek güç değil. Bir kadın okuyucu olarak size tavsiyem: kaleminizden eminseniz, artık bu lüzumsuz saldırılardan vazgeçin.."

Mustafa yolladığım maili görünce kızardı. Ne de olsa Anadolu çocuğu. Ama ben o şahsiyetsiz adama, bu mealde yüzlerce mesaj gittiğine eminim. "Milletimizin zihnini kısır bir namus kavramına angaje etmeye yeltenmek"le suçladığı Zeynep Ardıç ve abisinin arkasında dirençli bir kalabalık olduğunu pek yakında anlayacak. Sen üzme kendini.

Yeter derin filozof, sıkıldım. Sana artık kızımdan bahsedeceğim. Çünkü şu anda bana kendini hatırlatmak için türlü danslar yapıyor. Onun ultrasondaki hareketlerini izlerken içim bir tuhaf oluyor. Yaşamam gereken hislerle, yaşadığım hisler de beni bocalatıyor. Daha heyecansız, işbilir, pek duygularımı belli etmeyen bir anne olmayı planlıyordum. Ama hiç de hesaplarıma uymadı çarşıdan aldıklarım. Daha üç aya yakın vakit var ama ben kızımın çeyizini düzdüm bile. Mustafa da küçük yolcuya bir yığın oyuncak ayarladı. Henüz almadı, çünkü onun iki kardeşi bebekken ölmüş. Bu konularda çok hassas. Hatta fazla kaderci bile diyebiliriz.

Benim biricik dostum! Hasretle gözlerinden öper, bir an önce seni burada görmeyi dilerim. Mustafa kalemi çekiştiriyor. **"Merhaba Zeynep. Bu duygusal anne adayı ne yazdı bilmem ama biz kızımla seni şimdiden özledik, bekliyoruz. Hala gelmiyor musun?"**

Sen ona aldırma hayatım. Kızımıza nasıl peşinen ipotek koydu görüyor musun? Hoşça kal.

Ömer, yeni yeni konuşmayı başardığı danışanıyla kafeteryada çay içerken genç kadının yüzü mütebessimdi.

- Demek tam yedi kez evlenmiş.

Ömer dedikodu yapan yaşlı bir kadın edasıyla:

- Evet, şu aralar sonuncu eşiyle tekrar görüşüyormuş, dedi.Geçen gün, son kez buraya geldiğini söylerken oldukça mutluydu.
- Bir kadının yedi erkeğe gönül vermesi. Allah'ım, bu mümkün mü?
- Herkes sevgiyi senin kadar derinden yaşayıp hissetmiyor ki. Yüzeysel birliktelikler için, yedi az bir sayı bence.
- Bu olmadı, öteki ha?
- Eh böyle.

Beyza çayını yudumladı.
- Zeynep nasıl?
- İyi...

Ömer çekinerek devam etti:
- Seninle birlikte Vural'ın mezarına gitmek istiyor. Buna hazır mısın?
- Ne zaman isterseniz. Ben...

Yutkundu:
- Orayı daha önce gördüm.
- Zeynep, kadın-erkek ilişkilerine yeni bir boyut kazandırma çabasında. Senin hikayeni ona anlattım. Birkaç soru sormak istiyor.

Genç kadın başını yana çevirdi:
- Ne sorarsa hazırım...
- Kendini kullanılmış hissedeceksen vazgeçebiliriz. Ne Zeynep ne de ben, mesleklerini insanların mutsuzluklarından maddi- manevi pay çıkarma üzerine kuranlardan değiliz..
- Hayır, doktor...bunu ikinizin de düşünmediğini biliyorum.

Neşeli olmaya çalıştı:
- Hem "Genç Filozof'un"bir sayısını odama bırakmıştınız. "Ölümün Yüzü Yoktur" harika bir yazıydı.
- Problemin üstüne üstüne gitmen seni hırpalıyor bazen biliyorum, ama ondan ne kadar çok konuşursan bu güne daha kolay adapte olacaksın, bana güven...

Beyza gözleri parlayarak:
- Size güveniyorum, dedi.
- Hiç düşündüğün oluyor mu?
- Neyi?

Tutucu terapistler! Gözlerinizi ve kulaklarınızı kapatın. Ömer, danışanının gözlerinin içine bakarak tane tane konuştu:
- Ölümü...Yani tekrar denemek için seni dürten bir şeyler var mı demek istiyorum?

Beyza uzun süre çayına baktı, parmaklarıyla fincanı sıkıp gevşetti:
- Hayır, artık bunu kesinlikle yapmam.
- Eminsin?
Gözlerini ağır ağır terapiste kaldırdı:
- Eminim. Hem de her zamankinden çok. Zaten artık bunu düşünmemem için çok önemli bir de sebebim var.
Ömer şaşkınlığını gizlemedi:
- Benimle paylaşır mısın?
Beyza duraksadı, tebessümle:
- Hamileyim doktor...
-?!

Yemek pişen bölümde, Rüstem et doğruyor, Mahinur da fasulye ayıklıyordu:
- Ömer'i gördün mü?
- Şu kocası ölen genç kadınla, kafeteryaya geçti demincek...
- Ne üzüntü ya...Birbirini sevenlerin ayrılmasına hiç dayanamam.
Yan gözle Mahinur'a baktı:
- Öyle diyon da hala bana olumlu bir cevap vermedin...
- Dur hele, Kemal bir iyileşsin bakalım... Öksüzümün önüne kendi mutluluğumu geçiremem ki...
Sözü değiştirdi:
- Sahi şu Ömer'in hali ne olacak dersin?
Rüstem manevrayı anlayamamıştı. Safça:
- Ne varmış Ömer'in halinde? diye sordu.
- Nişanlısını diyorum canım... Çocukcağıza şöyle anlı şanlı bir düğün yapacaktık ya burada... Serap Hanım dönmüş ama Ömer'de "tık" yok...
- Bence, o kız bizim oğlana göre biraz züppe...
- Doğru, birbirlerine pek uymuyorlar...
- Ne olurdu, Ömer şöyle Zeynep gibi aklı başında, oturaklı, cana yakın bir kız alıverseydi...
- Hakikaten ben de ikisini pek yakıştırıyorum.
Kendi kendine konuşmaya başladı:
- Sahi bunu daha önce niye düşünemedim... Bak bu olabilir...
- Ne konuşuyon Mahinur. Hadi şu doğradığım etleri ateşe atıver.
Mahinur, dikmiş söylenirken, Rüstem "ah şu kadınlar" diye kafa sallayarak ocak başına geçti.

Kafeteryadaysa, Ömer hala şaşkınlığını üzerinden atamamıştı:
- Yani o uykulu haller, bitkinlik...
Beyza mahcup bir edayla:
- Evet... Hepsi ondanmış. Klinikteki doktor, iyi bir jinekoloğun adresini verdi. Ona gideceğim...
- Bu..bu harika bir şey.
- Bence de... Vural'dan bana kalan canlı bir hediye...
- Doktor için buradan ayrılmayı beklemene gerek yok. Zeynep'le çıktığımız gün seni biz götürürüz. Ne dersin?
Genç kadın tedirgin bir sesle:
- Olabilir... Yalnız korktuğum bir şey var, dedi.
-..........
- Ilk zamanlar, yani hastanede bayağı ilaç verdiler. O zaman çok yeniymiş, test yaptılarsa da anlaşılmamıştır. Sonra zehirlenme geçirdim, midem yıkandı... Bebek için?
- Bütün korkularını unut... O bebek sana Tanrı'nın ve Vural'ın bir armağanı. Böyle düşün ve doktor görene kadar da bir şeye aldırma.
- Ne zaman gideceğiz?
- Zeynep'i bu akşam ararım. Bu hafta sonu olabilir. Doktor Tahsin'den de o jinekoloğun adresini alıp aynı güne bir randevu ayarlarım. Ya annenler... Biliyor mu durumu?
- Hayır, henüz söylemedim. Doktora gidelim de...

22.

Planlar her zaman umulduğu gibi gitmez. Ömer'le Zeynep de bir sonraki hafta için görüşmek üzere ayrıldılar ama deprem onlar gibi düşünmüyordu.

Onyedi Ağustos, herkesin olduğu gibi Yürek Ülkesi'nin sakinlerinin de, hayatı birkez daha gözden geçirmeleri için verilmiş acı bir ders gibiydi. Bu tarih, unutulmayacaklar arasındaki yerini, can yakarak almıştı. *Unutmamak, bazen felaketlerin armağan ettiği bir nimettir.*

Merkez, afet sonrası acil durum uygulaması başlatmış ve boş odalar, depremzede ailelere tahsis edilmişti.

Birkaç hafta sonra Zeynep, Ömer ve Beyza, Kanlıca Mezarlığında'ydılar. Mezar taşında "Vural Aytekin/1974-1999" yazılı bir kabrin başında, Beyza, eğilmiş toprağı okşuyordu. Fısıldayan dudaklarından, dua mı ediyor, sevgilisiyle mi konuşuyor ayırdedilemiyordu. Ömer'le Zeynep, bu manzara karşısında birbirlerine bakıp gözlerini yere indirdiler.

Dönerlerken Ömer geride kalıp başka bir mezarın başında dikildi ve dua etti. Zeynep, o ayrılırken aynı kabrin başına yaklaşan yaşlı kadını görünce bir an irkildi. *Onu nereden hatırlıyorum?* Kadının kamburlaşmış sırtı, başörtüsünün kenarlarından fışkırmış beyaz saçları ve buruşuk yüzünü inceledi. Yok, böyle birini tanımadığına emindi. Yaklaşan Ömer'e kimin için dua ettiğini sordu. Ömer, çok sevdiği bir hastası olduğunu söyleyince üzerinde durmadı Yaşlı kadını da çabucak unuttu.

Mezarlığa yakın mesafedeki Mihrabat Korusu, İstanbul'un en güzel tepelerinden birindeydi. Hafta arasını tercih ettikleri için, o günlük, metropollükten megapollüğe terfi etmeye hazırlanan kentin, nereye kaçılırsa kaçılsın kurtulunamayan kesif kalabalığından uzaklaşmışlardı. Yaz tatilini şehir dışında geçirmeyen ailelerden biri, onlar gibi düşünmüş olmalıydı ki az ötelerine yaygılarını sermişlerdi. Tahta banklar da vardı ama en az altı ferdini sayabildikleri ailenin piknik anlayışı klasikten yanaydı herhalde.

Ömer kaçan toplarını almaya gelen çocuklara gülümsedi. Ailenin babası, kalınca bir ağaç dalına salıncak kurmakla meşguldü.

Az sonra etraf, buram buram et kokmaya başladı. Mangalın dumanı, yelpazelendiği için bir o yana bir bu yana savrula savrula yükseliyordu.

Üçü de konuşmaksızın çevrelerine bakınıyor ve biraz ötede durmuş, atılacak et parçalarını kollayan kediler gibi, harekete geçmekle geçmemek arasında tereddütle bekliyorlardı... Sonunda Zeynep boğuk bir sesle söze girdi:

- Size konuşmayı teklif ettim ama şu an kelimeler boğazıma tıkandı.

Beyza gözlerini kısarak denize baktı.

- "Ölmek uyanmaktır"...Yazınızda böyle diyordunuz değil mi?

- Bir olgunun felsefesini yapmak başka, yakın şahidi olarak yaşamak bambaşka...Anlatmak istemezsen bunu saygıyla karşılarım.

Ömer araya girdi:

- Bunu merkezden çıktığımızdan beri söylüyorsun. Sanırım Beyza paylaşmaktan yana...

Başını soru sorar tarzda Beyza'ya çevirdi. O hala denize bakıyordu. Dalgın bir tavırla anlatmaya başladı:

- Şu anda benim gözlerim Marmara'yı görüyor. Demin Vural'ın yattığı yerden baktım denize. Bazı kör noktalar haricinde harika bir manzarası var...Vural'ın buna bayıldığına eminim...Zaten hep deniz gören bir evimiz olsun isterdi...

Gözleri taşarak konuşmasını sürdürdü:

- Geçen gün dini bir kitapta okudum: İyi insanların kabrine cennet bahçeleri görüntülenirmiş.

Zeynep duygusallığı biraz olsun delmek için.

- Ona karşı olan hislerinden bahset bize, diyerek konuyu açtı. Şu anda yanında olsa yapmak istediklerinden...

Beyza gözlerini kuruladı:

- Herhalde bebeğe ait planlar yapardık. Odasını, eşyalarını, ileride okuyacağı okulu konuşurduk.
- Bunları tek başına da yapacaksın...Nedir seni Vural'a bağlayan şey bu hususta...

Genç kadın biraz düşündü:

- Bilmem... Birlikte çarşıya çıkmak, yuvamız için bir şeyler satın almak filan... O anda gözlerimin içine bakıp gülümsemesi...

Hayale kapılıp gülümsedi.

- Peki sence bu yalan mıydı? Yani buna benzer sahneleri gerçekten yaşadın, öyle değil mi?

Beyza Zeynep'e şaşkın şaşkın baktı.

- Evet, elbette.
- O zaman onları kimse senden çalamaz.

Ömer konuyu açmak için, anlamamış gibi:

- Yani? dedi.
- Hatıralar, kimsenin ipoteğine alamayacağı, bizden koparamayacağı yegâne varlığımız değil mi?..Eğer Beyza bunları gerçekten yaşadı ve yaşadığında da gerçek olduğunu hissettiyse, mesele yok. Başı sonu belirsiz olan "ân" içinde, aradığını bulmuş demektir.
- Yani sizce bunları düşünüp avunmalı mıyım?
- Hayır Beyza... Zeynep'in maksadı tam bu değil... Zeynep?
- İyi düşün Beyza. Sana Vural'ı bir daha görememek mi daha acı gelirdi, yoksa o gözlerdeki gülümsemenin yalan olması mı? Veya bunu hiç yaşayamamak mı?

Genç kadının kafasının karıştığı yüzünden belliydi:

- Yani kıyas mı yapayım? Hiç böyle bakmamıştım. Ne demek istediğinizi anlıyorum galiba... Evet, o gülümsemeyi hiç görmemiş olmak daha korkunç, şu an düşününce. Başka bir Vural mı? Hayır istemezdim...

- İşte yakalamak istediğim nokta bu... İngiliz düşünür, Alfred Lord Teneseen "Aşkı hiç bulamamaktansa bulup kaybetmek daha iyi" derken bunu kastediyordu herhalde. Aşk seninle ilgili, sen yaşadıkça yaşayacak bir duygu...Ne mutlu sana ki, karşılığı olan duygular yaşamışsın...Aşağılık adamın teki seni aldatıp gidebilirdi de...

Yutkundu. Ömer, kızın Salih'le ilgili bir sahneyi anımsadığını farkedip ona zaman tanımak için Beyza'ya diğer şıkkı hatırlattı:
- Veya Vural'ı hiç tanımayabilirdin...
- Böyle düşünürsek hakikaten çok şanslıyım.

Zeynep düzelmişti. Ömer'e bir teşekkür bakışından sonra devam etti:
- Başka bir şey soracağım. Onunla hiç tartışır, kavga eder miydiniz?
- Arasıra...Ama hemen barışır, daha kuvvetli çıkardık o kavgalardan... Niye sordunuz?
- William Shakespeare'in "Romeo ve Juliet"ini okudun mu?
- Orijinalini hayır. Lisedeyken tiyatrosunu izlemiştim.
- Onun dram-komedisini, "Tarlakuşuydu Juliet" adlı bir uyarlamada izlemiştim. Juliet ve Romeo, asıl eserdekinin aksine kavuşuyor ve evliliklerini sürdürüyorlar. Aradan onbeş, yirmi yıl geçiyor. Çocukları olmuş, büyümüş. Geçen yıllar öyle yıpratmış ki onları, çok dağınık bir odada, Juliet, saçı başı karışmış bir görüntü sergilerken, Romeo da paspal bir ihtiyar olmuş daha kırkında. Sürekli ağız dalaşı yapan, tipik bir çift. Juliet kaçırdığı kısmetlerden yakınıyor, Romeo sürekli laf kakıyor sevgili karısına... Onların, orijinal eserde, kısa repliklerden oluşan bir bülbül-tarlakuşu atışmaları vardır bilir misiniz?

Ömer lafa karıştı:
- Evet, Romeo'nun genç aşkından ayrılma sahnesi. Güneş doğarken o "sabah oldu, gitmeliyim" diyerek dışarıda ötenin, sabahın habercisi tarlakuşu olduğunu iddia ediyor. Juliet'se, daha doyamadığı sevgilisini kollarından kaçırmamak için, ötenin bülbül olduğunu söyleyip duruyor.

Zeynep gülümsedi:
- Bravo doktor. Hafızanızın önünde bir kere daha saygıyla eğilirim.

Beyza:
- Tarlakuşuyla bülbülün bu konudaki yerini merak ettim, dedi.
- Geliyorum, lafı gene edebî köşelere taktım galiba... Ne diyordum... Romeo ve Juliet onsekizli yaşlarda, aşklarının henüz çiçeği burnunda saatlerinde, ayrılmamak için çekişirken tarlakuşuydu-bülbüldü diye, bu bahsettiğim oyunda yirmi yıldır evliler ve bu onlara hiç yaramamış ina-

nın... Bu defa kör bir inat uğruna tartışıyorlar. Romeo sürekli: "Artık kabul et hayatım, o öten tarlakuşuydu" diyor. Juliet ise: "Hayır sevgilim, o bir bülbüldü" diye yineliyor...Ama "hayatım, sevgilim" filan derken sesleri öyle hınç dolu ki, seyirci o yirmi yılda neler yaşadıklarını kolayca tahmin edebiliyor...

Beyza düşünceli bir ifadeye büründü:

- Kısaca, Vural'la ben de yaşlanınca böyle olabilirdik...
- Zannetmiyorum, ama Romeo ve Juliet, tam bitmesi gereken yerde bitmiş bence...Sana acı gelebilir ama kabul edersen, bir şey daha söylemek istiyorum...

Genç kadın iltifatkâr:

- Çok güzel şeyler söylüyorsunuz, dedi.
- Sağol... Eğer istiyorsan "Vural'la daha neler yapabilirdik" diye düşün tamam ama, daha çok "berbat bir evliliğim olabilirdi Tanrım" diyerek de biraz huzur biç bence... Ya da "onunla hiç tanışmadan ölebilirdi"deyip şanslı say kendini. Her halükârda, biricik yoldaşın, senin için zirvedeyken ayrılmak zorunda kalmış olsun hayattan...Ne dersin çok mu katı bir fikir?
- Hayır, hayır, sadece yeni.

Ömer açıklama gereği duydu:

- Şu ana kadarki terapilerde, Beyza'ya hep ölümü kabullenmesi gerektiği telkin edilmiş, "Bu gerçek...Bundan böyle yaşayanların arasındasın, hayat devam ediyor"mesajları verilmiş...
- Öyleyse sözlerim biraz uçuk kaçabilir, Beyza. Çünkü bu kabullenmeden çok öte bir şey.
- Kadere rızayı zaten öğrendim iki aydır. Senin sözlerin içime su serpiyor. Kendimle ve O'nu aldığı için kızgın olduğum Allah'la barışmamı öneriyor.

Ömer:

- Isyan duygusunu her insan farklı bastırır. Zeynep'in bakış açısı senin kişiliğine olabildiğince uygun, dedi.

Zeynep ekledi:

- Belki çoğu insan -bunların arasında uzmanlar da olabilir- sana, "hayatına yeni biri girebilir" mesajını da vermiştir.

Beyza sertçe:

- Evet, ve çok moralimi bozdular, diye cevap verdi.
- Katılıyorum. Benim de olsa tüm tellerim atardı. "Ne yani, hayatım boyunca arayıp bulduğum insan tipi bu kadar bol mu? O zaman aramakla aptallık etmişim..."

Ömer ellerini çırparak:
- Kızlar, kızlar... Anne babalar ve aklı başında psikologlar, hayatın maddi gerçeklerinin biran önce yakalanması gerektiğini söylüyorlar, dedi.
Zeynep asi bir tavırla elini salladı:
- Boşver bunları...
Beyza başıyla onayladı:
- Bence de.
- Ama çoğu kişi, bir çocukla dul kalmış genç bir kadının, ölen eşini düşünerek yaşamasını normal kabul etmez.
Zeynep ona kızgın bir bakış fırlattı ve sesini yükseltti:
- Bana bak doktor...Başkalarının ne dedikleri mi önemli, insanın kendiyle barışık yaşaması mı?
Ömer ellerini iki yana açtı:
- Bana bağırma... Ne anne babayım, ne de aklı başında bir psikolog... Bu sözlere üçü de güldü.

Ali, derginin geniş bir odasında herkesle vedalaşıyordu. Birkaç kişinin elini sıktı, Tamer ve Galip'in elini öptü. İlhan pek hoşlanmadığı yaşıtının elini sıkarken:
- Daha iyi bir iş bulduğun için sevinçliyim ama burada daha mutlu olabilirdin, dedi.
- Bizim mutluluk anlayışlarımız biraz farklı...
- Neyse bundan sonraki hayatında başarılar dilerim.
- Ben de sana.
- Görüşecek miyiz?
- Sanmıyorum. Ben gerçekçi adamım. Seninle yollarımızın bir daha kesişeceğini zannetmem. Sana son tavsiyem, gözünü açman.
- Güle güle Ali...İnşallah mutlu olursun...
Ali herkesin duyabileceği yükseklikte bir sesle cevap verdi:
- Sen de inşallah zengin olursun..

Zeynep'le Fuat otururken, Ömer de kedinin mamasını tabağına boşaltıp kutuyu çöpe attı ve ağır hareketlerle masasına yöneldi. Genç kızın sesi endişeliydi:
- Sence inandı mı?
- Neye? Sana mı? Söylediklerine mi?
- İkisine de, ama en çok bana...

- Bence gayet iyiydin. Orada kim terapist bir an şaşırdım.
- Sen de gayet güzel rol yaptın. Sanki bizim aramızda kalmış gibi...
- Anlattıklarını ona ben söylesem etkili olmazdı. Sonuçta psikolojide mantık hakimdir. Halbuki bugün yaşadıklarımız tam bir duygu fırtınasıydı.
- Evet ama güya dergi için onun izlenimlerini dinleyecektik. Daha çok ben konuşmadım mı? Bu şüphe çekici...
- Romeo ve Juliet'ten öyle bir bahsedişin vardı ki, ben bile küçük planımızı unutup zevkle dinledim seni.
- Yani, tabii olabildik?
- Tabiiye çok yakındık.

Fuat söze karıştı:
- Sabah pek konuşamadık. Bu yöntemin Beyza'ya ne gibi bir faydası olacağını sanıyorsunuz?
- Zeynep'le Beyza, samimi bir ortamda hislerini birbirlerine aktardılar. Zeynep bunu güya dergideki yazısına malzeme teşkil etsin diye yaptı. Ama Beyza ilk defa -evet bu mühim- ilk defa Vural'dan ve evlilik içindeki ilişkilerinden bu kadar açık konuştu. Ailesiyle bile paylaşmadığı şeyleri, topu topu iki kez gördüğü bir yabancıya anlattı.
- Yani Beyza açılmaya başladı, bunun gerisi gelecek, öyle mi?
- Asım Hoca buna adı gibi emin. Plan onun...Hocayı ta Bükreş'te yakaladım. Internet sağolsun.
- Yalnız kafam bir noktaya takılıyor Zeynep.
- ???
- Böyle sen de pekiştirince Beyza iyice halinden memnun halde, rahibe hayatı yaşamayı tercih ederse...

Ömer cevapladı:
- Şu anda bir yıllık bir plan bu. Sonrasında ne düşünüp hissedeceğine Beyza kendi karar verecek. Biz onun, hamileliğini çelişki ve çatışmalara düşmeden tamamlaması için uğraşıyoruz.

Genç kız ekledi:
- Hem sonrasında da sükûneti için harika bir dönemeç bu bence. Onu severken ölmüş bir eş ve aşkının meyvası çocuğu...
- Ömer seni iyice kafaya almış gibi. Savunmada üzerine yok. Gerçi Yılmazcan'la Genç Filozof arasında geçen polemikte de, yazdığın savunma yazılarınla, hukukçulara taş çıkartacak kadar iyiydin. Bu arada o hususta da geçmiş olsun.

Pekkiii, ileriki yıllarda anlaşabileceği biri karşısına çıkar, Beyza da bu yeni insana karşı birşeyler hissettiği halde, sizin bu konuşmalarınızın etkisiyle kendini suçlu görürse ne olacak? Bunu düşündünüz mü?

Ömer Zeynep'e göz kırptı:

- Muhalefet partisi iş başında... Sevgili dostum, beşinci beş yıllık moral kalkınma planımızda bu da var. Bahsettiğim gibi bu terapide ben tarafsızı oynuyorum. Zeynep'le Beyza'yı buluşturup, iki hemcinsin konuşmalarını bir panel yöneticisi gibi idare ediyorum.

- Sonra, ben de bunları kendi fikrimmiş gibi değil, birkaç felsefe doktrinerinin ağzından söyletiyorum. Sonuç olarak ben bir yazarım ve dörtbeş yıl sonra, Beyza tekrar aşkla karşılaşırsa vicdan azabı çekmeyecek çünkü sözlerim en fazla birer dost fikri olarak kalacak...

Ömer imâlı:

- Bilmem ikna oldunuz mu Fuat Bey? dedi.

- Vallahi bu bana yine de allengirli geliyor. Zaten Asım Hoca'nın zihnindeki tilkilerin sayısının kırkla sınırlı olmadığına inancım kesin.

Genç kız kaldığı yerden devamla:

- Böylece Beyza etraftan sürekli "hayata dön" sözlerini işitmeyecek çünkü zaten bebeği onu hayata bağlayacak, dedi.

Danışmanı tamamladı:

- Ve devamlı Vural'ı düşünmeyecek çünkü onu alan gücün, bunu mutlaka bilerek ve zamanında yaptığına inanacak.

Fuat son derece ciddi bir tonda:

- Sonunda oldu, dedi.

Zeynep merakla:

- Ne oldu? diye sordu.

- Ömer, Mahmut Bey'le meşk ede ede ona benzedi. Baksana "öte alem, yaratıcı güç"deyip duruyor.

Zeynep'de ona katıldı:

- Eee, insanın "denge"sini bulması için ara sıra onu kaybetmesi lazım...

Genç terapist iki dostuna sükûnetle cevap verdi:

- Geçin dalganızı bakalım...

23.

Çaycı çırağının dergiden ayrılmasından bir gün sonra İlhan'ın odasındaki telefon çaldı. Arayan Ali'ydi.

- Bir daha görüşmeyecektik derken pek çabuk oldu değil mi?

- Hayrola...
- Ya, dergide önemli bir şeyimi unutmuşum. Bana getirebilir misin?
- Nedir?
- Galip Bey'in oda kapısının üstündeki raflarda bir kitabım vardı..
- Hani sen kitap okumazdın?
- Bu özel oğlum...Hem içinde yüz markım var.
- Tamam paraysa başka, senin için önemli, bilirim.
- Sağol, Pendik tren istasyonunda bekliyorum. Hemen gel...
- Tamam...

Klübeden çıkıp bir direği kendine siper etti. Bir süre sonra, İlhan elinde bir kitapla binadan çıktı. Ali'o uzaklaşınca etrafına bakarak dergiye yaklaştı. Hava kararmak üzereydi. Kilitli kapıyı önceden yaptırdığı anahtarla açtı. Ellerine eldiven takmıştı

Galip'in odasına indi. Bir telle o kapıyı da açması uzun sürmedi. İçeri girip el fenerini yakarak karanlık odayı inceledi. Kasaya gidip başını şifrenin bulunduğu kilite yaklaştırdı.

O sırada İlhan, günün son ışıklarının parladığı tren camından akan görüntüleri izliyordu.

Ali kasayı açınca terleyen alnını sildi. Paraları yanında getirdiği poşete doldurdu. El fenerini ağzından alıp kasayı kapattı. Odaya son kez gözatıp dışarı çıktı. Yandaki odaya geçti. Elindeki para tomarından büyük bir kısmını ayırdı, sonra vazgeçip birazını cebine indirdi. İlhan'ın yatağını kaldırdı.

İlhan, trenden kalabalıkla birlikte inmişti. Etrafına bakındı. Saatine ve tren istasyonundaki "Pendik" yazısına tekrar tekrar göz gezdirdi. Ali'nin buluşma yeri olarak burayı söylediğinden emindi.

O sırada hırsız, bir taksi çevirmişti. Heyecandan sık sık soluyordu. Taksi şoförü, şüpheli gözlerle, sıcakta eldiven takan bu garip genci aynadan süzdü.

Yol gözüne çok uzun gözüktü. İstasyona vardığında merdivenleri üçer üçer çıktı. Nefes nefese İlhan'ın yanına vardı:
- Kusura bakma İlhan, geciktim.
- Burada beklediğini sanıyordum.
- Öyle mi dedim. Hay Allah! Ben evden aradıydım.

TANRININ UMUT OLDUĞUNU SÖYLEDİ BİR BÜYÜĞÜM

- Neyse, al. Bak bakalım paran duruyor mu? Uyanık geçinirsin, öyle açık rafta para bırakılır mı?

Ali kitabı karıştırıp, kafa salladı:

- Burada...Asıl öyle dikkat çekmeyecek yerlere konur. Anam birkaç altınını pirinç kavanozuna gömer evde.
- İyi ya, benim dönmem lazım. Hadi hoşça kal.
- Sağolasın. Bu iyiliğini unutmayacağım.

İlhan "eyvallah" işareti yaptı. Ali onun arkasından hain bir ifadeyle sırıtıp:

- Güle güle temiz çocuk. Tamer abin seni kurtarsın da görelim, diye söylendi.

Ertesi sabah, Galip Bey, hızla merdivenleri çıktı. Heyecanlıydı. Tamer'in kapısını çalmadan içeri daldı.

- Tamer Bey felaket, soyulduk...
- ....
- Biri kasayı açıp paraları almış
- Ciddi misin?

İlhan gürültüye odasından çıktı.

- Ne oluyor Tamer abi?

Tamer eliyle "sus" işareti yapıp ardından gelmesini söyledi. Odada herhangi bir dağınıklık yoktu.

- Kapı kilitli değil miydi?
- Kilitli olmaz mı beyim. Kasanın şifresi de çok karışıktı. Her ay bakarım yazdığım yere de öyle hatırlarım.
- Demek ki hırsıza kilit olmuyor.

Yaşlı adamın sırtını okşadı:

- Üzme kendini.

İlhan kapının girişinde donup kalmıştı.

- Ben... ben de hiç bir ses duymadım.

Tamer ona döndü:

- Sahi İlhan, iyi düşün ... Dünden beri dikkatini çekecek bir şey oldu mu?
- Yok. Paralar ne zaman gelmiş?

Galip Bey üzgün:

- Dün akşam üzeri. Hani Ali ayrılırken dediydim ya. Gidip hemen aldım paraları.. Vah babam vah, çalışanlar şok olacak...

- Şu an kimseye bir şey söylemek yok. Milleti ayaklandırmayalım. Ben gerekli açıklamayı yaparım.

Dergi çalışanları, Tamer'in odasında toplanmıştı. Tamer, telefonda konuşuyordu:
- Tamam Zeynep... Yok, bugün gelmesen de olur. Henüz bir şey bilmiyoruz... Olur... Evet akşam evdeyim, oradan arayıver... Sana da.
Telefonu kapatınca odadakileri tek tek süzdü, İlhan'a dostça gülümsedi. Sonra ağır ağır:
- Arkadaşlar, dedi. Sizi genelde mutlu haberlerde burada toplardım ama bu sefer durum biraz değişik. Açık konuşacağım çünkü dedikodudan nefret ederim, bilirsiniz. Hele kendi iş yerimde buna hiç dayanamam... Dün akşam saat onyedi otuzla, bu sabah saat dokuz arasında burada bir hırsızlık olayı vuku bulmuştur.
Hayret mırıltıları yükseldi.
- Sakin olalım... Galip Bey'in odasına giren biri, tüm paramızı alıp yokolmuş ve hiçbir iz bırakmamıştır. Maaşlarınızın akibetini merak ettiğinizi biliyorum. Mağdur olmayacağınız şekilde size ödeme yapılacak. Prosedür gereği, ifadeleriniz alınacak. Bunu engelleyemem. Sonuç olarak bu adi bir vak'a. En geç iki gün içinde paranızı alacaksınız. Lütfen huzursuz olmayın. Profesyonel de olsa hırsızlar genellikle aptaldır. Bunu biliyorum, çünkü başkalarının emeğinin üzerine huzur bina edilemeyeceğini bilmezler. Bir yerlerde açık verirler ve yakalanırlar. Çok fazla uzatıp canınızı sıkmak istemiyorum. Hepiniz işinizin başına dönebilirsiniz.
Çalışanlar, aralarında fısıldaşarak odadan çıktılar. Tamer en arkadaki İlhan'a:
- İlhan... Sen biraz kalır mısın, dedi.
Genç çocuk, adamın karşısına oturdu.
- Huzursuz görünüyorsun.
- Gece dergide tek başımaydım.
- Kimsenin aklından böyle bir şey geçmediğine eminim.
- Benim hissetmem yeter.
- Ve sen ağır uyursun. Bunu da biliyorsun değil mi?
İlhan zoraki gülümsedi:
- Evet.
- Sonra saat beş buçuğa kadar ben dahil herkes buradaydı ve Galip çay içmek için sık sık terasa çıkar.

TANRININ UMUT OLDUĞUNU SÖYLEDİ BİR BÜYÜĞÜM 185

İlhan itiraz tonunda:
- İyi de. Kalabalık hırsızlık için hiç de uygun değildir.
- İstersen gel beraber odanı arayalım ha ne dersin? Sen ayıp olmasın diye eminim bir kısmını yatağının altında bırakmışsındır, ararken uğraşmayalım diye.
- Tamer abi...
Tamer şakacıktan kızgın:
- Hadi kaybol gözümün önünden, diye çıkıştı.
İlhan çıkınca Tamer kalemini düşünceli bir tavırla masaya vurmaya başladı.

- Bence boşuna üzülüyorsun.
- Yetimhanede sürekli suçlandım hocam. "Senin boyun uzun, sen yapmışsındır, sakarsın, sen kırmışsındır." Artık o kötü işi yapıp yapmadığımı değil, cezayı düşünürdüm.
Zeynep, elini dostça İlhan'ın omzuna koydu:
- Seni çok hırpalamışlar. En kötüsü haksızlığa karşı gelme direncini kırmayı başarmışlar. Bu ne baştan kabullenme böyle...Tamer abi, akşamüstü ifadelerin alınacağını söyledi. Sakin ol ve ne biliyorsan onu anlat. Lütfen bu karamsarlığı üzerinden atmaya çalış. Yoksa polisler hazır gönüllü varken iz sürüp suçlu aramazlar, bilesin.
İlhan oflayarak oturdu:
- Keşke o akşam çıkmasaydım. Belki o sırada...
- O akşam dışarda mıydın?
- Bir saat kadar dışardaydım. Bir arkadaşla buluştuk.
- Bunu da anlat mutlaka. Sen kendine güven yeter. Görevlilerin karşısına da o öz güvenle çık. Göreceksin işler kolaylaşacak. Hem ben de ifade vereceğim.
- Sizde mi? Ama siz haftanın iki günü buradasınız. O da birkaç saatlik.
- Olsun. Dergideki sineklerin şahitliği bile önemli.

Polisler, dergide uzun süre parmak izi aradılar. Bütün personelle tek tek konuştular. Sıra dergide arama yapmaya gelmişti. En son, bodrum katta olan arşiv, Galip Bey'in odası ve İlhan'ın odası arandı.
Polisler İlhan'ın korku ve şaşkınlıktan irileşen gözleri önünde, yatağın altından bir miktar para çıkardılar. Tamer'in eli onun omzunu kavrayacakken yanına düştü. Galip Bey'se bir paralara bir İlhan'a bakıyordu.

Aynı gün Ali karakolda alınan ifadesinde kendinden emin konuşmuştu:
- Evet efendim. Bir gün önce işten ayrılmıştım....Bilmiyorum, İlhan çok iyi bir arkadaştır. Saat sekiz buçukta bi beş dakika görüştük...Pendik tren istasyonunda....Ben gittiğimde oradaydı...Önce ve sonrasını bilemem tabi...

İlhan Tamer'in karşısında yüzü solgun oturuyordu.
- Paraların orada bulunması hiçbir şey ifade etmez. Çok az bir meblağ. Hırsızın, kaçarken suçu birinin üzerine atmak istediği belli.
- ....
- Sonra, kapı üzerinde herkesin parmak izi var, sadece seninkiler değil ki.
İlhan donuk, robot gibi:
- Evet ama en taze benimkilermiş, dedi.
- Evet aptal çocuk. Çünkü en yakın komşusu sensin. En çok senle ben uğrarız herhalde.
- Sekizle dokuz arasını açıklayabiliyorum, Ali sağolsun. Ama ya bütün geceyi?
Tamer kızgın:
- İlhan senin problemin ne? Parayı senin çaldığını zannetmemizi mi istiyorsun? dedi.
Gencin dudakları acıyla büzüldü:
- Hayır... En son istediğim şey bu. Hele size karşı...
- Bana karşı olmuş bir şey yok. Ben sana ve senin temizliğine inanıyorum, Sonra...
- Sonra?
Tamer gülümsedi:
- Hiçbir hırsız, paraların bir kısmını yatağının altına koyacak kadar salak olamaz. Hele bir gün önce bundan konuşmuşsak. Bak İlhan, ben olayın bir komplo olduğuna inanıyorum. Şikayetçi falan olunmayacak. Aylıkları bir şekilde ödedik. O paraların senin olduğunu söyledik mi oldu bitti... "Avans almıştı" deriz. Galip sıkı ağızlıdır. Başka kimse de görmedi zaten.
İlhan cevap vermedi. Başını avucunun içine alıp öylece düşündü.

24.

Zeynep odanın ortasında, ayakta bekliyordu. Son derece şık, vücuduna yaraşan bir döpiyes giymişti. Gür saçlarını dağınık bir topuzla toplamış, koluna fantazi bir çanta takmıştı. Fazla hoşlanmamakla birlikte, o akşam, teninin duru beyazlığını ortaya çıkaracak hafiflikte bir makyaj yapmıştı. Ömer odaya girince onu hayranlıkla süzdü:

- Babaannemin deyimiyle tam bir "saraylı hanımefendi" tipin var, biliyor musun?
- Yalandan kim ölmüş. Ne arasın felsefeciler sarayda. Çıkıyor muyuz?

Ömer saatine baktı.
- Ooo, saat yedi olmuş. Belkıs Hanım bizi bekliyordur.

Zeynep elini kalbine götürdü:
- Ondan o kadar derin bir saygıyla bahsediyorsun ki heyecanlanıyorum.
- Hiç burnu havada bir kadın değildir, üzülme.
- Beni davet etmesinden anladım bunu. Sonuç olarak terapi gören bir arkadaşınım.

Ömer gözlerini ona odakladı:
- Çok daha fazlası olduğunu babaannem de sezmiş olmalı.

Onun bu sözleri karşısında utanan Zeynep, bakışlarını ondan kaçırdı. Ömer masanın üzerinden bir dosya alıp girmesi için genç kıza kolunu uzattı.

Kapıyı açan Dilruba'nın arkasında dikilen Belkıs Hanım, Zeynep'i alıcı gözüyle süzdü:
- Buyurun, hoş geldiniz.
- Hoş bulduk efendim.
- İyi akşamlar... *Şu tanıştırma işinden, nedense oldum olalı sıkılmışımdır.* Babaanne, bahsettiğim dostum, Zeynep Ardıç. Özelliklerinin bir kısmını biliyorsun, bir kısmını da gecenin ilerleyen saatlerinde öğrenirsin... Zeynep, babaannem Belkıs Kılıç Hanımefendi.

Zeynep, Belkıs Hanım'ın elini öptü:
- Memnun oldum efendim.
- Ben de kızım. Buyurun, salona geçelim.

Salonda karşılıklı otururlarken, Zeynep, antika eşyalarla dolu bu salonu çoktan beğenmiş ve "tasvir edilecek mekanlar" listesine eklemişti. Belkıs Hanım:
- Ömer sizden sık sık bahseder, dedi. Bu yüzden, torunum için önemli biri olduğunuzu anladım ve sizinle tanışmayı arzuladım. Beni kırmayıp, yemek davetimi kabul ettiğiniz için teşekkür ederim.
- Asıl ben teşekkür ederim. Ömer bana da sizden çok söz etti. Hayatındaki izleriniz o kadar belirgin ki...Hem bu daveti reddetmek aklımın ucundan geçmezdi.
- Bir fikir mecmuasında yazıyormuşsunuz yanılmıyorsam.

- Evet. Ayda bir çıkan düşünce dergisi... Adı "Genç Filozof". Sahibi Tamer Bey, basın yayın dünyasının tanınmış simalarındandır.
- Torunum bir de muallimelik yönünüzden bahsetmişti.
- Öğretmenlik, baba mesleğim. Benimki sadece amatörceydi bu sene. Şubat ayında İstanbul'a tayin edilmem sözkonusu olabilir. Olmazsa yine dershane veya bir lisede sözleşmeli öğretmenlik istiyorum.
- Demek ki kanınıza işlemiş. Ardından koşturacak kadar önemle bahsediyorsunuz.
- Öğrencilerle aynı frekansı tutturunca gerçekten güzel. Sevgiye doyuran bir meslek. Yani manevi açıdan tatmini çok.

Belkıs Hanım ilgiyle onu süzdü:
- Demek maddi tatmin sizce pek mühim değil.

Zeynep kibar bir tavırla:
- Ne "parasız hayatın sürdürebileceği" gibi uç bir düşünceye sahibim, ne de onun peşinden koşulması taraftarıyım, dedi. Memur çocuğu olarak, mütevazi bir hayat sürdük. Babam ve annem bizleri "kanaat zengini" olarak yetiştirmeye çalıştı. Bu yüzden maddiyat benim için ruhi kabiliyet ve vasıfların hep ardından geliyor.

Belkıs Hanım ayağa kalkarken sesi takdir doluydu:
- Yüce düşünceler... Eh, bir "genç filozof"tan da başkası beklenemezdi. Haydi sofraya çocuklar, Dilruba'yı bekletmeyelim.

- Zeynep iyi görünüyor ha hanım.

Melek Hanım elinde ekmek sepeti:
- Hıı... Şu terapi iyi geldi galiba, dedi. Ömer denen adamı sen gördün mü?.
- Hayır ama adam dediğinin nasıl biri olduğunu Ahmet'le konuştuk.

Kadın bardaklara su doldururken sordu:
- Nasılmış?
- Gayet aklı başında, dürüst, idealist bir "genç" adam.

Melek Hanım hafifçe bağırdı:
- Genç mi? Zeynep genç bir psikologla mı yemek yiyor? Aman yarabbi...
- Hemen heyecanlanma. Bu özel bir yemek değil. Çocuk, Zeynep'i babaannesinin köşküne davet etmiş. Kızının alaturka merakını bilirsin. Eminim yemek sonrası utanmadan evin altını üstünü gezer. Bütün deliklerini zihnine kazır.

Melek Hanım otururken üzgün bir tavırla:
- Yani sence sadece köşkle mi ilgileniyor? diye sordu.

- Başka ne olabilir?
Karısı elbisesini çekiştirdi:
- Ne bileyim? Salih'ten sonra ilk defa... Yani...Bir an... Kendi akranı biriyle yemeğe çıkacağını sandım da.
- Olmadık hayallere kapılıp kızı sıkıştırmayacaksın değil mi?
- Aman sende. Kızının ruhundan bir tek senin anladığını sanırsın. Onun nelere kırıldığını ben pek iyi biliyorum.
Muhittin Bey gazetesini bırakıp sofraya oturdu.
- Canım, kızma. Sadece merakının sınırlarını düzgün çiz diye uyarıyorum. Ersin'le Ayşe nerede?
- Ersin'in odasındalar. Ersin!..Gel artık oğlum, gözlerin kör olacak. Ayşe, hadi kızım.
Yemekte Ersin babasına döndü:
- Baba be şu internet işini halledelim artık. Abonelik ücretini ablam verecek. Yarın sonuçlar açıklanıyor. Evde bilgisayar varken git arkadaşının evinde uğraş "neresi neresi" diye...
Muhittin Bey bir kaşı kalkık:
- Bakıyorum pek eminsin yerleştirildiğinden, dedi.
Melek Hanım:
- E herhalde. Çocuk ecel terleri döktü imtihanda. Geçen ay da ablasıyla cehennem azabı yaşadı. Bir yerlere giremezse ben de ülser olacağım.
- Bunu konuştuk ya hanım. Puanın çok yüksek de olsa istediğin yeri kazanamayabilirsin. Bu yılki sistemin açığı da bu.
Ersin dudağını ısırdı:
- İnşallah öyle bir şey olmaz. Allah'a bir sürü şey adadım. Sanırım bunları gerçekleştirmem için harçlığıma zam yapman gerekiyor.
- Kerata seni. Allah'la arandaki işlere bile baba parasını mı karıştırıyorsun?
Kocasının sözüne uzun uzun gülen Melek Hanım, depremde ailesini kaybeden yeğenine döndü:
- Ayşe sen de bu canavarla bilgisayar mı karıştırıyorsun?
- Evet teyze. Bizim evde yoktu. Babama yalvarıyordum. Seneye almaya söz vermişti.
- Zararı yok kızım, oynayın ama zaten gözlerin hassas... Uzun süre bakma olur mu?
Ayşe, başını olumlu tarzda eğerken gözlüklü yüzü mahzun bir ifade almıştı.

Köşkteki yemek masasında ikram faslı devam ediyordu.
- Biraz daha zeytinyağlı alır mısın kızım?
- Teşekkürler efendim. Dilruba Kalfa ipucu verdi ya. Birazdan gelecek tatlıyı da tatmak isterim.
- Demek ben görmeden paslaştınız.
Ömer şaşkın şaşkın babaannesini süzdü.
- Babaanne ilk defa bizim gibi konuştunuz.
Belkıs Hanım ona döndü:
- Ne dedim ki?
- Paslaşma...
- Çağdaş, güzel yüzlü, güzel gönüllü gençlerle ben de gençleştiğimi hissediyorum. Sahi Zeynep kızım, Ömer sözetmişti, depremde yakınların vefat etmiş, değil mi?
Zeynep durgunlaştı, elindeki çatalı bırakıp:
- Evet. Annemin üvey teyzesi, eniştemiz ve iki çocukları rahmetlik oldular, dedi.
- Çok ağır bir imtihan... Sağ çıkan var mı?
- En küçük kızları, Ayşe, hafif sıyrıklarla kurtuldu.
- Morali nasıl?
- Biraz biraz düzeliyor. Onu merkeze götürdüm. Doktorlar depremin hemen ardından acil durum uygulaması başlatmış. Taburcu edilen hastaların yerine on beş kişi kadar gelmiş. Fizik yaraları tedavi edilmiş depremzedeler. Ayşe hem onlarla, hem yaşıtı olan eski hastalarla görüşüyor. Annem de elinden geleni yapıyor.
- Sahi Ömer, merkezin muhalifleriyle ilgili bir şeyler anlatıyordun Serap'a.
- Evet. Depremin tek olumlu yönü bu herhalde. İnsanların duygusal cepheleri ağır bastı. Münir Bey sevindirici bir haber verdi geçen gün. Depremzedeleri parasız olarak barındırıp, ruhi tedavilerini üstlenmemiz, bakanlıkla aramızdaki son buzları da çözmüş. "Bundan böyle yeni bir şube açılmadan kesinlikle burayı boşaltmamızı isteyemezler" deyip duruyordu.
O sırada Dilruba, tatlı servisi için odaya girdi. Zeynep samimi tavırlarla ayağa kalkıp yardıma başladı. Belkıs Hanım, Ömer'i anlamlı nazarlarla süzüyordu.

Yemekten sonra, Ömer genç kıza köşkü gezmeyi teklif etti.
Loş koridordaki yağlıboya portrelerin önünden geçerken onların hikayelerini tek tek dinlemek, genç kıza büyük zevk veriyordu. Kendini

binyediyüzlü yılların Avrupa'sında, marki veya düklerin mâlikânelerinde geçen bir romanın kahramanı gibi hissetti bir an. Bunlar aile büyüklerinin resimleriydi. Siyah sakallı, güleç yüzlü, askerî kıyafetli birinin portresinin önünde durdular. Terapist gururlu bir tavırla tanıttı:

- Bu, büyük büyük dedem, Kerimzade Abdullah Sulhi Beyefendi. Çok şakacı ve dobra bir insanmış. Babaannemin anlattığına göre, günlerden bir gün, parasını hayır kurumlarına bağışladığı için, ardından kerhen ağlanan bir ölü evine gitmiş Sulhi Bey. Bakmış etrafta riya kokuyor, biraz oturmuş, sonra: "Ee....Ağlamayın bre. Ölmeyiverseydi" demiş. Başlamışlar mı o biraz önce salya sümük ağlayanlar, kahkahalarla gülmeye. Biraz utananlar, göbeklerini tutup, yanaklarını sıkıyorlarmış sesli gülmemek için...Böylece, bir oda iki yüzlü adamın maskesini düşürmüş Sulhi dedem...

Zeynep geniş bir tebessümle sordu:
- Senin damarlarında da büyük büyük dedenin kanından akıyor mu dersin?

Ömer sıcak bir sesle yanıtladı:
- Sen ne dersin?
- Vallahi düşüncelerimin okunması hoşuma gitmezdi. Zaten duygularımı yeteri kadar deşifre ettin...
- Hadi gel. Sana mabedimi göstermek istiyorum.

Aynı kattaki çalışma odasının kapısı, maun rengindeydi. Kapıyı aralayan ve ışığı yakan Ömer'in ardından odaya giren Zeynep, dört bir yanı tavandan tabana kitaplarla dolu bir manzarayla karşılaştı. Büyük bir hayranlıkla kitaplığın önünde gezip onları incelemeye başladı.
- Harika bir kütüphane Ömer...Hakkını veriyorsun değil mi?
- Çalışıyorum.

Zeynep ağır ağır ilerledi.
- Aman yarabbim, ne değerli el yazmaları...Sanki baban asker değil sahafmış.
- Eh bir yönüyle öyle...

Zeynep bakışlarını kitaplardan zorla ayırdı:
- Burası... Burası hakikaten mabed gibi. Kutsal bir havası var.
- Babaannemin, buradaki eşyayı ara ara toz alma bahanesiyle huşu içinde okşamasından olmalı...

Genç kız pencereden dışarı baktı:
- Harika bir boğaz manzarası, değil mi?

- Hımm. Buraya gündüz ve yağmur sonrası gelmelisin. Gökkuşağı izlenmeye değer.
Masaya doğru yaklaşan Zeynep'in gözü, arkası dönük çerçeveye takıldı. Öne doğru muzipçe atıldı. Resmi kendine doğru çevirirken sesi şakacıydı:
- Bu resmin Serap Hanım'a ait olduğuna bahse girerim. Aaa, boşmuş...
Ömer arkasını dönüp masaya oturur gibi yaslandı.
- Bahsi kaybettiniz küçükhanım. Depremde çok kenardaymış, düşüp kırıldı. Cam taktıramadım daha...
Zeynep kurnazca:
- Kimin resmi olduğunu söylemedin, dedi.
- Orada benim hayatımın en gizli köşelerini bilen küçük bir kızın resmi vardı, Serap'ın değil.
Genç kız, çerçeveyi bırakıp pencerenin önüne gitti. Bir süre karanlığı süzdü.
- "İnsanın evleneceği kişi en büyük sırdaşı olmalıdır." Bu söz sana ait. Salih'le ilgili anılarımı anlatırken üzerine basa basa söylemiştin...
Ömer cevap verirken huzursuzdu:
- Serap'la bazı problemlerimiz var. Ama bunlardan bahsedip de bu harika geceyi bozmaya hiç niyetim yok...
Zeynep pencereden bakmaya devam etti:
- Özür dilerim, özel hayatını sorgulamak istemedim.
- Önemli değil...
Genç kız, uzun zamandır sormak istediği soru için cesaretini toplamaya çalıştı:
- Bana pek kendinden bahsetmiyorsun. Dinleyen taraf genelde sensin... Hani ben de senin terapistindim.
Ömer yaklaşıp onun bir baş üstünden dışarı baktı.
- Bunları daha sonra konuşsak, ne dersin? Bak bir yıldız kayıyor, dilek tut...
Zeynep, hem ona bu kadar yakın olmaktan memnun hem de nişanlı biriyle bu kadar samimiyetten mahcup halde, düşünmemeye, hissetmemeye çalışarak kendini yine geçmişe verdi. Yıldızın hızla yere yaklaşan parlaklığına sığındı:
- Tuttum...

Genç adam, burnuna çok yakın olduğu için papatya koktuğunu farkettiği, parlak kahverengi saçları, isyanla karışık bir sükunetle süzdü:
- Ben de tuttum...

Gülay kalabalık restourantta peçetesini özenle dizlerine yerleştirdi.
- Kemal'e ne zaman söylemeyi düşünüyorsun?
- En uygun zamanda...
- Onunla konuşmayı denedim ama olmuyor Selim...Ne yapacağız?
- Şu konservatuvar imtihanları geçsin, sanırım daha anlayışlı olacak...Son gidişte Mahinur ablayla bayağı dertleştik...Ona senden bahsettim. Kemal'i onun etkilediğini zannediyorum.
- Beni birazcık sevmesi için neler vermezdim.
- Seni seveceğine eminim Gülay. Sadece annesini özlüyor.
- Bu sefer onunla yalnız görüşmek istiyorum.
- Sen nasıl dilersen...

Belkıs Hanım, balkonda, Ömer'in hobilerini neşeli bir sesle Zeynep'e anlatıyordu:
- Sonunda Ömer'i ikna ettim de bütün muhabbet kuşlarını bir doktor arkadaşına hediye etti.
- Ondaki hayvan sevgisini ben de yakınen temaşa ediyorum efendim.
- Bir aydır yolunu yapıyor: Merkezde bir kedi yavrusu varmış da, yok patileri şöyle güzelmiş, çok sıcak bir görüntüsü varmış...Aman uzak olsun...
- Ama babaanne, Temmuz'u bir görsen...
Yaşlı kadın Zeynep'e döndü:
- Babaanne torun çekişmesi izlemek istemiyorsan araya gir Zeynep...
- Vallahi bu konuda nasıl tarafsız olacağım bilmem. Zira Temmuz'u ben de çok seviyorum. Ama öte taraftan babaannen haklı Ömer...Her insan hayvanları farklı sever.
Belkıs Hanım'a döndü:
- Mesela annem de sizin gibi...Bir keresinde babam eve habersiz bir tavşan getirmişti de annem üç gün hayvancağızın bulunduğu odaya girmedi...
- Tamam tamam, siz kadınlar bir cephe oluşturdunuz mu, kalkanları indirmek erkekliğin şanındandır.
- Biz kadınlar "anlayışlı ve öngörülü" varlıklarız değil mi Zeynep?
Zeynep gülümsedi:
- Bu ayki yazımı babaannenle paylaştın mı Ömer? Konuyu biliyor da...

- Evet, ona okumuştum.
- Sen öğretmenlikte ısrar edebilirsin ama ben kaleminin ucunda bir esin perisinin gizlendiği kanaatindeyim...O ne akıcı üslup öyle...

Genç yazar başını eğdi:
- Beni utandırıyorsunuz...
- Ben hayatımda fazla iltifat etmedim Zeynep...Az sayıda insana, kifayet miktarınca...Öyle ağır, felsefi bir dergide, köşen insana huzur bahşediyor.
- Teşekkürler.
- Zeynep'i yazıları hususunda fazla övme babaanneciğim, gerçekten sıkılıyor...

Belkıs Hanım, kızı sevgiyle süzdü:
- Onu sıkmak en son istediğim şey...Ne dersin kızım, bu geceden memnun musun?

Genç kız dolunaya baktı:
- Hayatımda geçirdiğim sayılı bulutsuz gecelerimden biri desem inanır mısınız?
- Kalbinden konuşan biriyle, dilinin ucuyla kelam eden ayırt etmede mütehassıs sayılırım...

Zeynep, Ömer'e döndü:
- Yalnız Abdullah Sulhi Bey değil babaannen de düşünceleri okuyabiliyor. O zaman senden korkmalıyım... Genlerinde muhakkak vardır.

Genç adam babaannesine sarıldı:
- Ben mesleğimde onun kadar usta değilim... İnsanların çapraşık duygularını çözümlemede, değme psikanalistler, Belkıs Hanım'ın eline su dökemez...

Yaşlı kadın, Ömer'in dizine vurdu:
- Hadi oradan kerata.

Zeynep, babaanneyle torunun tatlı didişmelerini büyük bir neşeyle takip ediyordu. Saatine bakıp:
- Ben artık kalkayım geç oldu, diyerek elindeki fincanı bıraktı.
- Sen Zeynep'i bırakacaktın değil mi evladım?
- Evet babaanne. Daha erken değil mi?

Genç kız ayağa kalkmıştı bile:
- Bizimkiler yatmadan evde olmalıyım. Bu da bir aile geleneği.

Belkıs Hanım da kalktı:
- Geleneklere saygımız sonsuzdur. Evimiz sana daima açık. Ne zaman dilersen gelebilirsin...

Zeynep etrafına son kez bakındı:
- Siz ve yaşadığınız bu yer o kadar sıcak ki...Bu akşam için binlerce teşekkür...Davetinize gelince...Ömer, bir gündüz- yağmur sonrasını tavsiye etti.
- Ebemkuşağı için mi?
- Evet, o harika renk cümbüşünü sizin pencerenizden seyretmek için belki bir gün uğrarım...
Yaşlı kadın kızın elini tuttu:
- Yağmur yağarken gel ki içimizi ısıtasın...
Zeynep'in yanakları pembeleşti.
- Sağolun efendim.

25.

Oraya buraya yayılmış koliler sebebiyle taşınma havasındaki odanın kapısı çalındı. Gelen Tamer'di. İçeri girip etrafı asık bir yüzle süzdü.
- Hayrola, bu ne kargaşa?
İlhan başını eğdi. Güç duyulan bir sesle:
- Taşınmak istiyorum Tamer Bey, dedi.
- Şu "bey" lafına sinir olduğumu biliyorsun. Diğer söylediğini de anlayamadım...
İlhan daha kısık bir sesle:
Burada daha fazla duramam...Size, Galip Bey'e karşı çok mahcup vaziyetteyim. Diğerleri de sanki her an beni izliyor gibime geliyor.
Tamer oturdu. *Bu çocuğu iyi bir dövmek lazım.*
- Bak İlhan, sana ilk karşılaşmamızda bir çift laf etmiştim, hatırlıyor musun?
İlhan minnetle:
- Bana o kadar çok şey öğrettiniz ki, dedi.
- Sana ilk kuralın, "bu hayatta bir zavallı olmadığın gerçeğini,
Genç çocuğun başını gösterdi:
- Şu kalın kafaya sokmak" olduğunu söylemiştim. Bu altın kuralların en önemlisiydi. Ama görüyorum ki, bir arpa boyu yol katetmemişsin. İkinci kural, "dünya üzerindeki en kötü insan sen değilsin... Seni sevenler de var, bunu unutma ve en önemlisi sen kendini sevmelisin..." Üçüncü kural, "eline fırsat geçer ve seni mahvedenleri sen de hırpalayabilirsin. Ama bu ne kadar çekici de olsa yapma. Tanrı'ya havale et... Lakin bu senin kendini ezdirmene de sebep olmasın..."

Kızgın,
- Allah kahretsin çocuk...Yüzüme bak...
İlhan gözlerini ona kaldırınca ekledi:
- Sen hakikaten bir çocuksun.
Ayağa kalktı, kapıya ilerledi:
- Büyüdüğün zaman, bu odayı eski haline çevir...Ya da aynı çocuk kafasıyla kaç bakalım nereye kadar...
Kapıya varınca durup yan döndü:
- Çekip gitmek her zaman kolaydır. Kalıp mücadele etmek, ancak olgun erkeklerin işidir.
Kapıyı açtı ve çarparak çıktı. İlhan onun ardından bakakaldı.

Gülay, Kemal'i işaret eden hemşireye başıyla teşekkür etti. Ona doğru ilerledi. Bahçedeki bazı ağaçlar sararmaya başlamıştı.
- Günaydın Kemal...
Kemal döndü. Şaşırdığını gizlemedi. Genç kadın Kemal'in yanına yere oturdu.
- Seni korkuttum mu?
Çocuk umursamaz bir tavır takınmaya gayret etti:
- Yoo sadece şaşırdım. Bu hafta babamı beklemiyordum.
- Bu gün yalnız geldim Kemal...
- Yaa...
- Seninle başbaşa konuşmaya ihtiyaç duydum.
- Konuşulacak fazla bir şey yok ki aramızda.
Gülay bir müddet sustu.
- "İnsanlar duvar değil köprü kurmalı" diye düşünürüm hep. Bu yüzden buradayım...Baban imtihanların yaklaştığını söyledi.
Çocuk isteksizce:
- Evet, dedi.
- Kendini hazır hissediyor musun? Sağlığın?
- Bacaklarım fena değil. Dün üç adım attım. Babam söylemiştir herhalde...
- Bacaklarının iyiye gittiğini söyledi. Zannettiğin kadar sık görüşemiyoruz babanla.
Kemal kafasını öte yana çevirdi:
- Benden daha sık görüştüğünüz kesin.
- Kemal, ben...

- Niye köprü kurmaya çaba harcamak yerine konuya direk girmiyorsunuz? Korkmayın, bağırıp çağırmam...
Gülay durakladı:
- Sen çok zeki bir çocuksun.
- Anneme çekmişim.
Yüzünü ona çevirip bakışlarını korkusuzca kadına dikti. Meydan okurcasına:
- Ne zaman evleniyorsunuz? diye sordu.
- Bu sana bağlı...
Bu defaki şaşkınlığı daha büyüktü:
- Nasıl yani?
Gülay otları eliyle taradı.
- Annenin ölmesi gerçekten üzücü Kemal, ama bunda benim bir suçum yok, babanın da.
Etkileyici bir sesle ekledi:
- Senin de... Ölüm hepimizin gerçeği. Bu yüzden "kabullenmek" en mantıklı olanı...Annene olan sevgini çalmak, sana yapmacık tavırlarla sevgi gösterisi yapmak niyetinde değilim. Ben, ben annenin yerini alma iddiasında da bulunmam...Biliyorum ki anneler tektir. Nerden bildiğimi sormayacak mısın?
Karşısındaki çocuğun -evet o daha bir çocuktu- hevessiz de olsa dinlemeye hazır olduğunu görünce devam etti:
- Benim annemle babam da ayrıydılar bir süre...O iki yılı asla unutamam. Bazen dedemlerde kalan anneme, bazen de babama gidiyordum. Babam bir kadınla çıkmaya başlamıştı. Uzayan mahkemelerinin son celsesinde annemle barıştılar...Babamın diğer kadınla evleneceğini ve hayatta olan annemi bir daha asla göremeyeceğimi zannettiğim o son aylar, hâlâ kabuslarımın baş konusudur.
Sustu. Devam ederken sesi boğuktu:
- Bu yüzden Kemal, seni anlıyor ve asla suçlamıyorum. Sen onay vermedikçe bu evlilik olmayacak. Babana bir şey söylemeden uzaklaşabilirim. Onu hayatımda kimseyi sevmediğim kadar seviyorum ama bir çocuğu bedbaht etmek bana göre değil. Gözlerindeki nefreti gördükçe, babamla birkaç ay geçiren "o kadınmışım" gibi hissediyorum. Ve bu nefret silinmedikçe babana "evet" demeyeceğim.
Ayağa kalktı. Hayret ve biraz da pişmanlıkla bakan Kemal'e:
- Ama Kemal, eğer bir gün, müziğin derinleştirdiğine emin olduğum

duygularında değişme olursa, seninle, annenin kabrine çiçek götürmeye seve seve gelecek bir arkadaşın olduğunu unutma... Hoşçakal, dedi.

Kemal zarif adımlarla başka bir şey söylemeden yanından uzaklaşan kadının arkasından uzun süre baktı. Sonra kitabını kapatıp düşüncelere daldı.

Merkez'in başka bir ucunda, kafeteryada, Ömer, Zeynep, Doğan Dikmen ve Mahmut Bey sohbet ediyorlardı.

Doğan çayından büyük bir yudum alıp:
- Ben bu konuda Aristocuyum, dedi. Tanrı dediğiniz güç varsa bile, "tık", eliyle ışık yakar gibi düğmeye basmış sonra geçip kenara oturmuştur. İnsan kendi kaderini kendi yazar.

Ömer her zamanki gibi dengeli olmaktan yanaydı:
- Bu da bir uç görüş değil mi Doğan abi?
- Ne yani tutup, rüzgarın önündeki kuru yaprağızı mı benimseyelim?

Mahmut Bey, kendinden geçmiş halde söze karıştı:
- Hepimiz bir tiyatro sahnesindeyiz. Ey yüce Halık! İplerimizi çok hızlı çekip canımızı acıtma. Bizi sahneden yavaşça indir.

Doğan alaycı:
- Al işte, Mahmut Bey kendini kukla zannediyor. Onu nasıl ortaya çekeceksin, dedi.

Zeynep ara bulucu bir tavır takındı:
- Doğan Bey bir dakika. Ben bu pasajı bir yerde okudum galiba. Mahmut Bey kendinden konuşmadı.

Başını soru sorar tazda ona çevirdi.

Mahmut Bey başıyla onayladı:
- Batı klasiklerinden birinde olmalı.
- Ne biri ne öteki. Sınırlı bir dünyada, bizce sınırsız özgürlüklerimiz var. Ne kuru yaprağız, ne tamamen dizginler bizde.

Doğan:
- Yine mi denge doktor?
- Her zaman...

Genç yazar da dostunu destekledi:
- Ömer haklı bence. Özellikle bu konuda. Neye inanırsanız inanın, bizim dışımızda şeyler oluyor ve biz onları buzlu bir camın ardından seyrediyoruz bazen. Bazen de küçük dağları değil hatta büyüklerini de yarattığımız izlenimi uyanıyor zihnimizde... O kadar hakimiz kaderimize.

Mahmut Bey, Zeynep'in son sözlerini elinde olmadan alkışladı. Genç kız hem konuyu değiştirmek hem de bilgi almak için Doğan'a döndü:
- Doğan Bey, ben sizinle felsefe tarihindeki "ideal devlet" tasvirlerini konuşmak istiyordum.
- Üstad Thomas Morus ve Campenella? Yani Ütopya ve Güneş Ülkesi? Evet. Onların üstadı Platon ve "politeiası" da tabi. Ayrıca, bizdeki devlet teorilerine kıyasen ortak noktaları bulmak ve her ay, mesela "ideal devlette eğitim, aile, spor, bürokrasi vs. gibi alt başlıklar açmak niyetindeyim. Tamer Abi, "sana bir köşe daha ayıralım, orada da felsefe tarihi ile ilgili yönün ortaya çıksın" diyor.

Mahmut Bey söze karıştı:
- İleride master yapmak istediğini söylüyordun ya. Belki de tezini şimdiden hazırlamış olursun. Peyami Safa'nın Simerenya'sını da ihmal etmeyeceksin tabi.
- Eder miyim hiç. Geçen gece oturup baştan aşağıya tekrar okudum....Bu sabah da Fuat'dan Medinetü'l Fâzıla'yı istedim.

Ömer'e döndü:
- Sence neden çoğu roman formatında kaleme alınmış? Bir adada, dışa kapalı, oniki yılda bir gemi çıkaran bir topluluk...Doğrudan ideallerindeki devleti anlatsalar, felsefi kimliklerine daha çok yaraşmaz mıydı?
- Bence sen neden Genç Filozof'ta ahlaki ve iletişimle ilgili küçük hikayelere yer veriyor, köşeni felsefenin ağır cüssesinden uzak tutmaya çalışıyorsan Morus, Campanella ve.... Nova Atlantis'in yazarının adı neydi?
- Francis Bacon.
- Bacon... Hepsi bu sebepten edebi yönlerini konuşturmuşlar. Direk felsefe, yorucu ve sıkıcı. Bizde de durum aynı. Psikanalizm tarihini zevkle okunur hale getirmek için, birkaç yeni yazar, Freud'u sevimli bir roman kahramanı olarak tanıtmaya başladı.

Zeynep başını eğdi:
- Doğru.

Doğan bir süre düşündükten sonra genç yazara:
- Peki, bu yazı dizisinde tarafsız mı olacaksın? diye sordu.
- Anlayamadım.
- Biliyorsun hepsinin atası Platon. E, onun devletinin ne tip bir şey olduğu da malum.
- Yani, bu yazıda kendi ideal devletimi betimleyip betimlemeyeceğimi soruyorsunuz.

- Evet.
Genç yazar gülümsedi:
- Sanırım benimki Mahmut Bey'in söylediği gibi akademik tez seviyesinde olur. Tesbitlerimi "ünlü ve ünvanlı" ağızlara onaylatır ama çok özgün fikirlerimi sadece ihsas ederim. Ârif olan anlar, anlayan âriflerle de özel olarak yazışırız.
Bu sözlere kahkahayı pek sevmeyen Mahmut Bey bile yüksek sesle gülerek cevap verdi.

Dergiyi gören taksi durağında şoförün biri, ağzında ezdiği sigarasının dumanında düşünüyordu.. Arabasına dayanmış, bir süredir dergiye girip çıkan polisleri izliyordu.
Birden heyecanlı, genç bir yüz canlandı gözünde. Hayallerinden kurtulunca tekrar derginin kapısına baktı ve sigarasını atıp kararlı adımlarla o yöne ilerledi.
O akşam gördüklerini Tamer'e anlatırken sakindi:
- Çocuğun bu sıcakta eldiven takması acayibime gitti. Gözümü diktiğimi görünce hızlıca çıkardı tabi. Bir haftadır polisleri görünce... Düşünüyordum, bugün dank etti kafama... Şöyle çelimsiz bi şeydi...
Galip, Ali'nin iş başvuru dilekçesini getirip resmini gösterince adam başıyla onayladı.

Her köşesi sefalet kokan bir gece kondu muhitindeydiler. Çamurlu yollarıyla yaz sonuna yakışmayan bir manzara arzeden sokaklar, Tamer'in zihninde tanıdık hatıraların canlanmasına neden olmuştu.
Yanlarında sivil polis vardı. Mahallede oynayan çocukların tarifi üzerine eski bir eve yöneldiler. Kapıyı üstü başı yıpranmış küçük bir kız açtı.
Ali, televizyon izlerken odaya dalan bu insanları şaşkın şaşkın süzdü. Taksiciyi tanıyınca heyecanlandı, elindeki kumandayı düşürdü. Bir süre Tamer'in sert bakışlı gözlerine takıldı. Her şeyi anlamıştı. Başını eğdi.

- Evet sevgili anneciğim, tabi ki doğumuna geleceğim......Ne demek erken doğum riski var?!
Melek Hanım'a baktı:
- Ciddi misin? Eh o zaman pasaportumu hemen çıkarmalıyım. Tamam.... Hayır Mustafa'nın ısrarına lüzum yok....Peki oldu, hadi kapat artık, adamın ocağına incir ağacı dikeceksin, gelince konuşuruz... Ona da çok selamlarımı söyle. Ben gelene kadar sana iyi baksın.

Melek Hanım selam işareti yaptı:
- Bak annemin de selamı var.
Zeynep telefonu kapatıp annesinin yanına oturdu.
- Hayrola ne diyor Aysel?
- Erken doğum tehlikesi varmış. "Hemen gel"diyor.
- Allah Allah, iyi gidiyordu hamileliği.
- Bu biraz genetik anne, kendi de yedi aylık doğmuş ya. Ayla teyze hep anlatır; pamuklar içinde büyüttüm, damlalıkla besledim diye...
- Eee, bu ay sonu çağırıyor mu yani?
- Öyle gibi. Biz Kasım'da gidecektik Ayla teyzeyle. "Sen şimdi gel, doğum olmazsa annem de Kasım'da gelir, beni yalnız bırakmayın" diyor.
- Ah canım, korkuyor herhalde.
- Pek belli etmemeye çalışıyor ama mektuplarında ben de seziyorum.
- İnşallah bir terslik olmadan doğar.
Zeynep kalktı:
- İnşallah... Hadi anne, ben gidip şu pasaport için neler lazım bir bakayım. Sonra da izin için dergiye uğrarım. Gecikirsem merak etme.
- Akşama Ayla teyzenlere yemeğe gideceğiz unutma.
- Tamam, belki direk oraya gelirim.
Dönüp annesini yanağından öptü. Melek Hanım, kızının ardından gülümseyerek baktı. *Nerede mutlu olacaksan orada ol kızım.Artık evlilik konusundaki ısrarlarımla başını ağrıtmayacağım.*

İlhan odasını derleyip düzenlemişti. Masa başında, elinde kağıt kalem, bir şeyler yazıp çiziyordu. Bazı saatler, kişiler ve yapılan işler... *18.00-terasta kitap okuma, 19.30-odaya iniş, 20.00-21.00 arası Ali'yle buluşma.* Birden heyecanla yerinden fırladı. Tabureyi aynanın bulunduğu duvara yaklaştırıp düşmemek için dikkat ederek üzerine çıktı. Bir tarafı dengesiz taburede durabilmek ve aynanın üstünde asılı olan resme ulaşmak hayli zor olmuştu.
Kendi kendine söylenip merdivenleri hızla çıktı. Soluk soluğa Tamer'in odasına daldı.
- Tamer abi, önemli bir şey...
Galip Bey'i farkedip durakladı:
- Pardon, sonra geleyim.
- Gel İlhan.
Yayıncı, Galip Bey'e baktı:

- Söylediğim gibi yapıver...
Odada yalnız kaldıklarında, heyecanlı olduğu her halinden belli olan genç:
- Tamer abi, bir şey buldum, dedi.
- Önce otur. Çay söyleyeyim mi?
- Yok, size anlatmalıyım önce.
Tamer bir sigara yaktı:
- Önce heyecanını yatıştır, kalbinin gümbürtüsü odayı dolduruyor.
İlhan odada gezinerek konuşmaya başladı:
- Bir haftadır kafa patlatıyorum sürekli...Bir sürü ipucu yazdım. Oraya alıyorum olmuyor, bu taşı yokluyorum, uymuyor. Sonunda nasıl olup da Galip Bey'in kapısındaki parmak izlerim, ta tepelerde bulundu, çözdüm...
Tamer ilgilendi:
- Nasıl?
- O gece Ali'nin benden bir emanetini istediğini söylemiştim...
- Evet.
- Bu, o odanın kapısının üzerindeki rafta duruyordu. Hani herkes eline geçeni koyar ya...
- Eee...
- Oraya ancak aşırı uzanılırsa ya da bir sandalyeye çıkıp ulaşılabiliyor. O akşam benim odamdaki küçük tabureye bastıydım, o da biraz dingildiyor. Kapıdan yardım almış olmalıyım. Yukarıdaki izler böylece açıklanıyor.
Tamer gizlemek istemediği bir hayranlıkla:
- Bunu nasıl hatırladın? diye sordu.
- O geceyi tekrar yaşayarak. Geçen gün televizyonda bir diziyi seyrederken kaptım bu tekniği. Babası, kızının ödevini bu yolla buzdolabında buldu.
Tamer gülerek:
- Allah Allah, nasıl oldu bu? dedi.
İlhan anlatırken gayet ciddi bir yüz ifadesi vardı:
- Kız, dönem ödevi elinde olduğu halde, gazozuna buz alırken bir yandan da telsiz telefonla konuşuyor. Eh eli dolu olunca da dalgınlıkla buzluğa ödevi bırakıveriyor. Babasından yardım isteyince, o da hatırladığı son dakikaları tekrar yaşamasını öneriyor.
- Anladım, sen de o geceyi tekrar yaşadın ve...
- Vee tabureyle odamda bir deneme yaptım, aynanın üstündeki resmi alana kadar bir sürü parmak izi bıraktım.

TANRININ UMUT OLDUĞUNU SÖYLEDİ BİR BÜYÜĞÜM

Tamer aniden:
- Ali'nin suçlu olabileceğini düşündün mü hiç? diye sordu.
- ....
- Susma İlhan.
- İfadesinde benim için öyle güzel şeyler söyledi ki...
- Şüpheni çekmemek için olamaz mı? Hadi konuş...
İlhan zoraki:
- O gece beni dışarıdan aradığına eminim. "Pendik istasyonunda bekliyorum" demişti. Hem...
- Hem?
- Arkasından korna sesleri ve trafik uğultusu geliyordu. Sonra, ben oraya vardıktan on, onbeş dakika geçmişti, geldi ve evden aradığını söyledi. Bu da olamaz çünkü epey uzakta oturuyor.
- Bak epey yol katetmişsin. Belki de seni dergiye yakın bir yerden aradı ve sen çıkınca buraya gelip paraları aldı.
- Ama biraz geç de kalsa benimle buluştu. Buradan ta Pendik'e...
- Taksiyle on dakikalık yol...Sen trenle gittin unutma.
İlhan düşündü.
- Bakın bu hiç aklıma gelmedi. Tabi ya, taksi olabilir.
Sıkıntıyla ekledi:
- Ama ya suçsuzsa, bütün bunların bir açıklaması varsa...Çamur atmaktan nefret ederim...
- Sadece delilleri birleştiriyoruz. Araştırma yapmak polisin işi...
İlhan kalktı:
- Bir şeyler daha hatırlamak için uğraşacağım...
- Ne olursa olsun kaldığına memnun oldum...
- ....

Tamer'in odasının kapısı tıkırdadığında, o hala, İlhan'ın ne kadar zeki bir çocuk olduğunu düşünüp kendi kendine hayaller kuruyordu.
- Girin... Ooo, Zeynep hoş geldin... Bu ara boşladın bizi, yazıyı verip kaçıyorsun...
Zeynep oturdu.
- Daha uzun süreli kaçmak için müsaade almaya geldim.
- Hayrola..
- Bahsetmiştim, bir Almanya yolculuğu planlıyordum Kasım'da. Onu bu ay sonuna çekmem söz konusu oldu. Henüz yazıma başlık seçmediğinize göre diyorum ki...

- İzin isterken senin kadar munis bir çalışanım daha olmamıştı... Ne kadar kalacaksın?
- Şu anki fikrim üç hafta kalmak...

Tamer elini salladı:
- Verdim gitti... Bu daha iyi oldu biliyor musun. Kasım'da özel sayı çıkarırız diyordum. Ek mesaide sana ihtiyacım olabilir. Hem özel sayıda, senin şu yeni köşenin reklamını yaparız, ne dersin? Hazırlıkların tamam mı?
- Tamam sayılır. Dönüşte son halini verip size gösteririm. Tamer abi... Şey, ben hala kendi köşemde bir alt başlıkla bu işi yapmanın daha uygun olduğunu düşünüyorum.
- Neden ki?
- Kıskançlıktan ve çekememezlikten çok çekindiğimi bilirsiniz. Sizinle olan dialoğum, patron- çalışan ilişkisinden ziyâde, akrabalığa yakın manalar barındırıyor. Bunu ikimiz de biliyoruz. Bir ben, bir Sedat, bir de İlhan size "abi" diye hitabediyor. Şimdi bu yeni köşe...
- Kafanı beş yıldır kırmadım ama şimdi kırabilirim, kendini koru... Ne demekmiş o? Bana kim "abi", kim "amca", kim "baba" diyecek, çalışanlar mı karar verecek? Köşene gelince...Ben üç yerde yazıyorum. Fahri iki yerde. İlhan hiç yazmıyor ama bana "abi" diyor. Bu önermeleri Aristo mantığına göre tabii olarak neticelendirecek her felsefe yazarı, birbirinden bağımsız ilişkiler olduğunu görür. Yazıdan bir parça anlayan kişiler de, her ay Zeynep Ardıç'ın okuyucu sayısının artmasının nedenini tahmin eder. Her işbilir dergi sahibi de, "rating"alan bir köşeyi ikiye çıkarmada hiç tereddüd etmez.

Genç kız gülümsedi:
- Yani bu okur sayısını arttırmak için bir metod öyle mi?
- Tamamen.
- Peki o halde. Yalnız, kötü elektrikleri hissedersem köşeme geri çekilmeme izin vereceksiniz değil mi?
- Şu senin psikoloğun, ne biçim bir adam. Kötü elektrik filan... Beş altı aydır, aklından bu tip şeyleri çıkarttıramadı.

Zeynep gülümsemesini arttırdı. Tamer'le Ömer tanıştıkları için rahatça cevapladı:
- Aman Tamer abi, tencere yuvarlanmış kapağını bulmuş. Biz onunla tencere-kapak uyumu içersinde yuvarlanıp gidiyoruz. İlk seansta bi papatya falıma bakmadığı kalmıştı.
- Neyse... Psikoloğun ve sen, kötü elektrik hissedersek eski köşene avdet edebilirsin.

- Teşekkürler patron... Bu arada, İlhan ne alemde?
- Biraz önce buradaydı.
- Ne oldu o mesele?
- Sorma...Senin bildiğini bilmiyor, Galip'le ikimizden haberdar.
- Peki şüphelendiğiniz çocuk, Ali...O ne oldu?
- Son iki gün dedektifler gibiydim inan...Bir taksici sayesinde olay çözüldü. Tahmin ettiğimiz gibi Ali çalıp, İlhan'ın üzerine yıkmaya çalışmış.
- Bilmece gibi konuşmayın, şu taksici filan.
- Peki peki baştan alayım..............
Olayı tafsilatıyla dinleyen Zeynep:
- Veee Tamer Özek, bu ipuçlarını birleştirip Agatha Christie'nin "Mösyö Poirot'u" gibi mükemmel bir finişe imza atıyor, dedi.
- Sana da bir şey anlatılmaz.
- Tamam, kızmayın... Ali bu işe şok olmuştur.
- İlhan'ın çözdüğünü söyledim ona. Yakalanmaktan çok bu habere bozuldu.
- İlhan'ın imajı önemli ha?
- Hem de çok...
- Ya İlhan? Durumdan haberi var tabi...
Tamer muzip muzip baktı:
- Hayır...Ve öyle de kalacak. Biraz önce bana bir haftadır düşüne düşüne çözdüğü bir ayrıntıyı müjdelemeye gelmiş. Yarın, ona, bulduğu ipuçları sayesinde Ali'nin yakalandığını söyleyeceğim.
- Taksiciden bahsetmeyecek misiniz?
Tamer gizemli:
- Sence de, genç bir erkeğin, hayatını kendi kendine kurduğuna inanması daha iyi değil mi? Hele bu genç erkek, İlhan gibi minnet duymaya meraklı olursa...
- Evet haklısınız. Bu bir tür "beyaz yalan"...Ha sahi az kaldı unutuyordum. Ben asıl izin almaya ve İlhan'ın üniversite sonuçlarını bildirmeye gelmiştim. Dershaneden aradılar. İlhan, Boğaziçi Tarih'i kazanmış. Ondan ses çıkmayınca tarih öğretmeni meraklanmış...
Tamer heyecanla ayağa kalktı.
- Bu müthiş haber işte. Daha önce niye söylemedin?
- Mösyö Poirot'nun maceraları daha ilginçti de, dedi.
Adam masadaki büzüşmüş kağıdı Zeynep'e attı.
- Verdiğim izni geri alırım ha..

- Tamam tamam... Gidip İlhan'a haber vereyim.
- Senden bir şey rica edebilir miyim?

Genç yazar, yüce gönüllü bir tavırla ellerini birleştirdi.
- İznimi verdiğinize göre ben de çok müsamahalı olacağım.

Tamer'in yüzünde çocukça bir yalvarış gizliydi.
- Bu haberi ona ben verebilir miyim? Yarınkiyle beraber...

Kız anlayışla başını eğdi:
- Tabi hocam...

26.
Açık kapıdan, Ayla Hanım'la arkadaşının mutfaktaki sesleri geliyordu. Ahmet Bey, Zeynep'e:
- Bir ara hastaneye uğra da gerekli tetkikleri yapayım, dedi.
- Daha dört ay olmadı ki...
- Olsun uçağa bineceksin... Sonra, Aysel doğum yapabilir, heyecan zorlar mideni.

Muhittin Bey gülerek:
- Duyan da Zeynep, kızın, Aysel, başkasının kızı sanacak, diye lafa karıştı.
- Zeynep de en az onun kadar kıymetli...Hem, doğum tabi bir olay, hastalıksa şakaya gelmez...
- Bu günlerde çok iyiyim Ahmet amca.
- Terapilere devam mı?
- Aslında iki aylık süreç bitti, ama sevgili dostunuz, bir yıl devam edersem tamamen iyileşeceğimi söylüyor. Kısacası zoraki bir plan yok, ihtiyaç hissettikçe gidiyorum. En az haftada bir görüşüyoruz.

Muhittin Bey:
- Faydası oldu şüphesiz... Zeynep'i artık gece yarısı mutfakta yakalamıyorum, dedi.
- Ben ona söylemiştim, harika bir yer diye... Ne dersin Muhittin? Seneye yaza biz de birkaç haftalığına kaçsak mı Yürek Ülkesi'ne?

Zeynep ayağa kalktı.
- Ben bizimkilere yardıma gidiyorum, malum anneleri fazla birarada bırakmaya gelmez.
- Doğru, hemen kızlarının evlenmediğini şikayet ederler.

Zeynep yüksek sesle güldü:
- Ne demezsin...Sesleri de kesildi. Mutlaka dedikodumu yapıyorlar.

Ahmet Bey genç kızın ardından baktı, sonra arkadaşına döndü:

— Sanırım atlatıyor. Artık bu konudaki esprilerime surat asmıyor. Gördün mü, güldü hatta?

Muhittin Bey sevinçle başını salladı.

Beyza yazısına katkısı olduğunu söyleyen Zeynep'e sevecen bir ifadeyle baktı.

— Sonunu benim sözlerimle bitirmişsin. Çok duygulandım...Teşekkürler.
— Önemli değil...Bu hafta sonu sinemaya gelir misin? Ömer'e de söyleyeceğim. Austen'ın "Emma"sı tekrar gösterimde. Eğlendirici, duygusal bir film. Ne dersin?

Beyza'nın gözleri parladı:
— Oh... Çok sevinirim, sinemaya gitmeyeli uzun zaman oldu.
— İyi o zaman. Ben Ömer'e uğrayayım, bu hafta başka boş zamanım yok.

Genç adam kitabına öylesine dalmıştı ki Zeynep'in içeri girdiğini farketmedi.
— Bu ne dalgınlık doktor, geldiğimi duymadın.
— Ooo, sevgili hastam, buyrun. Çok güzel bir şeye takıldım.

Eliyle oturmasını işaret etti.
— Dinle... "İnsanlar başaklara benzerler, içleri boşken başları havadadır, doldukça eğilirler"
— Bunu bizim Ersin'e söylemeli. İstediği bölümü tutturdu diye şişinip geziyor.
— Sahi, sonuçlar belli oldu. İstanbul mu, Marmara mı?
— İstanbul...Biraz gökten inip ablasının da bu başarıdaki payını görse sevineceğim.
— Birkaç haftaya kadar normalleşir...Ayşe'yi getirecektin?
— Bir dahaki sefere...Bugün annemle alış veriş yapmaya çıktılar...
Bir süre sustu.
— Beyza'nın yanından geliyorum. Onunla sadece bir yazılık ilgilenmediğimi, arkadaş olmak istediğimi söyledim ve ilk adım olarak bu Cumartesi sinemaya davet ettim.
— Kabul etti mi?
— Evet.
— Aah, ah.
— Niye bu ahlar?

- Hiç, sadece kıskandım. Ben hafta sonumu burada geçirmek zorundayım da...
Zeynep hayal kırıklığını belli etmemeye çalışsa da başaramadı:
- Olamaz, ben seni de davet edecektim. Hatta Beyza'ya beraber olacağımızı söyledim bile. Akşam saatlerine bilet alsak?
Genç adam esetle:
- Üzgünüm dedi. Fuat'a yıkamadığım bir iş. Dokuza kadar sürer sanırım.
- Tüh... İşler planladığım gibi gitmeyince niye bu kadar üzülüyorum doktor?
Ömer anlayışlı bir sesle onu teselli etti:
- Sen danışanlarımın en normalisin. İstediğin olmadığı için bağırıp çağırıyor musun, ya da intihara teşebbüs filan?
Zeynep cevap olarak gülümseyip başını salladı.
- Beyza'yla yalnız kalmak seni sıkar mı?
- Hayır, kesinlikle. Sadece senin de o filmi görmeni ve beraberce kritiğini yapmamızı arzulamıştım....Ya Beyza...Benimle tek başına çıkması mahzurlu değil mi?
- Yok, yakında taburcu olacak zaten. Doğal yaşantısını sürdürecek hale geldi... Senin dostluğun ona iyi geliyor. Hem...
Lafı yarım kaldı. Odanın kapısı açıldı, Serap içeriye rüzgar gibi girdi. Ömer'in yüzü şaşkınlıkla gerildi.
- Serap?!
- Merhaba sevgilim...
Odanın ortasında ayakta durdu.
- Pardon hastan olduğunu bilmiyordum.
Ömer tabiileşmekte zorlandı:
- Zeynep hastam değil, dostum... Burayı pek ziyaret etmezdin. Otursana...
- Geçerken uğradım desem yalan olacak... Cepten sana ulaşamıyorum, Belkıs Hanım da doyurucu bilgi vermiyor. Ben de burayı basayım dedim. Hahaha...
- Sizi tanıştırayım...Serap Akman, nişanlım. Zeynep Ardıç, bahsetmiştim kendisinden. Arkadaşım.
Serap karşısında oturan kızı süzdü.
- Memnun oldum Zeynep Hanım.
Ömer'e döndü:

TANRININ UMUT OLDUĞUNU SÖYLEDİ BİR BÜYÜĞÜM 209

- Eh, hastan olmadığına sevindim. Yoksa bu kadar hoş bir hanımı kıskanabilirdim.

Nişanlısı dürüstçe:
- Hastalarım da dahil, hiçbir zaman seni kıskandıracak bir vaka gelişmez hayatımda, bunu biliyorsun, dedi.

Serap şuh bir tavırla:
- Şaka ettim hayatım. Hem ben tartışmaya değil seni kaçırmaya geldim, dedi.
- Ne kaçırması?

Kız kalkıp Ömer'in koltuğuna yaklaştı:
- Akşam yemeğini birlikte yeriz diye düşündüm.
- Bu mümkün değil, bir saat sonra Amatem'den gelen grupla terapim var.

Hafif kızgın ekledi:
- Sonra, her ne kadar Zeynep artık terapi sürecinde değilse de onun danışmanıyım ve sohbetimiz havadan sudan değil...

Serap koltuğa ilişip kolunu Ömer'in boynuna doladı:
- Bir şey demedim bir tanem...Ama nişanlına da biraz vakit ayırmalısın... Öyleyse bu Cumartesi seninle Akmerkez'e gideriz...

Zeynep, Serap'ın samimi davranışlarını görmemek için başını öbür yana çevirdi. Ömer Serap'tan uzaklaşmaya çalışarak, üzerine basa basa:
- Bu da mümkün değil, dedi. "Çok özel" bir arkadaşım sinemaya davet etti ama ne yazık ki merkez baskın çıktı, işim var.

Serap Ömer'in yanağına bir öpücük kondurdu:
- Peki sevgilim, ben anlayışlı bir kızım...Bütün hevesimi evlilik sonrasına bırakıyorum.

Zeynep ara bulmuşken söze girdi:
- Ben kalkayım, haftaya görüşürüz...

Ömer çaresiz:
- Konuşacaklarımız bitmemişti, dedi.

Serap istifini bozmadan daha da yerleşti:
- Ben de şimdi çıkacaktım, rahat rahat konuşurdunuz.

Zeynep yerinden kalktı, canının sıkkınlığını belli etmemeye çalışarak:
- Yok yok, bi Kemal'e bakacaktım, dedi. Belki Mahmut Bey'i de görürüm...Derginin özel sayısı için onunla konuşmak istiyordum.

Ömer ayağa kalktı:
- Nasıl istersen...Ben seni ararım. Haftaya tanıdığın grup, terapiye gelecek. Bayan Iks sana bir şey danışacakmış. Gününü bildiririm.

- Tamam. Tanıştığımıza memnun oldum Serap Hanım.
Serap el sıkışmaya tenezzül bile etmeden:
- Ben de, dedi. Ömer'le ortak evimize de bekleriz ilerde. Onun arkadaşlarıyla sohbet etmek bana büyük zevk verir.
Zeynep gözleri donuk gülümsedi. İyi günler dileyip ayrıldı.

Genç kız, Mahinur'a çamaşır katlamada yardım ediyordu. Havlular, yastık kılıfları, küçük örtüler...
- Kemal için çok seviniyorum.
- Vallahi, dün gece gözlerim yaşardı. Ta şuradan şuraya -ki üç metre var- desteksiz yürüdü. Bu ara morali çok iyi. Babası da sık sık geliyor.
- Aslında birbirlerini çok seviyorlar ama yanlış hattan yürüyorlar bence...
- Babasıyla Kemal mi?
Zeynep başıyla onayladı:
- Size akıl vermek istemem ama şu Gülay Hanım'ı gördüm. Uyumlu birine benziyor. Kemal'e biraz destek olsanız da Selim Bey'de huzurlu bir yuva kursa.
Mahinur durgunlaştı:
- Aslında ben de ısınmaya başladım o çıtı pıtı kıza...Hayatın çok çilesini görmüş benim gibi. Hiç evlenmemiş ama sanki beş koca kahrı çekmiş. Babası huysuz ihtiyarın teki, annesini yeni kaybetmiş. İşten aldığını eve harcıyormuş. Pek parlak bir geçim değil anlayacağın...Gülmek onun da hakkı. Sonra Kemal de birkaç zamandır ondan hışımla bahsetmiyor. Hatta geçen gün babasına onu sordu.
- Bu iyi bir gelişme...Gülay Hanım da doğru yaklaşırsa "mutlu son" ümit edebiliriz...
Mahinur içini çekti:
- Ah inşallah...
Merakla sordu:
- Sahi Ömer Bey'imin mutlu sonunu ne zaman göreceğiz acaba? Sizin aranızdan su sızmıyor, hiç açılmaz mı sana? Ne zaman evlenecek şu çılgın Serap'la?
- Demin yanındaydım. Serap Hanım ziyarete geldi.
- Allah Allah, burayı pek sevmez, çok önemli bir şey olmuştur muhakkak...
Zeynep dudak büktü:
- Bilmem...

Kadın Zeynep'i dikkatle süzdü:
- Sen evlenmeyi düşünmüyor musun? Bir sürü isteyenin vardır eminim... Böyle pattadanak sordum ama... Benim bir yanım taşralı sayılır, lafımı esirgemem.
Zeynep elindeki son havluyu da katlamış, yanına, düzgünce dizdiklerinin üstüne koymuştu.
- Ziyanı yok, böyle sorulara alışığım ben...Hayır Mahinur Abla, evlenmeye niyetim yok. Bir defa denedim. Tam düğün arifesinde tekme yedim adamın birinden. Öyle fena acıtmış ki canımı, bir daha değil yoğurdu, suyu bile üflüyorum tam içecekken...
O konuşurken Mahinur ağzı açık dinlemişti. Zeynep'e bakakalmış halde:
- Ne güzel konuşuyorsun Zeynep Kız, dedi. Şiir gibi vallahi. Ağzım açık seni dinliyorum.
Silkindi:
- Demek seni de bir sütü bozuk üzdü. Vah meleğim...
Ses tonu değişti:
- Olsun, Allah büyük...Çıkarır karşına Ömer oğlum gibi mert bir erkek, hepsini unutursun...
Zeynep kızardı:
- Hayırlısı olsun...
Tam o sırada kapı çalındı. Gelen Kemal'di. Tekerlekli sandalyesiyle içeri girerken heyecanla:
- Teyze bu gün öyle güzel yürüdüm ki. Aaa, Zeynep ablam da buradaymış...
Genç kız Kemal'i yanaklarından öptü:
- Buradayım buradayım da, hani bana müjde verecektin ilk adımını atınca... Aşk olsun...
- Sana sürpriz yapmak istiyordum, Ömer abiye de daha bu kadarını söylemedik. Gülsenem Hanım da ağzını sıkı tutarsa tabii...
Zeynep masaya bıraktığı ruloyu çocuğa uzattı:
- Bak sana ne getirdim...İnşallah beğenirsin.
Kemal açtı:
- Bu, bu bir ney...Mahmut amcanın ki kadar güzel. Benim mi?
Zeynep çevresine bakındı:
- Evet, galiba...Burada başka bir müzisyen göremiyorum...
Sevgi dolu bir sesle ekledi:

- Mahmut Bey ney üflemede sana üstadlık edebilir sanırım...
- Çok çok teşekkürler Zeynep abla...
Mahinur:
- Bu hediyenin üzerine bir çay içilir değil mi? diye araya girdi.
- Akşam olmak üzere ama bir bardak çayını reddetmem kabalık olur.

Tamer Ilhan'ın hazırladığı sandviçlerden birine uzandı. Ilhan:
- İnanamıyorum, aklandım... Demek Ali itiraf etti, dedi.
- Evet, bakıyorum bu olay seni, Boğaziçi'nden daha çok heyecanlandırdı...
- Tabi ki... Geçmişinde kara lekeler bulunan biri, geleceğini nasıl tarih gibi bir bölümde kurabilir?..
Tamer ağzı dolu karşılık verdi:
- Hnımm. Bak bu çok manalı bir söz oldu işte. Gelecek sayının kapağında kullanalım.
Ilhan ona çayını uzattı.
- Peki benim odama niye bırakmış paranın bir kısmını? Bir gün evvel dergiden ayrılmıştı, şüphe çekmezdi ki...
- Dost ve düşmanlarını gözlerinden tanıyabileceğini söylemiştim hatırlıyor musun?
- Evet...
- Kaç defa Ali'yi, sana pis pis bakarken yakaladım. Senin onun hakkında hala iyi düşünmen garip...
- Sizinle olan yakınlığımı kıskanıyordu...
- Seviyesi düşük aile yapılarında yetişenler, hayatta başarılı olan ve başarı potansiyeli bulunanları çekemez. Ali de senin yükselme istidadını gördü ve belini doğrultamaman için ağır bir darbe indirmek istedi.
Ilhan çayını yudumladı:
- Halbuki beni hep küçümserdi.
- Kedi ulaşamayacağı ete murdar der.
- Uff, hala düşündükçe tüylerim diken diken oluyor. Siz bana güvenmeseydiniz...
- Artık bırak bunları... Hayatın için uğraştın ve kazandın, hepsi bu... Belki bu derece büyük olmaz ama daha o kadar çok kazık yiyeceksin ki, en az ziyanla nasıl atlatacağını öğreneceksin.
- Bunu bana sizin öğretmenizi istiyorum Tamer abi...
Tamer kırmamaya dikkat ederek:

- Bunun için mi burada kaldın? diye sordu.
- Gözlerinize baktım ve artık bu dost bakışlardan kaçmamaya karar verdim...
Tamer ayağa kalktı.
- İyi, evlat... Sevindim... Çok gevezelik ettik, daha karşıya geçmem gerekiyor. Hadi sen de benimle gel. Fakülteni gezeriz, ha ne dersin?

Zeynep'le Beyza, sinema salonundaki yerlerine yerleştiler. Beyza'nın yanına yaşlıca bir adam oturdu. Genç kadın heyecanla etrafına bakındı:
- Uzun zamandır sinemaya gelmedim. Burası da bayağı güzelmiş. Çıkışta bebek için birşeyler bakalım mı?
- Bak bu konuda uzman sayılırım. Yakın bir kız arkadaşım hamile. Onun alışverişini de beraber yapmıştık...Ay sonunda yanına, Almanya'ya uçuyorum.
- Ne güzel. Aaa şu Ömer Bey değil mi?
Beyza ona, "buradayız" işareti yaptı. Ömer, kızların yanında oturan yaşlı adama sokuldu.
- Benim biletim şu ön tarafta, arkadaşlarımla oturabilir miyim?
- Tabii, buyurun.
- Teşekkür ederim...
Yerine yerleşince:
- Eee kızlar, benden kurtulamadınız ha, dedi.
"Nasıl oldu da gelebildin" diye sorarken Zeynep'in ağzı kulaklarına varıyordu.
- Son anda ikibuçuktaki toplantı iptal edildi. Öğlene kadarki işleri halledip soluğu burada aldım. Kaç seansına bilet aldığınızı bilmediğim için tedirgindim. Neyse Zeynep'in arabasını park yerinde görünce...
Beyza kasıtsız:
- Çok sevindik doktor. Zeynep siz yoksunuz diye sızlanıp duruyordu, dedi.
Zeynep'in gözleri pırıl pırıldı. İki gün öncesine ait bazı cümleler, zihninde dansetti:
- *O zaman Cumartesi Akmerkez'e gideriz.*
- *Mümkün değil, çok özel bir arkadaşım sinemaya davet etti.*
Mazereti hazırdı:
- Bu filmi iki yakın dostumla izlemeyi kurdum tüm hafta da ondan... Geldiğine sevindim...

Beyza uyardı:
- Şişt, film başlıyor...
Zeynep, aldığı meyve suyunun birini Beyza'ya uzattı. Öbürünü Ömer'e teklif etti. Genç adam "sağol" manasına elini göğsüne vurdu. Etraf karardı ve filmin jeneriği girdi.

Çıkışta bir kafede otururlarken Ömer:
- Sizinle geldiğime çok memnunum, tam manasıyla dinlendim, dedi.
- Sahi Zeynep, bunu sık sık yapalım... Sen filmi daha önce görmüştün değil mi?
- Evet.
- Sahneler değişirken elimi tutup "buraya dikkat" demen çok hoştu. Hiçbir ayrıntıyı kaçırmadım.
Danışmanları mahsus, kızmış gibi kaşlarını çattı:
- Bundan sonra Zeynep'i ortaya oturtalım o zaman. Ben çeviriyi okurken bazı hoş sahneleri atladım.
- Hadi canım siz de...Benden çok daha fazla şey yakaladığınıza eminim. Hangi sahneye takıldınız?
Beyza:
- Ben en çok Emma'nın, o küçük kilisede yaptığı duayı beğendim, dedi.
- Şu "Tanrım! Benim de olmasın ama ölene kadar bekar kalsın" kısmı mı?
- Hımm. "Evimize Bay Cnightly olarak girip çıksın yeter"
Ömer bir süre düşündü:
- Ben, Cnightly'nin, Emma'yı, o yaşlı kadını terslediğinde uyarmasını tuttum. Gerçek dostların acı söylese de defterden silinmeyeceğine güzel bir örnekti.
Dostunun niye en çok o sahneyi beğendiğini tahmin eden Zeynep, çocukça bir neşeyle, gürültülü bir biçimde elindeki meyve suyunun sonunu kamıştan çekti.
- İki defa izlediğim ve romanını da okuduğum için farklı yerlerini beğendiğimi söyleyebilirim. Ben hayata esprili bakan yaşlılardan çok hoşlanırım. Bu yüzden her üçünde de güldüğüm, Emma'nın ondan ayrılmak istemeyen babasının sözleri olmuştur:"Kızım, Cnightly ile evlenmene ne gerek vardı? Her Pazar ziyaretimize geliyordu ya..."
Gülüştüler. Beyza önündeki peçeteyle oynarken başka bir konu açtı:
- Neyi merak ediyorum biliyor musunuz? Yabancı filmlerin tadını niye Türk Sineması'nda bulamıyoruz?

TANRININ UMUT OLDUĞUNU SÖYLEDİ BİR BÜYÜĞÜM 215

Ömer:
- Ben bunu, biraz şartlanmışlığa bağlıyorum, dedi. "Batılı filmler her zaman iyidir"... Hayır, böyle bir doğru yok. Çok berbat kurgular, rezil senaryolar var.
- Evet üçüncü kalite filmleri olduğu doğru. Ama Beyza'nın sorusunu kendime hep sormuşumdur. Bizde de iyi filmler var gerçi...
- Var tabi... Sadece reklam yapmayı bilmiyoruz.
Beyza:
- Sadece bu mu,? dedi.
- Değil. Konuyu araştırma yönümüz de eksik. Bazen de artistlerin abartısı söz konusu.
Zeynep ısrarlı:
- Bence de batılı filmlerin çoğunu üstün kılan o tip ayrıntılar, dedi. Adamlar Vietnam filmi çevirmeden önce, gidip ormanlık, dağlık arazilerde, bir ay, askeri eğitime benzer şeyler yaşıyorlarmış. Düşün: sakalları tabii sakal, makyaj değil. Yüzleri esmerleşiyor, elleri hafif nasır bağlıyor. Bölgeyi inceliyorlar, o tabiatla içiçe yaşıyorlar...Makyajsa bile onu da harika yapıyorlar. Bizde bir tarihi film çekilecek, hala pamuk sakal kullanıyoruz.
Ömer itidalliydi:
- Bu kadar yüklenme Türk Sineması'na Zeynep...
- Yalan mı?
- Kısmen doğru ama olayın yüzde sekseni maddiyat, biliyorsun. Bir film için harcanan meblağı hiç düşündün mü?
Zeynep duraksadı:
- Orası da var. Ama işi biraz ciddiye aldığımızda ortaya nefis çalışmalar da çıkıyor. Mesela son dönem televizyon dizilerinden bir kaçının müptelası oldum.
Beyza:
- Film yapma tekniklerini de iyi kullandıklarını düşünüyorum, dedi.
Ömer artık psikolog kimliğinden iyice sıyrılmıştı:
- Mesela?
- Gazetede okumuştum. Bir filmin başarısı, sahnelerdeki doğallıkta yatarmış. Bizim oyuncuların çirkin görünmeye tahammülü yok herhalde. Mesela bir filmde, kadın oyuncunun babası ölüyor. Aynı günün akşamı, kadının saç biçimi değişiyor.
Zeynep gülerek tamamladı:

- Sanki kadın o üzüntüyle kuaföre gidip saç yaptırabilirmiş gibi. Eminim, iki ayrı zamanda çekim yapılmış, sonradan da gözden kaçmıştır.
- Herhalde. Ama izlerken beni güldürüyor. Halbuki trajik bir hikaye...
Ömer:
- Burada haklısınız. Ama bu batılı filmlerde de var. Adam şehirler arası yolculuk yapıp, sekiz saat tren yolculuğundan sonra bıçak gibi ütülü pantolonla trenden inebiliyor.
Zeynep muzipliği bırakmadı:
- Belki buruşmayan bir kumaştan imal edilmiştir.
- Her neyse, Batı'yla veya Amerika'yla bizim sinemayı kıyaslarken, tokmağı hep bizden yana vuruyoruz. Ama şu da bir gerçek ki, Avrupa ya da Amerikan sinema sektörü, her türlü maddi imkana sahip ve bütün dünya sinemasının kriterlerini de onlar belirliyor. Bu yüzden onlardan kat kat üstün filmler de yapsak, günyüzüne çıkması için ne yazık ki onların sıra vermesini beklemek zorundayız... En azından şimdilik...

İki arkadaş, genç adamın sözlerine isteksizce baş salladılar.

İçkiyi yeni bırakıp hastane tedavisi görenlerin katıldığı grup terapi sonrası, Ömer Zeynep'in düşüncelerini öğrenmek için bahçede bir yürüyüş teklif etmişti.

Yavaş yavaş serinlemeye başlayan sonbahar havasında, ormanın manzarası harikaydı. Kahverenginin açıklı koyulu tonları, mevsimin sonbahar olduğunu en inatçı gözlere bile kabul ettirecek belirginlikteydi. Genç kız, üzerine hafif bir ceket giymişti. Derin derin nefes aldı:
- Ahmet Tekcan bu gün formundaydı yine. Ne güzel uğraşılar bulmuş kendine alkolü bırakınca. Konuşmaları bile her görüşümde değişiyor... Biliyor musun, burayı gün geçtikçe daha çok seviyorum.
- Dört beş ay önce burayı gözün tutmamıştı, itiraf et. Ya da beni...
- Birkaç ay, insanın hayatında mühim değişiklikler yapabiliyor. Hadi, hadi surat asma, senle tanışmamız biraz farklı oldu ama Yürek Ülkesi'ni ilk gördüğüm anda beğenmiştim.
- Babaannem seni dilinden düşürmüyor.
- Ben de ona hayran kaldım... Tam tarif ettiğin gibi bir "eski İstanbul hanımı". Ağır, olgun, dirayetli, sözü sohbeti dinlenir...
- İkinizi bir daha ne zaman bir arada göreceğim?
- Arsız misafirler gibi her gün size mi geleyim?
Ömer gülümsedi:

- Almanya dönüşü ikinizi bir yerlere götürmek istiyorum. Mesela Kavak'a balık yemeye. Ne dersin?
- Belkıs Hanım isterse, her zaman hazırım.
- Kafasına göre bir sohbet arkadaşı buldu mu, babaannem Kafdağı'na bile gider.
- Bak Mahmut Bey geliyor.

Yaşlı adam, daima bir tarafa eğik başıyla, dervişâne yürüyüşüyle birkaç yüzyıl öncesinin havasını taşıyordu. Bugünün problemlerini çözerken de o günlerin üslubunu kullanmaya çalışması, ailesiyle arasında derin uçurumların açılmasına sebep olmuştu.

- Merhaba çocuklar. Zeynep, sana bir yazı okutacaktım geçen gün, gelmemişsin. Nasılsın?
- İyiyim, siz nasılsınız?
- Şükür yaradana...Kemal'e bir ney hediye etmişsin...
- Haddimi aşmadığımı umarım. Sizin neyinizi dinleyince o minik sanatkâra uygun bir hediye olacağını düşündüm. Neyin kalitesi iyi mi?
- Gayet güzel. Baş pâresinin şimşir olması iyi olmuş.

Ömer merakla:
- Nedir bu ney meselesi? Anladığım kadarıyla, danışmanlığımı elimden alıyorsun Zeynep, dedi.

Genç kız alçak gönüllüce:
- Estağfirullah doktor, diye cevapladı.
- Senin dengen, Zeynep'in sıcak duygusallığı, "Yürek Ülkesi"ni vazgeçilmez kıldı benim için. Bak, on gün uzak kalamıyorum.
- Hanımınız nasıl?
- İyi, o da benim burada olmamdan memnun. Daha az lâf-ı güzâf, daha az başağrısı.
- Bizimle kafeteryaya gelin.
- Biraz sonra size katılırım. Münir Bey beni çağırmış...

27.

Uçakta, Zeynep'in yanında orta yaşlı bir adam vardı. Genç kız, hostese gülümseyip arkasına yaslandı. Dışarıdaki bulutlara baktı.

Yol arkadaşı gazeteyi açınca bir resme takıldı gözü. Bu, Yürek Ülkesi'nin helikopterden çekilmiş nefis bir görüntüsüydü. İçinde sıcak bir şeylerin aktığını hissetti. Başını tekrar o bembeyaz bulut kümesine çevirip gözlerini yumdu.

Havaalanında, Zeynep'i Mustafa karşıladı. Almanca anonslar arasında yüksek sesle merhabalaştılar.
- Hoş geldin...Aysel zor günler geçiriyor, gelemedi.
- Sen de başından ayrılmakla hata ettin. Bir taxiye atlayıp gelirdim. Adres tarif edecek kadar Almanca öğrendim bir aydır.
Mustafa gülümsedi:
Bende Anadolu erkeğinin kanı var Zeynep. Misafirimizi elimle teslim etmeliyim karıma...
- Sağol...

- Seni bu halde karşılamak hiç hoşuma gitmiyor.
- Ben, bu şişman halini gördüğüm için memnunum. Bir daha nerdeee. Doğumdan sonra çıta gibi kalırsın.
- Doktor, sürekli yat dedi. Türkiye'den geldim geleli böyleyim sayılır.
Mustafa karısına eğildi:
- Şimdi nasılsın canım?
- İyiyim hayatım. Sen Zeynep'in bavulunu odasına götürüver.
Mustafa odadan çıkınca:
- Benden çok telaş ediyor, dedi. Burada doğumlara babaları da sokuyorlar ama ben Mustafa'yı istemiyorum. Bayılacağından korkarım.
- Dışarıda da dokuz doğurur ama.
Aysel yattığı yerde karnını tuta tuta güldü:
- Çok gülersem yeğenin erken gelir ona göre. Buradayken esprilerini sınırlı yap.
Zeynep uzanıp arkadaşını öptü. Sıkı sıkı sarıldılar.

Yemek yerlerken Aysel aniden elini beline götürdü. Mustafa yerinden sıçradı. Sadece yalancı bir sancıydı.
Diğer öğünde Zeynep, Aysel'in yemeğini tepsi içinde yatağına götürdü.
Ertesi gün tekrar başlayan sancı, bu defa aralıkları az vurmaya başlamıştı. Hastaneyi arayıp bilgi alan Mustafa, sık sık saatine bakmaya başladı.
Birkaç saat sonra Aysel'i arabanın arka koltuğuna oturtan Zeynep, elinde, günler öncesinden hazırlanmış bebek çantasıyla onun yanına bindi.
Yol boyunca Mustafa ikide bir arkasına dönüyordu. Aysel elini okşayan Zeynep'e ve arabayı kullanan telaşlı kocasına gülümserken, içinden de filmlerde izledikleri gibi arabada doğum yapmamak için dua ediyordu.

TANRININ UMUT OLDUĞUNU SÖYLEDİ BİR BÜYÜĞÜM

Hastane koridorunda, eşine düşkün her baba adayı gibi Mustafa da, bir ileri bir geri yürüyüp durdu. Zeynep, hemşirenin verdiği hastane kıyafetlerini giyip doğum odasına girerken ona teselli verir tarzda gülümsemeyi ihmal etmedi...

Aysel bebeğin beşiğini son kez kontrol edip oturma odasına girdi.
- Zor uyudu. Karnı doymuyor mu acaba?
- Bayağı yedi ama...
Zeynep koltuğa otururken düzeltti:
- Ona, emdi denir cahil baba.
- Aman ne bileyim, minicik bi şey, ağzı var mı yok mu belli değil.
- Ne yani, sen kızımı beğenmiyor musun?
- Yok canım, ne haddime.
Aysel kendi vücudunu göstererek:
- Bak sonra bu hale geliyor prematüre bebekler, diye takıldı.
Mustafa sevecen bir ifadeyle karısına gülümsedi:
- Ben kızımı da, seni de çok beğeniyorum.
- Sağol sevgili baba.
Zeynep :
- Çocuklar bir şey söyleyeyim mi, doktorluk çok zor bir meslek, dedi. Aysel'e baktı:
- Sen doğum yaparken, doktorun alnında biriken terleri bir görseydin. Küçük Funda'yı eline alıp bir o yana bir bu yana döndürdü. Hayat ağlamasını duyana kadar narin bir çiçek gibi onu hafif hafif salladı. Hemşireye teslim ederken de vermek istemez gibi bir hali vardı.
- Sen o sırada beni mi, doktoru mu gözlüyordun ha?
- İkinizi de...
Mustafa:
- Neyse, sen de, Funda da iyisiniz ya, her şey yolunda demektir, dedi.
Zeynep, çiçeği burnunda babaya, pazarlıkçı bir tavırla:
- Dönüşte Ahmet amcaya, damadının halini anlatmamam için, bana ne rüşvet vereceksin? diye takıldı.
- Ne istersen... Doktor damadı olmaya yakışmıyordu halim değil mi?
- Hakkını yemeyelim, hiç değilse bayılıp da bir de kendini merak ettirmedin.

Bahçede, kurumuş yapraklar güzel bir sonbahar fonu oluşturmaktaydı. Ömer Beyza'yla birlikte bir banka oturmuştu. Genç kadın huzursuz görünüyordu.

Terapist, rüzgardan ürperip yağmurluğunun fermuarını daha da yukarı çekti.
- Bu hafta buraya ikinci gelişin. Çıktıktan sonra bir süre uğramazsın sanıyordum.
- Annemle tartıştık yine. Gittiğim doktoru değiştirmek istiyor.
- Nesi varmış bu doktorun?
- Ne bileyim? Doğal yöntemleri öne çıkaran biri. Alternatif tıpla da ilgileniyor. Alanında uzman bir jinekolog aslında. Sanırım annemi muayenehanedeki bitki resimleri ve otlardan yapılmış karışım örnekleri korkuttu.
- Ona merkezdeki doktorun tavsiye ettiğini söylemedin mi?
- Söyledim ama dinlemiyor.
- Annene ne şekilde hitabettin?
Beyza ona bakıp, şaşkınlıkla:
- Nasıl yani? diye sordu.
- Her zamanki itaatkâr, munis tavrınla mı?
- Bilmem. Şey, herhalde...
Ömer uzun bir süre sustu.
- Yürek Ülkesi'ne ilk geldiğinde yaptığımız konuşmayı hatırlıyor musun?
- Evet. Duyguların dışa vurumuyla ilgiliydi.
- Bağırmadığını, daha doğrusu bunu hiç denemediğini söylemiştin. Ben de ciğerlerindeki tüm havayı boşaltırcasına haykırmanın güzelliğinden bahsetmiştim.
- Anneme bağırmamı mı tavsiye ediyorsun?
Ömer güldü:
- Hayır, en son düşündüğüm şey bu. Ona sadece "bu çocuğun annesinin sen, anneannesinin o" olduğunu hissettirmelisin. Kararlı, azimli bir anne adayı portresi çizersen, evde rahat edersin. Yoksa, çocuğunu büyütürken ikinci plana atılmayı peşinen kabullenmiş olursun.
Beyza sertçe itiraz etti:
- Bunu istemiyorum.
- Tüm yaşamındaki ezik tavrını değiştir artık. İnsanlara kırmadan "hayır"demeyi öğren. "Sınırlar" kitabından etkilendiğini söylüyordun. Onun ana cümlesini tesbit etmiştik hani.
- İçinizde alev alev yanan bir "evet" yoksa, insanların isteklerine "hayır" demek çok zordur.
Ömer başıyla onaylayıp etrafına bakındı. Teşvik eder tarzda:
- Ortam müsait, hadi deneyelim, dedi.

- Neyi?
- Bağırmayı...
- Dalga mı geçiyorsun doktor?
- Hayır. Gelen geçen yok. Herkes bu saatte öğlen uykusundadır, kimse duymaz. Hadi dene...
- Çığlık mı atayım?
- Ne istersen...Korkmuş değilsin, sadece kızgınsın. Bunu hayal et...
Beyza'ya dikkatle baktı:
- Sana yardım etmemi ister misin?
- Nasıl?
- Annen olayım.
- Ben gülerim şimdi...
Ömer ciddiydi:
- Hadi deneyelim.
Sesini inceltti:
- "O doktora gitmeni istemiyorum. Benim doktorum hem daha yaşlı hem daha tecrübeli.
Beyza gülmemek için çenesini sıkıyordu. Bu yüzden sesi bir tuhaftı:
- İyi ama anne, bu doktoru merkezden tavsiye ettiklerini unutma.
- Onların arkadaşıdır da ondan. Hem, o neydi geçen gidişte öyle, odanın ortasında koca bir palmiye ağacı. Neymiş, havadaki karbondioksidi temizliyormuş.
Beyza ciddileşmeye çalıştı:
- Yalan mı? Bütün bilim adamları yeşil bitkileri tavsiye ediyor. Senin salonun da orman gibi.
- O başka bu başka... Muayenehane dediğin ciddi bir işyeridir. Hasta yatağının tam üzerinde, tavanda, dil çıkaran bir tırtıl figürü vardı, gördün mü?
- Aman anne, adamcağız hastaların korkusunu geçirmek, onları neşelendirmek için düşünmüş olamaz mı?
- Vallahi bence hafif çatlak. Her neyse. Ben senin o doktora bir daha gitmeni istemiyorum.
Beyza sertleşmeye çalışan bir tavırla:
- Ben o doktora ısındım. Biliyorsun doğum için bu çok önemli, dedi.
Ömer, Nermin Hanım'ın, yakından tanıdığı, itiraz kabul etmez ifadesini taklitte hiç zorlanmıyordu:
- Ben anlamam. Yarın benim doktoruma götüreceğim seni.

Beyza sesini biraz daha yükseltti:
- Lütfen. Bu... Bu bebeğin annesi benim. Sorumluluğu bana ait.
- İtiraz istemem.
Artık kesin bir tavırla:
- Hayır anne, yarın o doktora gitmeyeceğim. Merkeze gidip Ömer Bey'e danışacağım. Gerekirse doğuma kadar da orada kalırım. Beni bunaltma.
Terapist eliyle kesip alkışladı:
- Bravo, bravo Beyza. İşte bu kadar...Şu kesinlikteki bir konuşma, annenle aranızdaki meseleyi çözer. Yalnız her zaman böyle dinlenme merkeziyle tehdit edemezsin. Onun için bu raddeye getirmeden çözmenin yollarını da aramalısın.
- Nasıl ama?
- Babanı devreye sokarak mesela. Gördüğüm kadarıyla o daha anlayışlı biri.
- Öyledir. Babamla pek konuşmayız. Ama onun onaylayıcı bakışlarını her zaman yakalarım ve sessizliği bile bana sıcak gelir.
- İşte onun annen üzerindeki tesirlerinden yararlanabilirsin. Haydi şimdi de serbest bağırmayı tecrübe edelim. Biraz önceki deneyim çok başarılıydı.
Beyza tek kaşını kaldırıp Ömer'e çaresizce baktı.

Kızlar, Ayla Hanım'ın torununa getirdiği giysilere bakarlarken Mustafa biraz uzaktan hayretle onları izliyordu. Aysel:
- Anne amma abartmışsın ha, dedi.
- Ne abartısı kızım. Bebeğe lazım şimdi bunlar. Telefonda, "sık sık kusuyor" dedin. Yıkanıp kuruyuncaya kadar bir sürü üst baş lazım.
Aysel elindeki tulumu salladı:
- İyi de bunlar bir kreş dolusu çocuğa yeter.
Zeynep de elindeki kıyafeti okşuyordu.
- Şu üzerinde köpek resimleri olan çok şeker. Baksana Aysel, bonesi de var.
- Ay hakikaten.
Mustafa:
- Yahu şu kadınlar amma elbise düşkünü oluyor, dedi.
Zeynep çıkıştı:
- Kadınlar estetiğe önem verirler beyefendi.
Aysel kocasını savunma ihtiyacı duydu:

TANRININ UMUT OLDUĞUNU SÖYLEDİ BİR BÜYÜĞÜM

- O kızını böyle bol bulamaç alıştırırsak, ileride aç gözlü bir lüx düşkünü olacağını düşünüyor.

Annesi itiraz etti:

- Aaa, hiç de değil. Senin bir sürü giysin vardı küçükken ama gayet tok gözlü bir kızsın.
- Bu benimle evlenmesinden de belli anne. Evleneceğimiz sırada bir sürü zengin talibi vardı.
- Onu demek istemedim.
- Ben de alınmadım zaten. Sadece küçük Funda'yı şımartmayalım dedim.

Zeynep:

- Üzülme dostum, ben sana hak veriyorum, dedi. Çocukları yokluğa da alıştırmak gerek. Yalnız, bilinci oluşmaya başlayınca.

Ayla Hanım parmağını tehditvâri salladı:

- Ben buradayken, getirdiklerime laf ederseniz, vallahi bi dahaki gelişe iki katını getiririm ona göre.

Berlin sokaklarında gezen üç kafadar, Zeynep, Aysel ve Ayla Hanım, birlikte geniş caddelerde resim çekinip vitrinlere bakarken, Mustafa, evde kızına biberonla süt içirmeye çalışıyordu. Ufacık dudaklar kıvrılıyor, bükülüyor, suni memeyi bir türlü kabullenemiyordu. *Ne zor iş.*

Ağlayınca telaşlanıp kucağına aldı. Kızını pişpişlerken eğilip süt kokan yanakları sevgiyle öptü. Alt değiştirme fasılları da oldukça zorlu geçti.

Akşamüzeri, uyuyan Mustafa'nın üstünü örten Aysel, Zeynep'le annesine:

- Sızdı vallahi, dedi. Ayol baba olmak ne de zormuş. Bir gün çocuk baktı, depremzedeye dönmüş.

Zeynep gülümsedi:

- Sen alıştın uykusuz gecelere. O, işteyken anlamıyor. Hafta sonları da Ayla Teyze elinden bırakmadı. Bu Mustafa'nın hayatının en uzun günüydü bence...

Ayla Hanım, bebeği kucağına aldı:

- Baban, ne zaman geleceksin deyip duruyor.
- Şubat'ta gelince onu da göreceğiz. Bakalım ayrılabilecek mi Funda'dan.

Zeynep evi aramak için kalktı. Babasıyla konuşup havadisleri aldı. Ahizeyi yerine bıraktığı anda telefon çaldı.

- Alo, Zeynep sen misin?
- Ömer!..Nasılsın?

- İyiyim, bebek doğdu mu, nasıl?
- Neredeyse dört haftalık oldu. Çok sağlıklı.
- Sen nasılsın? Oradakiler?
- Hepimiz iyiyiz. Ya babaannen? Merkez sakinleri?
- Burada bir değişiklik yok. Yalnızca....

Sesi boğuklaştı:
- Seni özledik. Ne zaman dönüyorsun?
- Ben de İstanbul'u çok özledim. Bir haftaya kadar döneceğim herhalde. Gelir gelmez ararım.
- Peki. Oradakilere selamlarımı ilet. Güle güle büyütsünler.
- Sağol, iyi günler.
- İyi günler.

Zeynep yüzü kızarmış halde, bir süre telefonun başında bekledi. Normalleşmek için elini yanağına bastırdı. Dönünce Aysel'in odada olmadığını görüp rahatladı. Ayla Hanım da torununa dalmıştı. Mutfağa gitti.
- Ömer Kılıç'tan bahsetmiştim. Merkezdeki terapist.
- Eee?
- Tam telefonu kapamıştım, o aradı. Sizleri gıyaben tanıyor, bebeği tebrik etti. Onun da babamın da selamları var.

Aysel bir şeyden şüphelenmemişti. Yemeği tattı.
- Sağolsun...Bak sana perhiz yemeği pişiriyorum. Patates yemeği ve ızgara köfte...

Zeynep etrafı koklayıp buzdolabını açtı.
- Harika kokuyor, salata yapayım.

Zeynep dönüş yolunda, ardında bıraktığı manzarayı düşündü. Aysel, Mustafa ve küçük Funda. Onu havaalanına bırakırlarken, Ayla Hanım: "daha bir aylık bebeği dışarı çıkarmayın, kırkı çıkmadan...." dediyse de dinletememişti. Kolay mı, isim annesini Türkiye'ye uğurlayacaktı. Ebesi bile sayılabilirdi. Doktor ve hemşirelerden sonra Funda'yı ilk kucağına alan oydu.

Ne şirin bir aile olmuşlardı. Özlemle, ileride kendi yanında durup, Aysel'e el sallayacak aileyi düşündü. Hayalleri İstanbul'a oradan da Beykoz sırtlarına kaydı. Sonra hayalindeki ruh, bir beden kazandı. Yüzü belirginleşti. İstanbul'dan çok, onu özlememiş miydi?

Almanya'ya gelirken içine akan ılık duygular, bir ton koyulaşmış halde kalbine dökülüyordu. Bakışlarını yine beyaz bulutlara kilitledi ama bu defa gözlerini kapamadı.

28.

Mahmut Bey, Kemal'e ney üflemeyi öğretirken ara ara parmaklarını düzeltiyordu. Başını daha uygun eğmesi için eliyle başını tuttu.
- Düzgün açıdan üflersen daha kolay olur.

Kemal ağzından neyi çekip:
- Neredeyse bir ayı geçti, anca pes seslerden ikisini çıkarabiliyorum, diye hayıflandı.
- Sadece ses çıkarması birkaç ayını alan bir arkadaşım vardı, sen çok hızlısın. Hem zordan başladık, tiz perde daha kolay çıkacak göreceksin.
- Sizce Merkez'in yıldönümüne yetişecek mi?
- Kimse senden mucize beklemiyor. Daha iki aya yakın süre var. Komitedekilere duyurmazsak o gece sürpriz olur.
- Sizin neyinizin bir adı olduğunu duydum. Ona niye isim verdiniz?
- Neyimle konuşurum da ondan...
- Adı ne peki?
- Dûdîdem.
- Ne demek?
- Farsça, "İki gözüm"

Kemal elindeki neyi süzdü:
- Benimkine de bir isim koyalım.
- Senin için ne ifade ediyor? Onu neye benzetiyorsun?
- Ne bileyim? Benim için çok kıymetli. Herkesin onunla veya başka bir aletle yaptığım müziğimi beğenmesini isterdim.
- Çeşm-i Cihan'a ne dersin? "Dünyanın gözbebeği" manasına geliyor.

Kemal sevinçle el çırptı:
- Bunu beğendim.Çeş...Çeş...
- Çeşm-i cihan...
- Çeşm-i cihan...Tamam.

Genç neyzen, hevesle tekrar dudaklarını büzüp üflemeye başladı.

Ahmet Bey, havaya kaldırdığı mide filmine dikkatle baktı. Zeynep, doktorun az önce söylediklerine inanamamış gibiydi:
- Hakikaten ufalmış mı?
- Neredeyse kaybolmuş.
- İlaçlara devam mı?
- Bazılarını yazmadım, bırakabilirsin. Bazılarının da miligramlarını hafiflettim... Torunumu nasıl buldun bakalım?

- Çok şirin...Gözleri Mustafa'ya, burnu size, çene kısmı Ayla teyzeye benziyor.

Ahmet Bey, genç hastasına takıldı:

- Aysel'e benzeyen kısmı yok mu?
- Yüzünün toplamı da onu andırıyor. Gelişim psikologlarınca bunlar "sosyal tebessüm"değilmiş, refleks sonucuymuş ama Aysel'i ayırdedip gülümsüyor biliyor musunuz? Dudakları yukarı bükülürken tıpkı küçük bir ördeği andırıyor.

Doktor yazdığı reçeteyi uzattı.

- Beni iştahlandırma, seni başhekime şikayet ederim. Adam "Şubat'tan önce imkansız" diyor.
- Çok iyi bir ikili olacaksınız. Yani dede-torun olarak...

Kafeteryada masaları birleştirmiş, neşeli bir grup oluşturmuşlardı.

Ayşe, Kemal'in elindeki neyle ilgileniyordu. Kemal ona delikleri işaret ederek bilmiş bir tavırla konuşuyordu.

Zeynep'le Ömer ara ara birbirlerine bakıp gülümserken, Mahinur ikisini süzüp dirseğiyle Rüstem'i dürttü.

Bir saat önceki karşılaşmaları, Ömer'in gözünün önünden gitmiyordu. *Gözleri ne kadar pırıltılıymış. Kaç gün oldu bu gözleri görmeyeli? 30-31?* Hesabını şaşırınca klasik yönteme başvurmaya karar verdi. Masanın altından, sıktığı sağ yumruğuna bakarak, ayların kaç çektiğini gizlice saydı.

O esnada Mahmut Bey de Doğan Dikmen'le hararetli tarzda tartışıyordu.

İlhan, odasında ayna karşısında dik saçlarını yatırmaya uğraşıyordu. Ceketini yerleştirip, kollarını silkeledi. Son kez kendine bakıp çıktı.

Tamer odasına giren genci gözucuyla süzdü. *Sana güveniyorum evlat.*

Akşam sofrasında Tamer, eşi, kızı, altı-yedi yaşlarındaki oğlu ve İlhan neşeli bir tablo oluşturmuşlardı. Evin hanımı İlhan'ın tabağını doldurdu. O, utangaç utangaç karşısındaki kıza bakıyordu. Baba, ikisi arasındaki kaçamak bakışmaya bıyık altından gülümsedi. *Seni seviyorum evlat.*

29.

Güneşli ama soğuk bir Kasım günü. Yaşlı kadın, önündeki balığı bitirmiş, hem gülüyor hem söylüyordu:

- Sonunda Ömer'in büyük babası, inadını kırıp annemle barıştı... Hay Allah, sizi eski günlerle sıktım mı?

TANRININ UMUT OLDUĞUNU SÖYLEDİ BİR BÜYÜĞÜM 227

- Ne münasebet... Adem'le Havva'dan beri insan ilişkileri aynı bence. O yüzden, ha ikibinkırk yılındaki bir kaynana-gelin kavgasını konu etmişiz, ha milattan öncesini. Hırslar, istekler, beklentiler çağlara göre değişmiyor. Değişen sadece teknolojik kavga sebepleri.

Genç yazar sesini değiştirip elini beline götürdü:
-"Gelin! gelin! Mikro dalga fırının saatini fazla kurmuşsun yine...Sen oğlumu batıracaksın."

Ömer gülerek:
- Hayatın felsefesi bu değil mi? diye sordu.
- Evet. Hayatın ve insanlığın...

Belkıs Hanım'ın onaylayıcı bakışları, iki gencin üzerinde gezindi bir süre. Sonra "hayırlısı" diye düşündü ve sağlığına dokunmasından korkarak, masaya yeni servis edilen helvanın fıstıklarını, çatalıyla ayıklamaya başladı.

Neredeyse kış havası çökmüştü merkezin bahçesine. Ama dört meraklısı ondan kolay vazgeçecek gibi değillerdi. Doğan Dikmen her zamanki gibi coşku doluydu:

- Ne demiş Latin Amerikalı yaşlı Antonyo: "Biri sana parmağıyla güneşi gösterdiğinde, parmağa bakarsan aptalsın demektir. Güneşe bakarsan daha da aptalsın. Çünkü gözlerin yanar. Senin bakman gereken, o parmakla güneş arasında uçan kuştur."
- Ne güzel kelam.
- Sözüme geliyor musun, Mahmut Bey? Ne varsa direnişçilerde var. Geçen gün bir televizyon programında EZLN komutanı bir Meksika yerlisi söylüyordu bunları.
- ....

Zeynep Doğan'ın yanına çöktü.
- Şu sözü tekrarlar mısınız, yazımda kullanayım.

Ömer, Mahmut Bey'e döndü:
- Dünyada ortak doğruların var olduğunu bilmek ne güzel değil mi üstadım. Muhalif saydıklarımız bile bazen bizim dilimizden konuşabiliyorlar.

Mahmut Bey hoşgörülü bir tavırla:
- Elbette, dedi. Herşey zıddıyla kaim aslında. Zıtlıkların dünyasında uyum içinde yaşamak lazım. Ağlamak ve gülmek kan kardeşi sayılır. İkisinde de yüz çizgilerimiz aynıymış.

Zeynep kulak kabartmıştı:

- Hey bi dakka. Bunu da kullanmam lazım köşemde. Artık iki yazı yazıyorum biliyorsunuz. Malzeme bulmada bana yardım etmelisiniz.
Ömer Zeynep'e duyuracak bir ses tonuyla yaşlı adama seslendi:
- Şu haliyle tam bir balarısına benzemiyor mu? Çiçekten çiçeğe...

- Dikkat et doktor, iğnem sivridir.
Serap huzursuz bir biçimde attığı adımlarla salonu turlayıp duruyordu. Ömer girince gidip pencereden bakmayı yeğledi. Nişanlısı bilgi verme ihtiyacı duydu:
- Şimdi uyudu...Fena üşütmüş.
Genç adam, kızın tavırlarını önemsememek için oturup eline gazeteyi aldı. Serap kızgınlığını dışa vurmaktan çekinmeksizin:
- Ne vardı Kasım ayında dışarlarda yemek yiyecek...Yaşlı kadın... Evden çıkarmazdın sen, ne oldu ki? diye sordu.
Ömer sükûnetle cevapladı:
- Canı dışarıda yemek istedi...Büyütülecek bir şey yok.
Serap oturdu. Bir süre konuşmadı.
- Bir arkadaşım sizi görmüş, yanınızda biri daha varmış: "Pek şen şakrak bir üçlüydü" dedi.
Ömer gazeteyi yüzünden indirmeden:
- Zeynep'i de davet etmişti babaannem, dedi.
- Demek sen değil, babaannen davet etti.
Gazeteyi indirdi. *Kaçmak faydasız.*
- Ne oluyoruz Serap? Arkadaşımla ve babaannemle yemek yemem seni niye bu kadar rahatsız etti? Ben Avrupa'daki eğlence dolu geceleri - bu tabir sana ait- karıştırıyor muyum?
Serap elini bir şey kovalar gibi savurdu:
- Bırak şimdi... İkimiz çok farklıyız. Senin bu güne kadar benim dışımda bir kızla yemek yediğini görmedim.
Ömer konuyu değiştirmek istedi:
- Hastalarımı unutma...
- Zeynep Ardıç'ın hiç hasta bir hali yok. Vaktiyle terapiye ihtiyaç duymuş olabilir. Ama şimdi durumundan faydalandığı kesin. Sana bakışlarını da hiç beğenmedim.
Ömer hiddetle ayağa kalkıp camın önüne yürüdü.
- Lütfen onu karıştırma. Yüzünü on günde bir görüyorum ve hala merkeze para ödüyor. Böyle bir niyeti olsa, tanıştığınız gün, sen odama gelince nezaket icabı da olsa bizi yalnız bırakmaz, seansa devam etmek isterdi.

- Hıh nezaketini sevsinler.
O da kalkıp Ömer'e yaklaştı:
- Ömer seni paylaşmaya dayanamam, anlıyor musun?
- Beni kimseyle paylaştığın yok. Hayatımda bir babaannem var, onu da konuştuk daha önce...
Serap taktik değiştirdi. Kedi gibi sokuldu:
- Artık seninle evlenmek istiyorum Ömer. Hep, beni kollarına aldığını hayal ediyorum. Karın olacağım günü iple çekiyorum.
- Nikah muamelelerini başlatmamı mı istiyorsun?
Genç kız hırsla bağırdı:
- Hayır. Allah kahretsin... Beni sevdiğini, bensiz yaşayamayacağını söylemeni istiyorum...Bunu bilerek yapıyorsun. Senin bu kadar soğuk bir erkek olduğuna inanamam. Sevgini hangi kadına söylesen onu çılgına çevirebilirsin. Ama benim dışımda birine söylemene müsaade etmiyeceğim.
Kapıyı çarparak çıktı. Ömer'in hayalinde Zeynep'in mahcup gülüşü belirip kayboldu.

Genç adam, kulak kabarttı. Kapısının önünden tartışma sesleri geliyordu. Şükran her saniye biraz daha yükselen bir sesle konuşuyordu:
- Hayır. Ben bu defa Ömer Bey'i istiyorum. Niye onun grubunda olamazmışım?
Fuat sakinleştirmeye çalıştı:
- Bu ara çok dolu Şükran Hanım. Beni istemezseniz, Türker Bey veya Aylin Hanım'la da görüşebilirsiniz.
- Hayır. Ben Ömer Bey'i göreceğim.
Genç terapist kapıdan başını uzattı.
- Hayrola bu gürültü de ne? Ooo Şükran Hanım, niye dışarıda konuşuyorsunuz, buyurun.
Şükran odaya daldı. Ardından Fuat da girmek istedi. Ömer eliyle onu engelleyip "ben hallederim" gibisinden kaş göz işareti yapıp kapıyı kapadı.
- Buyurun oturun Şükran Hanım...Sizi böyle kim sinirlendirdi, söyleyin?
Şükran oturup hemen bir sigara paketi çıkardı. Elleri titremekteydi. Ömer yanına bir sandalye çekti. Kadının sigarasını elinden alıp kendi cebine soktu.
- Sigara yok..:
Şükran yarılanmış paketi çantasına koydu:
- Öff, Önce Münir Bey...Odalar doluymuş filan. Neyse sonra bir kişilik yer boşaldığını söyledi, sonra da beni Fuat'ın grubuna yazdı. Ben si-

zi istediğimi söyledim. Olmaz dedi...Fuat'la da tartıştık. Bana sizin dışınızda tüm doktorları saydı.
- Sakin olun...Şu ara depremzedeler de var ya, çok yoğunuz hepimiz.
Şükran kırgın görünmeye özen göstererek:
- İyi ama eski hastalara öncelik yok mu? diye sordu.
- Olmaz mı?..Sızın için bir şeyler ayarlamaya çalışırım. Olmazsa bir arkadaşla ortak yürütürüz terapiyi. Siz canınızı üzmeyin. Ne zaman geleceksiniz?
Kadın ağlamaya başladı:
- Hafta sonu bavulumu alıp gelirim. İnanın doktor, kendimi buraya attığıma memnunum. Teyzem, gitme dedi ama ben ancak Yürek Ülkesi'nde huzur buluyorum.
Sabahleyin kuaför eli değdiği belli olan saçlarını geri attı:
- Fuat Bey'i de severim ama o kıskanç karısına katlanamıyorum. Serap Hanım çok anlayışlı, o yüzden ben de sizin grupta olmak istedim. Yalvarırım doktor...
Ömer eline sarılan Şükran'ı teselli etti:
- Tamam sakin olun... Elimden geleni yaparım. Münir Bey'le de konuşurum.

- Bizi içeriye almayacak mısın?
Gülay kenara çekildi.
- A, lütfen içeri geçin.
Kemal, koltuk değneklerine yaslanarak elindeki paketi uzattı. Selim de elindeki kasımpatıları.
- Size çaya geldik Gülay abla.
- Ben... ne diyeceğimi bilemiyorum. Sağol Kemal.
Selim'e döndü:
- Çok incesin. Salona buyurun. Ben bunları vazoya koyayım.
Gülay çiçekleri koyduğu vazoyu yemek masasının üstüne yerleştirdi.
- Baban yok mu?
- Trabzon'a, amcamlara gitti. Kışı orada geçirecek.
- Oğlumla sana bir müjde vermeye geldik. Hem de bir davette bulunmaya.
- Kemal'i bu halde görmek en güzel müjde. Ne zamandır iskemleni kullanmıyorsun?
Kemal gözleri parlayarak:

TANRININ UMUT OLDUĞUNU SÖYLEDİ BİR BÜYÜĞÜM

- On gün filan oldu...Ben, şey, konservatuarın yetenek sınavlarını kazanmışım. Artık oranın öğrencisiyim. Birinci dönem raporluyum ama. Babam epeydir görüşmediğinizi söyledi.
- Evet nerdeyse bir ayı geçti. Senin adına çok sevindim... Başaracağını biliyordum zaten...

Kemal, babasına döndü:
- Daveti de ben yapabilir miyim?
- Tabi...

Genç kadın babayla oğlun gizemli tavırlarından bir şey anlamamıştı.

Kemal:
- Yürek Ülkesi'nin Aralık sonunda kuruluş yıldönümü var. Eğlence komitesindeyim. İki kişiyi davet hakkım var. Ben de babamla sizi düşündüm, dedi.

Gülay'ın gözleri yaşardı:
- Bu beni çok onurlandırır... Gerçekten gelmemi istiyor musun?
- Hem de çok. Zaten o gece de babamla size bir sürprizim olacak.

Selim lafa karıştı:
- Bunu bana da söylemiyor. Mahinur ablayı da sıkıştırdım ama öğrenemedim.
- O zaman gelmem şart oldu. Sürprizlere bayılırım. Ama bu günkü kadar beni heyecanlandıran ve sevindireni hiç olmamıştı.
- Bana bakma, Kemal düşündü.

Gülay biraz sakinleşmeye ihtiyacı olduğuna karar verdi. Yerinden kalkarken:
- Öyleyse ben de Kemal'e koca bir dilim pastanın yanında evde yaptığım erik şurubunu getireyim, dedi. Bize de çay koyayım.

Münir Bey'in odasında Şükran'ın durumu konuşuluyordu. Psikiyatrlar arasında titiz çalışmalarıyla öne çıkan Hale, elinde imzalanmak için bekleyen evrakları Münir Bey'in masasına bırakıp arkadaşına döndü:
- Bu defa neymiş?

Fuat:
- Son eşiyle barışmıştı ya, adam buna iki ay dayanabilmiş, dedi. Yine aynı hikaye: bayılmalar, halüsilasyon iddiaları... Reddedilmeye dayanamıyor kadın.

Hâle imalı bir sesle:
- Hiçbir kadın reddedilmek istemez, dedi.

Ömer Münir Bey'e:
- Peki ne kadar kalabilir? diye sordu.
- Vallahi bu hafta Selma Hanım ayrılmasa zor kabul edecektik. Sanırım bir ay kalması gerekir.
- Bu kez intihar girişimiyle değil kendi isteğiyle gelmiş ama onun neler kurduğu belli olmaz. Biz onu gene de bu bölümde tutalım.
- Onu senin grubuna yazayım mı?

Genç adam isteksizce cevap verdi:
- Çaresiz. Mesai saatim artacak ama...

Fuat şakacı tonda ekledi:
- Tansiyonun ve sinir katsayın da...

Münir Bey, Hâle'nin getirdiği evrağı imzalarken Ömer arkadaşına fısıldadı:
- Bana beddua ettin değil mi?

Fuat sırıttı:
- Eee, gülme komşuna gelir başına demiş atalarımız. Sen hiç atalarımızın boş laf ettiğini duydun mu?

Ömer neşeyle cevap verdi:
- Hayır ama ben "komşu komşunun külüne muhtaçtır" atasözünü daha çok severim...Bu Pazarki nöbet kıyağımı unuttun galiba.

Fuat pişman olmuştu bile:
- Haayır. Canan beni öldürür. Nişan yıldönümümüzü mahvedemezsin... Söz vermiştin.

Dostu gülerek onun sırtına vurdu:
- Hadi üzülme, ben senin kadar insafsız değilim.

30.

İlhan, anfide ders dinlerken hayatından son derece mutluydu. Çok methettikleri hocayı dinlemek için üçüncü sınıfların dersine girmişti. Profesör, kürsüde Tarih felsefesi üzerine konuşuyordu:

"Dilthey'in, tarihsellik kavramına verdiği bu anlam, felsefi açıdan çok mühimdi......"

Tamer ağabeyi de aynı şeyleri söylemişti dün. Fakat onun üslubu tamamen farklıydı.

Böyle bir okul ve böyle bir aile... Evet, artık Tamer onun için aile demekti. Hayatta olsa babasına karşı duyabileceği sevgiye ve annesine yöneltmek isteyip de karşılık bulamadığı dost sinyallere bu babacan adam ne güzel karşılık veriyordu. Daha geçen gün Adana'ya gidip annesini ve yeni eşini görmesi için ona ısrar edip durmuştu. Belki birgün buna da cesaret edebilirdi. Ama şimdi Murat Hoca'yı dinlese iyi olacaktı.

Ersin, odaya girince kitaplarını masaya bırakıp ceketini çıkardı.

Zeynep uzanmışken, kardeşinin odanın ışığını yakmasıyla kalktı, kollarını oğuşturdu.

- Abla kurt gibi acıktım, evde kimse yok mu?
- Annemle babam Ahmet amcayı alıp yemeğe götürdüler. Bize gelmeye bıktı adamcağız.
- Ayla teyze de amma torunkolikmiş.
- Haftaya dönüyor... Ne yersin? Ben de yeni geldim. Yumurta mı, makarna mı?
- Annem bir şey yapmamış mı?
- Ben yapacaktım güya. Erken geleceğimi sanıyordum, işim uzadı.

Ersin, ablasının arkasından mutfağa girdi. Taburelerden birini çekip oturdu.

- Şöyle güzel bir sucuklu yumurta yeriz o zaman.
- Eh sucuk için bu gecelik perhizimi bozabilirim.
- Abla be, bu gün hocalardan biri bi laf etti, çok hoşuma gitti.

Zeynep dolabı açıp yumurta aldı:
- Ne dedi?
- Adam prof olmuş ama hiç burnu havada değil...Dedi ki: "Bizim toplumumuz her olayı bir ay abartır, sonra unutur. Seçim oldu, bir ay konuşuldu... Apo yakalandı, bir ay konuşuldu... Yargılandı, bir ay konuşuldu... Deprem oldu, konuşuldu, bitti.... Eh satanistleri de hallettik çok şükür... Bu böyle olmaz çocuklar. Deprem bölgelerine yardımlar yığıldı, çürüdü, şimdi kimsenin umurunda değiller. Biz iyilik yapma güdümüzü tatmin ediyoruz sadece".

Zeynep bir yandan sucuk doğrarken:
- Eh haklı, dedi. Ayşe, Nermin teyzemin yanına gitti de biz bile gözümüzün önündeki kadar etkilenmiyoruz artık. İnsanın tabiatı bu Ersin, sadece bizim toplumumuzun değil.

Ersin sucuktan bir parça aldı.
- Nasıl yani?

Zeynep kardeşinin eline vurdu:
- Çiğ yeme şunu. Evde bir mide hastası yeter...

Farklı bir sesle ekledi:
- "Unutma, boşverme" insanlığın özelliği. Düşün: en yakınlarımızı kaybediyoruz, iki hafta ağlıyoruz sonra geçiyor. Yardım konusunda da çok bilinçsizdik birkaç ay önce. Kendi gözlerimle gördüm: yardım kamyonetlerinden birine, halk, almış marketten peynirini, yağını, doldurmuş poşetine, atıyor. Zaten gidene kadar ekşiyecek o sıcakta. Ama millet onu değil, akşama komşusuna, kaç poşet yardım ettiğini anlatacağını düşünüyor.

Yumurtaları kırdı:
- Yabancı ekipleri izledin televizyonda, adamlar ne kadar organize çalışıyor. Kendimizi küçümseyip, hala birbirimizin kuyusunu kazacağımıza, biraz daha bilinçlenip beyin göçünü önleyecek tedbirler alsak, dünyanın sayılı ülkeleri arasına gireceğiz.

Ersin kalkıp tavaya baktı.
- Abla olmadı mı? Ölüyorum.
- Açlığını unutmak için iş yap. Kalk iki havuç rendele...

31.

Belkıs Hanım, Genç Filozof'un son sayısını okurken, Ömer, televizyonun karşısına uzanmış, kanal kanal gezmekteydi.
- Ömer, Zeynep'in yazısını okudun mu?
- Hımm...
- Bu gece yine canın sıkkın gibi. Bak sana bir bölümünü okuyayım da için açılsın. Başlığı da enteresan: "Tanrının umut olduğunu söyledi bir büyüğüm" 'Nerden bulur bu kız böyle sözleri bilmem... Neyse, şöyle yazmış: "Ağlamak gülmeyle aynıdır diyemeyiz belki. Ama ikiz kardeş oldukları muhakkak. Gözyaşı ile gamze de öyle. Ye'simiz yaş dökerken usul usul, bir an, bir saniye sonra yanaklar çukurlaşır. Ters duyguları ifade ederler ama buluşmaktan da vazgeçemezler. En yüksek üzüntülerde gülümseme, en yüce sevinçlerde gözyaşı görürüz bazen. Hüznün göbeği, saadetin başucuyla noktalanır çoğu kez. Kederin parmakları, yavaş ve hissettirmeden mutluluğun saçlarını tarar. Bazen örer bile.

İşte bu sülaleden olan umut, gelecek endişesinin hamurundandır. Âtiyi en karanlık gördüğümüz günlerde bile içimizden bir yerlerden, cüssesinin çok fevkinde bir ışık saçar ümit kandilimiz.

Bir gün hocalarımızdan birinin sorduğu sualle düştü aklıma, gönlüme gerçek... "Bizim mistiklerimiz , kendini bilen rabbini bilir, der hep. Allah sizde hangi duyguya değiyor en çok?" diye sormuştu. Cevabımızı hemen vermemizi, fazla düşünmememizi de eklemişti. Düşünmeye hacet yoktu zaten. Tanrı umuttu.

Yanlış anlamalara fırsat vermeden açayım sevgili okurum: Tanrının insan zihinin bir ürünü olduğu yönündeki söylem değildi kastettiğim. O'nun bizim için neyi ifade ettiğine, en çok neye özlem duyduğumuza dair bir iç tecrübeydi.

Tanrı umuttu. Çünkü kendimi bildim bileli, bir şeyleri arıyordum. Tanrı umuttu. Zira sevgi, haz, korku, öfke...Hepsinin tükendiği yerde, parmaklarımın arasında bir tek o kalıyordu.

Tanrı umuttu. Neden mi? Beklediğim, hayal ettiğim, emek verdiğim her türlü ilişki, yarım, kırık, buruktu bu âlemde. Kendine saklamış olmalıydı. "Mutlak, bütün, kesintisiz ve yasaksız bir varoluşu" kendi yanına bırakmış olmalıydı. Evet kesinlikle öyle olmalıydı...

Uzaktan görünen, siz yaklaştıkça biraz daha ötelere kaçan her ideal sevgili, O'nun yanındaydı. Ya da O'na çok yakın bir yerde. Yoksa aslında böyle "tam" birşey yoktu, bu bir vehimdi de umut O'nun kendisi miydi?

İslam âlimleri de işin içinden çıkamamışlar ya, "Allah'ın sıfatları onun aynı mıdır, gayrı mıdır" diye? Tartışmaların en ateşli yerinde kalbimize danışmayı tavsiye edenler dengeyi sağlamışlar sonunda. Ben de bunu yaptım işte, kalbime danıştım: Tanrı umuttu.

Ya siz? Tanrı sizde hangi duyguya değiyor en çok?

Charles Teguy'un, yazıma ilham olan sözüyle bitiriyorum: "En fazla sevgi duyduğum inanç, bana daima Tanrının umut olduğunu söyler."Ömer!

Ömer uyuşuk bir tavırla:
- Çok güzel, dedi.
- Beni dinledin mi?
Torunu yerinde doğruldu.
- Tabi babaanne.
- En son ne dedim peki?
- Saçlarını tarayıp ören bir deniz kızının, ne kadar kederli olduğunu anlatan bir hikaye yazmış Zeynep. Onu okudun. Başlığı da "Tanrı umudun ta göbeğindedir."gibi bi şeydi.

Belkıs Hanım, torununun şakacı tabiatına alışık olmasına rağmen her esprisine gülüyordu. Ama bu seferki fazlaydı. Gülme krizi geçince:
- Seni Zeynep'e şikayet edeyim de gör, dedi. Hem, sözlerine dikkat et oğlum. Yunanlıların yiyip, içip, karılarını kıskanan mitolojik tanrı-

larından bahsetmiyoruz. Allah'ın anıldığı yerde saygını yitirme hiç bir zaman.

Beş dakika sonra şansını tekrar denedi:
- Ne düşünüyorsun Ömer?

Genç adam bu defa espriyle geçiştirmeyecekti:
- Serap canımı sıkıyor bazen.
- Ne yaptı ki?
- Bir şey yaptığı yok...

Duraklayıp devam etti:
- Zeynep'i kıskanıyor. Olmadık laflar etmesi canımı sıkıyor.
- Bu ara onu ihmal ediyorsun.

Şaşırma sırası Ömer'deydi:
- Hiç ondan tarafa çıkmazdın...
- Ondan tarafa çıkmıyorum. Sadece işkillenmekte haklı olduğunu söylüyorum.
- Zeynep hususunda mı?
- Çok yakınsınız. İyi iki arkadaş gibi. Ama bundan çok fazlasını paylaştığınız o kadar belli ki...Ömer! Zeynep'e karşı neler duyuyorsun? Yaşlı babaannenle paylaşmaz mısın?

Ömer tekrar televizyona döndü:
- O sadece dostum.

Belkıs Hanım, torununu daha fazla zorlamadı.

Serap harekete geçme zamanının geldiğinin epeydir farkındaydı. Ömer'in "artık evlenelim" demesini belki daha yıllarca bekleyebilirdi ama şimdi güzel ve nişanlısının her geçen gün bağlandığını hissettiği bir rakibesi vardı.

Bir hafta sonu, Ömer'in kendi ailesini ziyaretinde nikah bahsini açmış ve artık ev ve eşya alışverişine çıkmaları gerektiğini annesinin de yardımıyla nişanlısına kabul ettirmişti.

Ömer'e kalsa, köşkten ayrılmak ölüm gibiydi ama Serap Moda'da süper lüks bir daireyi çoktan beğenmişti bile...

Her saatini vitrinlere bakarak geçirdikleri yorucu günün sonunda, Serap, restoranda, yemeğini bitirmiş etrafı süzen Ömer'e hevesle sordu:
- Yatak odası takımına da haftaya Cumartesi bakalım... Babam: "Mart'ta evlenin, en güzel mevsim" diyor, ne dersin?
- Olabilir.

- Ömer, neyin var? Bütün gün somurttun.
- Bilmiyorum, böyle işler bana göre değil galiba.
- Beraber yaşayacağımız yerleri hayal etmek, eşya almak hoşuna gitmiyor mu?
- O mekanları daha özel şeylerle, mesela ortak zevk ve amaçlarla paylaşmayı daha çok isterdim.

Serap ilgili görünmeye çalışarak:
- Yürek Ülkesi, gitgide daha çok ilgimi çekiyor. Belki ileride oraya turistlerimi getiririm ha, ne dersin, diye takıldı.
- Pisikolojik yardıma ihtiyacı olan herkese kapımız açık.

Serap bir süre susup düşündü. Ömer'in ilgisini çekmek, onun kendisine daha sıcak duygular beslemesini sağlamak için mevzu arıyordu. Sonunda tek çareyi Yürek Ülkesi'ne sığınmakta buldu:
- O güzel kız, Beyza... Neler yapıyor?
- İyi, haftada bir gün geliyor. Bebeği için hazırlanıyor.
- Seneye vücudu bozulacak desene... Öyle kusursuz bir fizik için üzücü bir durum.
- Serap!... Onu hayata bağlayan varlık için böyle mi düşünüyorsun?

Genç kız bugün Ömer'le tartışmak niyetinde değildi. Düzeltti:
- Tabi tabi, çok güzel bir şey depresyonu atlatması. Sadece mükemmel bir vücudu var diye öyle söyledim. Bence biz biraz bekleyelim.
- Ne için?

Serap imalı:
- Bebek yapmak için. Düşündüğün bir sayı var mı?

Ömer daha önce de böyle konuları Serap'la konuştuğu halde, bugün niye bu kadar sıkıldığını düşündü acı acı. *Halbuki onunla böyle bir mevzuyu konuşsak, gözlerini yere indireceği muhakkak.*
- Böyle şeyler şimdiden hesaplanmaz ki...
- Ben bir tane yeter derim. O da en az birkaç sene sonra.
- Neyi beklemeyi düşünüyorsun?
- Balayının tadını çıkarmayı.
- Uzun süredir tanışıyoruz.

Serap sevinçli bir merakla sordu:
- Sen hemen mi bebek istiyorsun?

Babaannesi haklıydı. Duyguları ölmeye başlamıştı ikisinin de. Peçetesini sert bir hareketle masaya bıraktı.
- Öyle bir şey demedim.

32.

Merkezde hummalı bir faliyet vardı. Kafeteryanın kapıları da açılarak genişlik sağlanmış, hizmetliler konferans salonunu temizlemişler, yemekhane de süslenmişti. Ortaya küçük bir sahne kurup süsleri yerleşitiren personel, oraya buraya koşturan Mahinur, mutfakta çalışanları kontrol eden Rüstem Usta... Hepsi akşamın heyecanını şimdiden hissediyordu.

Aynı dakikalarda Kemal, Mahmut Bey'le onun odasında mini konserleri için çalışıyordu. Münir Bey, telefon başında sürekli birilerini arıyordu. Zeynep, evde o gece için hazırlanıyor, Beyza da yeni satın aldığı hamile elbisesinin dikiş hatalarını düzeltiyordu. Selim'le Gülay buluşmuş merkeze doğru yola çıkmışlardı bile. Belkıs Hanım'la Dilruba, Merkez için büyükçe bir çiçek buketi seçmenin telaşındaydılar.

Herkes bu özel gece için hazırdı.

Gece karanlığında, davetliler yavaş yavaş ana binaya doğru yürüdüler. Yürek Ülkesi şanslıydı. Ilık bir rüzgarın estiği kış gecesinde, Merkez, ağaçlara asılan ışıklarla büyüleyiciydi.

Zeynep, içeriye girmeden önce bahçeyi ve karanlık dağları uzun bir süre süzmüş, bu manzarayı Lale Devri şairlerinin hangi sıfatlarla tasvir edebileceklerini düşünmüştü. Sonra da çağdaş ediplerden yana olmaya karar verdi. *Yıldızlar ve geometrik güzellerden sayılan çemberle, daireyi kıskançlıktan orta yerinden çatlatacak cazibedeki ayın ondörtlük hali, hesap edilse bu geceki kadar ışık veremezlerdi herhalde. Ahmet Haşim'in kızıl akşamlarına inat, mehtabın çok sükse yapacağı belliydi.* Alçak sesle, "şair olsam, Yürek Ülkesi'ndeki ağaç yapraklarının, bu akşamlık, yakamozların göz kırpışlarını, denizden ödünç aldıklarını şiirleştirirdim" diye mırıldandı.

Beyza'nın koluna girmesiyle irkildi ve daldığı düşüncelerden yarıyarıya sıyrılmayı başararak, arkadaşıyla birlikte içeri girdi.

Konferans salonunda Münir Bey konuşma yapıyordu. Öndeki koltuklar protokole ayrılmıştı. Sık sık flaşlar patlıyordu.

- Evet sevgili hanımefendiler. Ve saygıdeğer beyler! Burasını kurmaktaki asıl amacımızı anlattım. Ama şu unutulmamalı ki, hiç bir terapi merkezi eksiksiz olamaz. Bizim de eksiklerimiz var... Ve tabi muhaliflerimiz. Düşman demek istemiyorum, çok ağır kaçar. Ama sizlere verebileceğim bir müjdem var bu gece.

Son görüşmelerim neticesinde artık korkusuzca söyleyebilirim ki, Beykoz dinlenme ve terapi merkezi, Türkiye'de bir ilk olarak çok şey ba-

TANRININ UMUT OLDUĞUNU SÖYLEDİ BİR BÜYÜĞÜM 239

şarmıştır. Ve en az iki yıl daha bu arazi üzerinde kalmamız kanunen tesbit edilmiştir. Merkezin şubeleri için yeni projeler üretilmektedir.

Evet, uzun konuşup, acıkan mideleri, eğlenmek isteyen ruhları sıkmak istemem. Sözü hastanemizin kuruluşunda emeği bulunan psikoterapistlerimizden, sayın Ömer Kılıç'a bırakıyorum.

Ömer, alkışlarla sahneye çıkarken önlerde oturan Serap'la Belkıs Hanım alkışı arttırdılar. Belkıs Hanım'ın yüzünde kıvanç, Serap'ınkinde tutku vardı. Beyza ile Zeynep daha arkalardaydı.

Zeynep, Ömer'i konuşması boyunca dikkatle dinlemek için rahat bir vaziyet aldı. *Okuldayken de sevdiğim hocaların, sadece bana hitabettiğini zannederdim. Bu bir algı yanılması.*

- Sevgili misafirlerimiz! Hepinize hoş geldiniz diyerek başlamak istiyorum. Bu gece buraya gelen herkese teşekkür ederiz. Benden daha fazla feragatla çalışarak, burayı kuran kıdemli psikolog ve psikiyatrlar olduğu halde, benim konuşmamı istemekle, başhekimimiz Münir Bey lütufta bulundular.

Sizlere Yürek Ülkesi'nin nasıl kurulduğunu, nasıl işlediğini kendisi anlattı. Zaten üç yıldır bunları söyleyerek, sizleri yanımızda görmek istediğimizi belirtiyoruz. Ben bu gece biraz duygusal davranmak ve buranın hayatımdaki yerini sizlerle paylaşmak istiyorum. Diğer konuşmacılar sizleri mantık diyarında yeteri kadar gezdirecekler. Benimle biraz uçar mısınız?

Gülüşmelerden sonra devam etti:

- On yıl önce binanın projesinin masaya yatırıldığı ilk günleri hatırlıyorum. Tahmin edebileceğiniz herkese danışılmış, destekleyen veya "bu çok büyük hayal, yapılamaz" diyenler olduğu halde yola çıkılmıştı. Fakülte yıllarında bir hocamız vardı. Buradaki tüm arkadaşlarımızın tanıdığı ve saydığı bir insan. Sayın Profesör Doktor Asım Güler. Onun bir sözü kulaklarımdaydı, merkezin açılış kurdelası kesilirken: "Çocuklar, insan parmağını ne kadar ileriye uzatırsa, vardığı her ara hedef, ona o kadar büyük haz verir." Merkeze üç yıl sonra baktığımda, ona şimdi daha çok hak veriyorum. Parmağımızı oldukça ileriye uzatmışız. Hatta bazı çevrelerin gözlerine batırarak yapmışız bunu.

Merkez çalışanları tarafından hararetli bir alkış dalgasının ardından devam etti:

- Aldığımız hazzın izlerini, şu binanın duvarlarında, biraz önce geçtiğiniz bahçenin banklarında, Yürek Ülkesi'nin her metrekaresinde bulabilirsiniz.

Uzun bir nefes aldı:

- Henüz baba değilim. Ama bir duygunun, onu geliştiren olaylar yaşanmadan oluşmayacağını bilecek kadar psikoloji okudum. Bir evlat ne derece sevilebilir, ancak tahmin edebilirim. Eline doğan çocuğunu bağrına basarken, bir babanın kalbinin nasıl gümbürdediğini, boğazının nasıl düğümlendiğini ancak uzaktan tasvir edebilirim. Yürek Ülkesi, elime doğan bir çocuk, bir evlat benim için. Baba olmadan, baba olma heyecanını yaşatan bir manevi evlat. Onu kaybetmek, bir canı kaybetmekle özdeş. Burası nefes alıyor, konuşuyor, meydan okuyor...

İçinizde saçmaladığımı düşünenler de var ama Yürek Ülkesi'ne kulak verenler ve bu sıcak soluğu hissedenler daha çok. Biz daha çoğuz sevgili dostlarım... Umut daha çok.... Sevgi her zaman daha çok... Bunu unutmamamızı diliyorum. Hepinize iyi akşamlar, iyi eğlenceler...

Büyük bir alkış tufanı koptu. Zeynep, buğulanan gozleriyle etralına baktığında konuşmadan tek etkilenenin kendisi olmadığını görüp *O'nun adına* gurur duydu.

Küçük bir orkestra, sahnenin yan tarafında canlı müzik icra ediyordu. Davetliler masalardaki kartlara yazılmış isimlerini bulup oturmaya hazırlanırlarken, Serap, Belkıs'la vedalaşıp uzaktaki Ömer'e "ben gidiyorum" işareti yaptı. Ömer kalabalığı yararak onun yanına ulaştı.

- Gidiyor musun?
- Söylemiştim, önemli bir iş yemeği...
- Peki. Geldiğin için teşekkürler. Seni geçireyim.
- Sen davetlilerle ilgilen.

Aralarına giren birkaç kişi, doğal olarak selamlaşıp ayrılmalarına sebep oldu. Serap çıkarken Şükran'la ayak üstü sohbet etti.

Ömer gözleriyle Zeynep'i aradı. O, Beyza'yla birlikte etrafa bakınıyordu. İnsanların arasından geçerek dostunun omzuna dokundu.

- Hoş geldin Zeynep.
- A... Hoş bulduk. Beyza ile masamızı arıyoruz.
- Sizi bizim masaya yazdırdım.

Beyza yaklaşıp:
- Rahatsız etmeyelim. Babaanneniz ve nişanlınızla değil misiniz? dedi.
- Serap'ın işi vardı, gitti. Babaannem Zeynep'i bekliyor. Seninle tanışmayı da pek istiyordu.

Zeynep hevesle atıldı:
- Belkıs Hanım'ı bekletmeyelim o zaman.

TANRININ UMUT OLDUĞUNU SÖYLEDİ BİR BÜYÜĞÜM 241

Ellerinin üstünde yemek tepsileri taşıyan garsonlar, yarı yarıya azalmış konukların servislerini yapmak için adeta koşturuyorlardı. Kemal takım elbise giymiş, babası ve Gülay'la aynı masada oturuyordu. Rüstem de bu gece takım elbiseliydi. Mahinur'la beraberdiler. Şükran, bayan doktorların yanına izin isteyip oturdu. Bu gece adeta düşünceliydi. Mahmut Bey ve Doğan bitişik masadaydılar. Fuat, Canan'ın ve annesinin boşalan bardaklarıyla meşguldü. Münir Bey'in masasındaysa, bürokrat tipli insanlar vardı.

Zeynep hem bu dost yüzlerdeki ifadeleri inceliyor hem de Belkıs Hanım'la Beyza'nın konuşmalarına kulak veriyordu.

- Demek anneniz de Üsküdar'a gelin gelmiş...
- Evet Sultantepe tarafına.

Genç yazar, Ömer'e doğru eğildi:

- Deminki kalabalık nereye kayboldu?
- Bu geceki organizasyonu harika yaptı merkez yönetimi. Sadece konuşmalara katılanlarla, yemek ve eğlenceye katılacakları ayırdı. Sayı düzgünce belirlendi. Bakanlıktan gelenlerle medya ve diğer protokol öğlenden beri burada. Yürek ülkesini gezdiler. Büyük bölümü biraz önce gitti. Yemeğe kalan kişilerin bir kısmı da az sonra gidecek. Eğlencede biz bize olacağız.
- Annem burada kalacağımı duyunca pek memnun olmadı. Neyse ki Beyza'yı bize götürmüştüm, tanıyor. Onunla aynı odayı paylaşacağımızı ve buranın beş yıldızlı otel gibi olduğunu söyledim de rahatladı.

Belkıs Hanım lafa karıştı:

- Bizde de kalabilirdiniz hep birlikte. Güzel bir gece geçirirdik.

Beyza:

- Sağolun ama bizimkiler benim dışarıda gecelememden tedirgin oluyor, dedi. Burada bir süre kaldığım için, merkez, ikinci evim gibi.

Çekingenliğini büyük ölçüde atmış, rahat bir tavırla konuşuyordu.

Kalabalık, arkalarına yaslanmış, eğlence komisyonunun hazırladığı müzikli programı izliyordu. Sunucu olarak Bayan İks uygun görülmüştü.

Programın ilk kısmında, grup terapilere katılan bir adam sahneye çıkıp çeşitli yürüyüş taklitleri yaptı, herkesi güldürüp yoğun alkış aldı. Sonra iki yatılı hasta, satıcı ve ev sahibi rolünde bir skeç oynadılar. Beş kişilik bir koro şarkılar söyledikten sonra tekrar bir skeç sahnelendi. Ardından Mahmut Bey ve Kemal sahneye geldiler.

Genç çocuk sahneye kadar babasının yardımıyla çıktı. İki personel, neylerini getirdi. Önce Mahmut Bey başladı. Sonra birlikte hüzünlü bir bestelenme hikayesi olduğundan bahsettikleri Segah Peşrev'i geçtiler. Kemal tek başına bir ilahi üfleyecekti. Heyecandan neyinden ses çıkmayacak zannedip bir süre bekledi. Mahmut Bey kulağına eğilip bir şeyler söyleyince kamburlaşan sırtını dikleştirip ilk sesleri çıkarmayı başardı. Parmaklarının titrediğini görüyorlar mı diye arada bir kalabalığı süzüyordu. Sonra, gözlerini kaparsa, ezberlediği notaları daha kolay çıkaracağını hissedip dinleyenlerle ilgilenmekten vazgeçti. Mahmut Bey'in, yeni tanıştıkları zaman tecrübe ettirdiği gibi gözlerini yumdu ve içindeki notaların yükselmesine izin verdi.

Sonunda her yer alkıştan inlerken ayağa kalkıp birlikte selam verdiler. Selim yardım için kalkarken donup kaldı: Kemal koltuk değnekleri olmaksızın ağır ağır yürüyordu. Topluluk alkışı arttırdı. Zeynep, Ömer, Fuat, Gülsenem, Mahinur, Rüstem ve Mahmut Bey... Hepsi ayağa kalkmış alkışlamaktaydılar. Selim'in gözleri yaşlı, kendine yaklaşan oğlunu, avuçları parçalanırcasına alkışladı. Birkaç yılın acısını çıkarmak ister gibi sarıldılar.

Tekrar yavaşlayan programda skeç ve yarışmalar sahnelendi. Davetlilerden para yardımı sağlama amaçlı bir açık arttırma yapıldı. Saat gece yarısını gösterirken Bayan İks:

- Evet sayın davetliler, dedi. Programımızı bitirmeden önce son yapacağımız şey, Yürek Ülkesi sakinleri ve çalışanlarından bazılarına yıllık performansları için, kişiliklerine uygun sembolik hediyeler vermek... Şimdi müsadenizle önce Münir Bey'i alkışlarla buraya alalım.

Münir Bey sahneye çıkarken, sahnenin kenarındaki org, yürüyüşe uyan bir ritm tutturdu. Ona merkezin maketi verildi. Sonra Fuat davet edildi.

- Sırada Psikoterapist Fuat Ceren var. Buyurun efendim...

Ona da bir cep telefonu hediye edildi. Bütün salon kahkahadan yıkılırken, Canan'ın somurtan yüzü, bu gece çok ciddi olan Şükran'ı bile gülümsetti.

- Şimdi de Gülsenem Hanım'a, herkese "gözüm" dediği için bir güneş gözlüğü hediye etmek istiyoruz.

Gülsenem, gözlüğünü almak için sahneye çıkıp indikten sonra sunucu, izleyenlere dönüp:

- Yürek Ülkesi'nde bir anahtar sözcük vardır "denge". Acaba kime ait? diye sordu.

TANRININ UMUT OLDUĞUNU SÖYLEDİ BİR BÜYÜĞÜM

Kalabalık seyirci kitlesi, bir ağızdan aynı ismi heceledi:
- "Ö-mer KI-LIÇ, Ö-mer KI-LIÇ"
- Evet Psikolog Ömer Kılıç Bey'i buraya davet ediyoruz.

Sahnede ona küçük bir gümüş terazi verildi. Belkıs Hanım ve Zeynep gülümseyerek alkışı arttırdılar. Genç terapist sahneden inince, Bayan Iks, Rüstem'e takıldı:
- Rüstem Usta sıra sizde. Hala oturuyorsunuz. Bu geceki yemekleri hazmedemediniz, ağırlık yaptı galiba...

Ona da, gümüş bir kepçe verildi.
- Bu kepçeyle bizlere daha da lezzetli çorbalar dağıtmanız dileğiyle...

Rüstem, kepçeyi alıp kupa kazanmış gibi havaya kaldırdı. Alkışlar arttı. Sunucu isimleri yazdığı kağıda baktı:
- Eveeet... Sırada merkezin neredeyse üç yıllık müdavimi, sevgili Mahmut Bey'imiz var.

Mahmut Bey, vakur bir yürüyüşle sahneye çıktı. Hediyesi minik bir Mevlana heykelciğiydi.
- Bir dakika gitmeyin Mahmut Bey. Eğlence komitesi olarak, Doğan Bey'in hediyesini sizin vermenizi rica ediyoruz. Evet, son olarak da Doğan Dikmen...

Doğan, önce Mahmut Bey'e sıkıca sarıldı, sonra aldığı kitabı davetlilere çevirdi: "Che Guevera'nın Hayatı". Bayan Iks yüksek sesle geceyi bitiren sözleri söyledi:
- Mücadele ruhunun hiç sönmemesi dileğiyle...

Bahçenin diğer ucundan ana binaya doğru yürürlerken ortalıkta kimseler yoktu.
- Belkıs Hanım'ı götüren kimdi?
- Grup terapiden bir bey. Eşiyle yeni barıştı. Onlar da Üsküdar'da oturuyorlar.

Zeynep gökyüzüne baktı:
- Harika bir geceydi. Hele Mahmut Bey'le Doğan Dikmen...Onlar tam zıt ekollerin insanları. Mahmut Bey'i, Xenophanes'e, Doğan Dikmen'i, Demokritos'a benzetiyorum. Biri atomun ölmezliğini savunuyor, diğeri Panteizmi çok andıran Vahdet-i Vucudu savunan bir maneviyat adamı.
- Zaman zaman aynı noktaya gelip toslaştıklarını farkediyor musun?

Genç kız başıyla onayladı:

- Ama ikisi de inadından " yahu doğru söylüyorsun" demiyor. Birbirlerinin üstadlarını saygıyla selamlıyor ama bir türlü orta yolu bulamıyorlar. Gerçi bu kadar zıtlıkla ne kadar orta yol bulunursa... "Dostluklarını sürdürebilmeleri bile büyük başarı" demek lazım. Tarih boyunca, onların yerinde olanlar, karşıt fikirleri ortadan kaldırma uğruna cinayet bile işlemiş. Neyse... Bu arada konuşmanı çok beğendim.
- Yalnız, aldığım hediyeyle pek uygun düşmedi. Yıldönümleri beni duygulandırır. Terazinin kefesi biraz şaşırdı bu akşam.
- "Yürek Ülkesi'ni" evladın olarak görmen o kadar tabiiydi ki...Bence asıl dengeli olan bu.

Ömer, "tam zamanı" diye düşündü. Bu soruyu ona sormalıydı:
- İleride Salih'i unutup evlenirsen çocukların olsun ister misin?

Zeynep Yürek Ülkesi'ni düşünerek:
- Burası gibi bir manevi evladım olsun, onu sonra düşünürüm. Hayatımda gerçekleştirmek istediğim bir yığın şey var, diye cevapladı.

Genç adam konuda ısrar etti:
- Yani çocuklar önemli değil mi?

Tam tahmin ettiğim gibi, işte bakışları yerde. Hem de yan yana yürürken bile...

Genç kız espriyle karışık cevapladı:
- Bu gece nedir bu babalık sendromu?..

Düşünüp devam etti:
- Anne olmak isterim tabi. Sevgi dolu, kalabalık bir ailem olsun...

Ömer dikkatle onu süzdü:
- Fizik yapın bozulacak diye korkmaz mısın?

Zeynep şüphelenmedi bile:
- O da nereden çıktı? Bu mankenlerin sorunu bence... Anaç bir tavuk haline de dönüşsem umurumda olmaz.

Ömer geç kalınmış bir güzelliği kaçırmanın elemini duyarak yutkundu:
- Böyle düşünmene sevindim.

Merdivenlerin başına gelmişlerdi.
- Geç oldu, Beyza çoktan uyumuştur. Anne adayımızı daha fazla yalnız bırakmayayım. Sen ne yapıyorsun?
- Ben biraz daha kalacağım.
- Yürek Ülkesi'yle başbaşa mı?
- Onunla ve kendi yüreğimle.
- Öyleyse iyi geceler. Yarın görüşüyor muyuz?

TANRININ UMUT OLDUĞUNU SÖYLEDİ BİR BÜYÜĞÜM 245

Ömer başıyla onayladı:
- Unutma, bana küçükken geçirdiğin kazayı anlatacaktın...
Genç kız gülümsedi:
- Gelecekle ilgili münakaşalar yapmaktan danışanınızın çocukluğunu dinlemeye fırsatınız olmadı ki doktor bey.
- On iki gibi Şükran Hanım'la görüşmem biter.
- Tamam. Uzarsa odasına gelirim. Nasılsa beni davet etmişti geçen gün.
- Peki, iyi uykular.
- Sana da.
Zeynep, ana binanın birkaç merdivenini tırmanmıştı ki Ömer seslendi:
- Zeynep!
Genç kız durup ağır ağır döndü.
- Hayatıma girdiğin için sağol.
Zeynep bu defa genç adamın gözlerinin içine bakarak konuşabildi:
- Benimle paylaştığın şeyler için **sen** sağol dostum.
Hızla merdivenleri çıktı. Ömer bir süre onun ardından baktı, sonra dönüp merdivenlere oturdu. Geceyi seyretmeye kararlıydı.

33.
Bardağa su doldurdu. Vazgeçip boşalttı. Belki on defa aynı şeyi tekrarlamıştı. Çantasından geniş bir dolma kalem çıkarıp, döndürmeye başladı. Kalem iki parça olunca ters çevirdi. Düşmemişti. Baş ve işaret parmaklarının yardımıyla içinden çekmeyi başardığı damlalığı ifadesiz bakışlarla inceledi.
O sırada Zeynep, Beyza'yı uğurluyordu. Merkezde güzel bir kahvaltı etmiş ve gecenin ayrıntılarını konuşmuşlardı.
Sarıldılar. Zeynep, dönüp bekçiyle selamlaştı. Ana binaya doğru ilerledi.

- Ömer Bey özür diliyor. Müfettiş beylerden biri hala buradaymış. Akşam üzeri dört gibi sizinle görüşecek.
Şükran kırgın bir tavır takındı:
- Tamam. Zaten herkes beni ihmal ediyor.
- Böyle düşünmeyin. Burası sizin eviniz sayılır.
Hemşire çıkınca, Şükran ağır hareketlerle bir bardak su doldurdu. Çantasından damlalığı çıkarıp içindeki ilacı bardağa damlattı. Karışım suyu bulandırmadı.

Tereddütle sudan bir yudum aldı. Dilini geri çekmiş, suyun gırtlağına ulaşmasını engellemişti. Birkaç saniye öylece bekledi. Hayır, yapamayacaktı. Gidip lavaboya tükürdü.
Kapının tıklatıldığını duyup şesini yükseltti:
- Bir dakika...
Ağzını silip kapıyı açtı.
- Gelin Zeynep. Sizi gördüğüme sevindim. Ömer Bey gelmedi, bari sizinle oturup konuşuruz.
- Günaydın Şükran Hanım. Daha doğrusu iyi öğlenler. Dün gece siz de mi geç yattınız?
- Hiç sormayın, yeni kalktım sayılır.
- Ömer gelmedi mi?
- Şu başmüfettiş midir nedir, hala buradaymış.
Zeynep gülümsedi:
- Desenize herkes teyakkuzda... O zaman ben de boşuna beklemeyeyim. Geceki programı beğendiniz mi?
- Güzeldi. Tabi, yanınızda sizi izleyen hayran gözler yokken böyle kalabalık toplantıların pek tadı çıkmaz ama...
Derin bir iç geçirdi.
Zeynep iltifatkâr:
- İnsanın kendini beğenmesi de yeter bence. Hem siz hemcinslerinizin çoğunu sollayacak kadar güzeldiniz dün, dedi.
Şükran elini gayri ihtiyâri saçına götürdü:
- Teşekkür ederim. Ama bunu sizden duymak yerine bir erkekten, mesela Münir Bey'den dinlemek içime su serpiyor. Ne yapayım, bu da benim kusurum şekerim.
- Merkezi seviyor musunuz?
Şükran aklına bir şey gelmiş gibi kalktı:
- Bunu beş dakika sonra konuşsak. Ağzımda bugün garip bir tat var. Çalkalayıp gelsem iyi olacak..
Şükran tuvaletin kapısını kapatınca Zeynep ayağa kalktı. Odada gezinip camdan dışarıyı seyretti. Birden sabahtan beri içi yandığı halde birşey içemediğini hatırladı. Etrafına bakındı. Komodinin üstündeki su dolu bardağı farketti.
Başına diktiği bardağı bırakırken hafifçe yüzünü buruşturdu. *Bu gün zavallı kadın gibi benim de ağzımın tadı yok. Akşamki yemekler ağır*

TANRININ UMUT OLDUĞUNU SÖYLEDİ BİR BÜYÜĞÜM

geldi herhalde. O sırada Şükran geri geldi. Yerine otururken rahatlamış görünüyordu.
- Ne diyorduk?
- Burayı sevip sevmediğinizi soruyordum.
- Dergi için benimle röportaj yapacaktınız. Bu, o tip bir şey mi? Resim de alacak mısınız?
Zeynep gayri ihtiyari gülümsedi:
- Sayılmaz. Onu bir dahaki ay yaparız... Bunu kendim için soruyorum.
- Hayır yani, bileyim de... Tabi ki burayı seviyorum. Harika bir organizasyon var. Her şey düşünülmüş.
Masanın üzerindeki ortadan ayrılmış dolmakaleme baktı. Hınzırca gülümseyip devam etti:
- Hatta biliyor musunuz buraya kalmaya gelirken çantalarımı didik didik aradılar. Eski sakini olduğum halde... İnsan istese de yönetimin prensiplerini aşamıyor.
- Neyse ben artık gideyim.
- Ömer Bey gelirse ne diyeyim?
- Ben onun sekreterine not bırakırım, siz zahmet etmeyin. Şöyle bir gezip eve giderim. Görüşürüz.
Şükran elini sıkarken ısrarlıydı:
- Yine beklerim. Fotoğrafçıyı unutmayın.
Zeynep "olur" manasına başını sallayıp odadan çıktı.
Şükran kapıyı kapatıp döndü. Suyun bulunduğu tarafa yürüdü. Bardağa yaklaşınca donup kaldı.
İnanmaz gözlerle boş bardağa baktı. Eline alıp inceledi. Su damlacıkları gözünde büyüdü büyüdü, kocaman oldu.
Kadının yüzü, suçlu bir çocuğunki gibi gerildi.

Ömer, Münir Bey'in odasındaydı. Başmüfettiş için, "hem meraklı hem de nüktedan biri" diye düşünüyordu
- Dün geceki konuşmanız mükemmeldi Ömer Bey. Buraya çok düşkün olduğunuz belli.
- Burada yaşayan herkesin, benzer şeyler hissettiğini biliyorum efendim.
Münir Bey:
- Ömer tevazu gösteriyor ama on yıldır projenin bizzat içinde, dedi. İnşaatta bile çalıştı desem abartmış olmam.
- Başka bir kuruluşta görev yapmayı düşündünüz mü hiç?

- Burayı rayına oturttuktan sonra belki. Ama yine de zamanımın büyük bölümünü buraya harcardım herhalde.

Başmüfettiş imalı:
- İnsan çocuğunu nasıl yabancı ellere bırakır, dedi.

Onun bu sözüne üçü de güldüler.

Şükran, odasında oturmuş sabit bir noktaya bakıyordu. Aniden kalkıp odadan fırladı. Fuat'ın odasına doğru koşar adımlarla yürüdü.

Genç terapist, yumruklanan kapıyı açınca Şükran onu iterek içeri daldı
- Bir felaket doktor!
- Ne oldu Şükran Hanım?
- Ömer Bey, Münir Bey'in yanındaymış ona siz söyleseniz.

Fuat da telaşlandı:
- Neyi? Ne oldu ki?
- Ben.... ben...

Yanına gidip kadını kollarından tuttu, koltuğa oturttu.
- Sakin olun. Şöyle oturup en başından anlatın.

Şükran kararlı bir tavırla:
- Zeynep Hanım odama gelmişti... O da Ömer Bey'le görüşmek için beklemiş. Ben o sırada..............

Fuat'ın yüzü dinledikleriyle renkten renge girdi. Odadan hızla çıkıp merdivenleri üçer üçer tırmandı.

Kapıyı tıklattı, cevap beklemeden açtı. Heyecanını belli etmemeye çalışarak:
- Özür dilerim efendim. Rahatsız ettim. Ama özel bir konuda Ömer Bey'le konuşmam gerekiyor, dedi.

Ömer ayağa kalktı:
- Müsaadenizle...

Müfettiş her şeyle alakadar olan bir tipti:
- Merkezle mi ilgili?

Fuat sakin olmaya çalıştı:
- Yok... Ömer Bey'in bir yakını rahatsızlanmış da...
- Geçmiş olsun azizim.

Ömer, anlamaz gözlerle Fuat'a bakıp müfettişi cevapladı:
- Sağolun.

TANRININ UMUT OLDUĞUNU SÖYLEDİ BİR BÜYÜĞÜM 249

Odadan çıktıklarında, arkadaşı, Ömer'i kolundan çekerek merdiven başına kadar götürdü.
- Ne oluyor Fuat? Yoksa babannem mi?

Fuat hala arkadaşını çekelemekteydi:
- Yürü, biraz uzaklaşalım. Adam ahiret sualleri soruyor görmedin mi?
- Hadi Fuat, beni öldürecek misin?

Genç adam tedirgin, durdu:
- Ömer, şeyy...Şükran Hanım...
- Ne oldu ona?
- Aslında ona bir şey olmadı.
- Bilmece gibi konuşma.
- Zeynep...

Ömer, kızın ismini duyunca arkadaşının yakasına yapıştı.
- Fuat konuş yoksa, seni şu trabzandan atarım.

Terapist otomatik tüfek gibi konuşmaya başladı:
- Şükran Hanım yine bir intihar projesi geliştirmiş. Az miktarda Nöro... Damlayı, çantasında, bir kalem tüpü içinde merkeze sokmayı başarmış. Geçen gelişten reçetesinde vardı ya. Sadece midesinin yıkanacağını biliyormuş. Böylece sansasyonel bir tarzda yine eski eşine sesini duyuracağını sanıyormuş. Durumunu biliyorsun zaten. Ve bunu, bu sabah gerçekleştirmek için, getirdiği damlayı suya karıştırıp bardağa koymuş. Bir yudum alıp sonra korkup vazgeçmiş. O sırada Zeynep onun odasına gitmiş. Seni bulamazsa, orada olacağını söylemişsin galiba... Konuşurlarken bir ara Şükran Hanım lavaboya gitmiş. O sırada Zeynep, onun hazırladığı karışımı su zannedip içmiş. Yani Şükran Hanım böyle olduğunu zannediyor. Döndüğünde Zeynep, sana not bırakıp çıkacağını söylemiş. O gidince, kadın bardağın boş olduğunu farketmiş.

Dudaklarını ısırıp ekledi:
- Zeynep'in başı dertte sanırım...

Ömer, Fuat konuşurken solan yüzünde, en acı ifadeleri barındırıyordu artık. Zor duyulan bir sesle:
- Zeynep, şimdi neredeymiş? diye sordu.
- Sanırım Göztepe yolundadır. Bu söylediklerim yaklaşık on beş dakika önce olmuş. Şükran Hanım önce şok geçirmiş. Sonra Zeynep'in midesini hatırlayınca...
- Ve Zeynep su içtiğini zannediyor.

Fuat'ın kolunu sıktı:

- Arabayla gelmişti. Fuat hemen hazırlan. Onu bulmalıyız.
Ömer koşarak odasına indi. Telefonu tuşlarken aklına bir şey geldi. Ahizeyi bırakıp kitaplığına yöneldi. Farmakolojiyle alakalı bir kitabı alıp hızla karıştırdı. Aradığı aktif maddeyi bulmuştu: *Yarım saat sonra midede kramp, başdönmesi, denge kaybına bağlı hareket bozukluğu. Az miktarı öldürücü değildir ama bu güçlü bir mide ve bağırsak sistemini gerektirir...*
Ömer'in ağzından bir tek kelime inler gibi döküldü:
- Zeynep!!!
Arabayı Fuat kullanıyordu. Ömer rica etmişti bunu ondan.
- Evini aradın mı?
- Hayır, önce onu bulalım diye düşündüm.
- Sence ne haldedir?
Ömer tedirgin, başını salladı:
- Düşünmek bile istemiyorum. Midesindeki yara iyileşmek üzereydi. Karışım, normal bir mideyi belki yarım saatte etkiler ama Zeynep şu anda kıvranıyor olmalı.
Sinir ve gerginlikle yumruğunu ısırdı. Fuat, gaza biraz daha bastı.
Zeynep, o anda arabasıyla bomboş bir yolda seyretmekteydi. Kulaklarında Ömer'in dün akşam söylediği son sözler çınlamaktaydı.
- Hayatıma girdiğin için sağol...
Gülümserken birden midesine giren bir sancıyla öne eğildi. "Ah!" *Bu da neydi?* Bir başka krampla, direksiyon hakimiyetinde zorlanacağını farketti. Yavaşlayarak durdu. Çantasından hapını alıp susuz olarak yuttu. *Bu günlük bu kadar gezme yeter. Dün gece merkezde, asitli içeceklerle tatlıyı fazla kaçırdım galiba...*Durduğu yerden arkayı kontrol ederek geri döndü. Eli hala midesindeydi.

Ömer'le Fuat, yolu yarıladıkları halde Zeynep'ten eser yoktu.
- Hala yok Fuat. Nerede bu kız?
- Bilmiyorum dostum. Çok da merak ediyorum. Bir kaza olsa bu yol anında tıkanır. Baksana yağ gibi akıyor.
- İkinci sapağa yaklaştık. Bu kadar çabuk gelmesine imkan yok. Zeynep, hızı sevmez. Artık babasını arayacağım.
On dakika sonra Muhittin Bey ve Ersin, Ahmet Bey'in arabasındaydı. Ömer'lerin olduğu mevkide inip durumu konuşurlarken genç adamın cep telefonu çaldı.
- Alo... Efendim Fatma?...... Ne demiş?...... Tamam sağol.

Yanındakilere döndü:
- Zeynep, çıkmadan Şükran Hanım'a "biraz gezinip öyle eve gideceğim" demiş. Kadın şimdi hatırlamış. Nereye gidebilir?
Muhittin Bey endişesini gizleyemeyen bir ifadeyle:
- Bu tarafta olmadığına göre, o zaman Beykoz'dan ileri gitti, dedi.
Fuat yüksek sesle düşünüyordu:
- Ormanlık bölgeye girmiş olmasın. Hani, yeni açılan ağaçlık güzel bir yol vardı, Şile'ye bağlanan, hatırladın mı?
Ömer:
- Olabilir. Zeynep o tarafı bilmediğini, birgün keşif için gezmek istediğini söylemişti. O zaman, biz hızlı, siz yavaş, aynı yoldan geri dönelim. Biz gözden kaçırırsak siz yakalar, bize haber verirsiniz.
Ersin:
- Baba direksiyona ben geçeyim. Senin gözlerin ayrıntıları daha iyi yakalar...
- Tamam.

Zeynep, sancısı gittikçe artan midesinin üzerine yumruğunu bastırmış, hala araba sürüyordu.
Hafif hafif başının döndüğünü farketti, *Şu virajdan sonra durmalıyım.* Virajı alırken ani bir kramp daha... Bariyerlere çarpmamak için direksiyonu fazla kırdığını farketti ama nafile...

Ömer, yeni açılan yola girdi. Bu defa Fuat etrafına bakınmaktaydı.
- Bir şey görebiliyor musun?
- Yok.
- Şurada bir uçurum var.
Uçuruma bakmak için durdular. Kenardan aşağıya baktılar. *Çok şükür Allah'ım.* Bir şey yoktu. Ömer arabaya binerken şoför koltuğunu tekrar Fuat'a bıraktı.
Bir virajı dönerken Ömer, beyaz Brodway'i gördü.
- Dur Fuat! Bu Zeynep, diye bağırdı.
Fuat durup arabayı geri aldı.
Ömer fırlayıp Zeynep'in kapısını açtı. Baygın olan kızın, saçları dağılmış, alnından hafif bir kan sızıyordu. Nabzını yokladı. Arkadan yetişen Fuat'a müjdeyi verdi:
- Yaşıyor.

Zeynep'i sarsmadan kucakladılar. Geldikleri arabanın arka koltuğuna yatırdılar. Ömer Fuat'a beklemesini söyledi:
- Cüzdanı yere düşmüş. Belgeler, kan grubu için lazım olabilir.
Genç kızın açık duran çantasından fırlayan cüzdan ve kartları toplayıp, camları yükseltti. Kapıları kilitledi. Koşarak kendi arabasına döndü
Fuat Zeynep'in başına montunu destek yaparken Ömer de kendikini çıkarıp kızın üstüne örttü. Arkadaşı arabayı çalıştırırken yanına oturan Ömer, endişeyle Zeynep'e baktı ve cep telefonunun tuşlarına bir kez daha bastı.
- Ahmet Bey'i arayıp nerede öğrenelim.

Hastane koridorunda, Melek Hanım, Ayla Hanım, Muhittin Bey, Ersin bir tarafta, Ömer'le Fuat da karşılarında bekliyorlardı. Ayla Hanım arkadaşının sırtını okşadı:
- Merak etme Melek...Ahmet buradaki doktorların çok iyi olduğunu söyledi.
- Daha kendi yok değil mi?
Muhittin Bey:
- Neredeyse gelir, dedi.
Ersin:
- Üzülme anne. Ahmet amca doktorlara ablamın hastalığı hakkında bilgi vermiş, diyerek annesini teselli etti.
Melek Hanım ağlamayı arttırdı:
- Ya bir iç kanama filan....
Muhittin Bey karısının yanına çömeldi.
- Aklına getirme böyle şeyler. Daha tetkikler yapılıyor.
Uzaktan, yaklaşan Ahmet Bey'i gördü.
- Hah işte Ahmet de geliyor.
Doktor hızlıca yanlarına geldi. Nefes nefese:
- Haber var mı? diye sordu.
Muhittin Bey:
- Henüz bir şey söylenmedi. Tomografi odasında.
Ahmet Bey, Ömer'in perişan yüzüne baktı:
- Onu sen mi buldun?
Genç adam bitkin bir sesle cevap verdi:
- Evet hocam... Baygındı. Geldikten sonra bir daha görmedik.

- Hepimize geçmiş olsun. Korkmayın, Zeynep dayanıklı kızdır. Haftaya kalmaz bizi fıkralarıyla güldürür... Ben giriyorum. En kısa sürede sizi bulurum.

Hepsi başını eğdi. Ahmet Bey, "Girilmez" yazan bir kapıdan girip kayboldu.

Tekrar oturup beklemeye başladılar. Fuat, Ömer'in omzunu sıkıp kısık sesle onu teselliye uğraştı:
- Artık üzülmekten vazgeç, bu senin suçun değil.
- Şükran Hanım'ın o ilacı içeri sokması... Allah'ım nasıl olur?
- Münir Bey'i arayıp söyledim. Baş müfettiş hala merkezdeymiş. O yüzden Şükran Hanım'ı odasından çıkarmıyorlarmış. Senin için de, "babaannesi rahatsız" demiş.

Ömer, arkadaşının o güne kadar kendisinde görmediği yaşlı gözlerle baktı:
- Eğer ona bir şey olursa, eğer olursa...Yürek Ülkesi'ni kendi ellerimle yıkarım.

Fuat dudaklarını ısırarak başını öte yana çevirdi.

Ahmet Bey, koridorda bekleyenlerin yanına geldiğinde, yüzü ifadesizdi.
- Başında orta ağırlıkta bir yarık var. Kazadan mütevellit iç kanama tehlikesi yok. Vücudunun çeşitli bölgelerinde zedelenmeler var, sağ kolunun iki yerinde de kırıklar. Ameliyata alacaklar birazdan. Buradaki uzmanlara göre arabayı yavaş kullanıyormuş.

Muhittin Bey:
- Ya midesi, zehirlenme?
- Onu zaman gösterecek. Şükran Hanım gerçekten dozu iyi ayarlamış. Ölmeyeceği kesindi. Ama Zeynep'in midesi hassas bir dönemdeydi. Ben gelene kadar yıkanmış, gerekli müdahale, madde zararsız hale gelene dek yapılmış. Zehirlenme gözetim altında. Ama ağır bir mide kanaması geçirebilir. Bunu önlemeye çalışıyoruz.

Melek Hanım hıçkırarak:
- Ahmet Bey, bana doğruyu söyleyin, kızım tehlikede mi, dedi.

Ahmet onun kolunu okşadı:
- Şu anda bir deprem olasılığı olduğu kadar...

Melek Hanım banka çöküp ağlamaya devam etti. Ayla onun yanına çömeldi. Ömer Fuat'la birlikte Ahmet'in ardından çıktı. Genç psikolog bugün Melek Hanım'a hiç de sevimli gelmemişti.

- Şu Ömer denen adamı öldürmek istiyorum. Kızım oraya gitmeseydi başına bunlar gelmeyecekti.
- Mantıklı düşünmeliyiz Melek. Ona merkezi tavsiye eden de Ahmet, bunu unutma. Böyle düşünürsen, baş suçlu o olur.

Teselliyi kabul etmeyen kadın ona sarılıp ağlamayı sürdürdü.

Muhittin Bey, duygularını belli etmemeye çalışsa da ara ara kıpırdayan dudaklarından kızı için dökülen cümlelerdeki yakarış, o güne kadar yaptığı duaların kat kat üstündeydi.

Zeynep, solunumunu sağlayan cihazlarla bağlı olduğu yoğun bakımda, baygın haldeydi. Alnında geniş bir bandaj vardı. Eline takılı serumdan damla damla inen ilaç karışımı, yüzünün hasta sarılığını biraz olsun silebilmişti.

İki tarafı ormanlık, asfalt bir yolda ilerlerken acı bir fren sesi ve sonrasını görüyordu: Küçük kurtarıcısı onu kucaklayıp gülümsedi. Göğsüne bastırdı.

Sonra birden Yürek Ülkesindeki eğlencede buldu kendini. Önceki gece, merkezde hediyelerin dağıtıldığı andı bu. Küçük kurtarıcısı sahneye çıktı. Ona kocaman bir terazi verdiler. Bu terazide iki isim kartı vardı. Zeynep bunları okumak için gözlerini sıktı. Karttaki isimler Zeynep Ardıç ve... Göremiyordu. Telaşlandı. Uzanıp bakmak istedi ama sanki kollarından iplerle bağlanmıştı. Küçük çocuk teraziyi yukarı kaldırdı. Zeynep heyecanla kendi tarafının aşağı inmesi için dua ederken terazi daha da büyüdü, büyüdü...

Zeynep'in yüzü terlemişti. Sonra hafif bir gülümseme yüzünü aydınlattı.

Orta yaşlı hemşire yaklaştı. Hasta, kollarını hareket ettirdiği için serumun hortumu sıkışmıştı. Onu düzeltti. Genç kızın alnında biriken terleri sildi *Acaba ne görüyorsun tatlı kız?..*

Güneşli bir kış günü...Yeniköy mezarlığında kalabalık bir grup ağır ağır taze bir mezarın başından dağıldılar. Bir tek Ömer, elinde çiçekle kaldı. Eğilip mezar taşına dokundu: "**Zeynep Ardıç, 10 Ocak 1973 - 26 Aralık 1999** " Alttaki satırlar, Zeynep'in ölümle ilgili yazısından alınmıştı:*Ölümden korkmuyorum, çünkü yüzü yok...hayatım boyunca gördüğüm bir yüzdense, neden korkayım.* Genç adamın perişan yüzü, mezarlığın ölü sessizliğiyle uyum içindeydi. Elindeki çiçeği toprağın üzerine bıraktı.

TANRININ UMUT OLDUĞUNU SÖYLEDİ BİR BÜYÜĞÜM 255

- Söylemeliydim. Hayatı ve aşkı geri bırakmak en büyük hataydı. Bunu şimdi anlıyorum. Yutkundu:
- Seni seviyorum Zeynep...
Cebinden küçük teraziyi çıkarıp mezara bıraktı.
- Sevgili dostum... Terazimi sana getirdim, çünkü artık ona ihtiyacım yok.
O sırada bir el omzuna dokundu. Başını çevirince Mahmut Bey'in tevekkül dolu bakışlarıyla karşılaştı.
- Hep söylemez miydin evlat...Denge, her zaman denge... Zeynep sana sesini duyurabilse, eminim o küçük teraziyi elinden hiç bırakmamanı isterdi.
Yaşlı adam ona bir şeyler daha söylüyordu ama Ömer onun söylediklerini işitemedi. Bir kuyuya düşer gibi hissediyordu kendini. Başının dönmesi geçsin diye gözlerini yumdu.
- Onu bulmalısın, ayağım acıyor, dibe batıyorum, o kızı bul. Öğğğğ...
Ömer derinlere doğru çekiliyor, kabus olduğunu anladığı bu görüntülerden hem kurtulmak istiyor hem sonunu merak edip gözlerini daha sıkı yumuyordu.
Zeynep ölmüş olamazdı. Şimdi gözlerini açacak onu ve Bekir'i yanıbaşında bulacaktı. Bekir mi? Ama o öleli yıllar olmuştu. İşte Önder de gülümseyen simasıyla yaklaşıyordu. "Ben de öldüm mü acaba" diye düşündü. Düşündüğüne göre yaşıyordu. *Düşünüyorum öyleyse varım.*
Hayır, ne Descartes'e ne bir başkasına tahammül edemeyecekti bugün. Bir tek felseleciyi dinlemek istiyordu o. Hayatının felsefesini sadece onunla öğrenmek.
Bu kadar görüntü nasıl olmuştu da beynine üşüşmüştü. Şu anda sevdiği kızın beynini solucan ve diğer böcekler mi kemiriyordu? Ömer başını hızla salladı. Kafasını buz gibi toprağa dayadı. Halbuki sıcak olmalıydı. Zeynep'in vücudunu örttüğüne göre sıcacık olmalıydı.
Yumruklarını sıktı. Avuçları ve başının içi zonkluyordu. Burnuna hala hastane kokusu geliyordu.
Küçük bir kızın yardım isteyen elleri beline dolanmış onu denizin dibine çekiyordu. *Haaayırrr.* Bu başkasının anısıydı. Asım Hoca zorlanan şuuraltının anı uydurabileceğini söylerdi hep.
İşte yine bir el sarsıyordu onu. Derinlerden gelen bir ses:
- Ömer Bey bunu Muhittin Bey gönderdi. İçmeniz lazım,dedi.
Başını, dayadığı soğuk duvardan kaldırdı. Şaşkın şaşkın etrafına bakındı. Bir hemşire kendisine çay uzatıyordu. Mahmut Bey nereye gitmişti? Ya o içini ezen tarifi imkansız acı?

Birden hastane koridorunda olduğunu ve mezarlık sahnesinin bir rüya olduğunu anladı Kendini kuş gibi hafif hissetti. *Çok şükür.* Arabada Zeynep'i yaralı ama sağ buldukları andaki kadar rahattı şimdi. Yoğun bakım odasına doğru yalvaran gözlerle bakıp mırıldandı:
- Lütfen dayan Zeynep, lütfen...Sana söyleyeceğim çok şey var.

Ahmet Bey akşamüzeri bekleme odasına girdi. Elindeki çay tepsisini Muhittin Bey'le Ersin'e uzattı:
- Ayla'yla Melek Hanım'ı bulamadım.
- Ayla Hanım, Melek'i bahçeye çıkardı biraz.
- Mide kanaması, beklediğimizin aksine hafif seyretti çok şükür. İki saat sonra daha kesin bir şey söylerim size. Hala tehlikeli saatler geçmedi.
- Ömer ne yapıyor? Arkadaşı gittiyse gelseydi.
- Kendini biraz suçlu hissediyor sanırım. Dışarıda oturuyor.
- Onunla konuşayım biraz.

Muhittin Bey, odadan çıkıp bankta oturan Ömer'in yanına ilişti. Genç adam elindeki çayı bırakıp yana kayarak ona yer açtı.
- Buyurun efendim.
- Seninle bu şartlarda tanışmamız kötü oldu.

Genç terapist sıkıntıyla yanıtladı:
- Evet.
- Kendini bu olaydan sorumlu tuttuğunu biliyorum Ömer. Bak, sana ilk karşılaşmamızda isminle hitap ediyorum. Seni samimi buluyorum çünkü. Kızım için çok şey yaptın. O hayatından gayet memnundu şu son günlerde. Bunun için sana minnettarız, kızgın değil...
- Teşekkür ederim. Tabi size karşı da mahcup hissediyorum ama en çok kendime karşı. Nasıl olur da sürekli intihar şaibesiyle gelen bir hastayla Zeynep'i yalnız bırakabilirim. Üç yıldır böyle bir şey ne oldu ne de yaşanması tahmin edildi....

Başını ellerinin arasına aldı:
-Çıldıracağım.

Muhittin Bey, genç adamın sırtını sıvazladı:
- Artık düşünme. Kaderin önüne yine ancak kader geçer.

Belkıs Hanım, sırtında sabahlık, çalan telefona doğru koşarken "hayırdır inşallah" çekiyordu.
- Tamam evladım, anladım. Şimdi nasıl?....... Çok sevindim. Annesine geçmiş olsun dileklerimi ilet. Yarın gelirim inşaallah....... Allah koru-

muş, bir daha da göstermesin. Sen orada mısın?......... Tamam. Serap ararsa söylerim....... Oldu. Hadi iyi geceler.

Zeynep uyanmak üzereydi. Yaşlı doktorla eski dostu, başucunda gözlerini açmasını bekliyorlardı.

On dakika sonra kendine gelmişti ama çok bitkindi. Babası ona olanları anlattı. Ahmet şakacıydı yine:

- Vay deli kız vay...Sen iç bir bardak nöroleptik ilacı, çık Şile yoluna gezmeye.

Muhittin Bey:
- Bizi çok korkuttun kızım... Annen şimdi gelecek, dedi.

Zeynep ağır ağır cevap verdi:
- Sağolun...Şükran Hanım nasıl?
- Ömer, onun önemli bir şeyi olmadığını söylüyor. Belki de bu suçluluk duygusu iyi gelir.

Genç kız gözleri parlayarak sordu:
- Ömer burada mı?
- Evet. Ve seni görmek için can atıyor.

Muhittin Bey, doktorun kolundan tuttu:
- Hadi biz çıkalım o görüşsün.

Ahmet Bey, Zeynep'in elini sıktı. Babası da kızını şefkatle öptü.

Dışarı çıktıklarında Tamer, İlhan ve Mahmut Bey'in geldiğini gördüler. Ahmet Bey Ömer'e yaklaşıp eliyle içeriyi işaret etti:
- Sadece beş dakika.

Genç psikolog içeri süzüldü. Önce biraz durakladı. Zeynep onu farketmekte gecikmedi.
- Hoş geldin doktor.
- Hoşbulduk. Geçmiş olsun...

Zeynep başıyla iskemleyi işaret etti:
- Otursana...
- Ahmet amcan beş dakika dedi.

Genç kız gülümsedi:
- Beni de azarladı. Korkma ciddi değil.
- Sen yoğun bakımdayken görecektin ciddiyetini.

Zeynep bir süre sustu. Hayatını borçlu olduğu birisine -hem bu birisi, kendine bile itiraftan çekindiği duygular beslemeye başladığı kişiydinasıl hitabedeceğini bilemedi.

- Beni sen kurtarmışsın...
- Fuat da vardı.
- Ona da teşekkür edeceğim ama burada şu an sen olduğuna göre...
- Sözünü etmeye bile değmez. Hem bu biraz da benim hatamdı.
- Beni mütevazi olduğuna inandırmaya mı çalışıyorsun sevgili baba....

Terazin rüyama bile girdi. Baygınken çok acaip bir rüya gördüm.

Gülümseme sırası terapistteydi:
- Merkez'e dönünce yaparız bir hipnoz, rüyanın manasını öğrenirsin.

Vazgeçti:
- Ama yok, artık orası senin için tehlikeli.

Zeynep endişeyle doğrulmaya çalıştı:
- Beni Yürek Ülkesi'nden uzaklaştıracak mısın? Orayı çok seviyorum.

Ömer onu omuzbaşlarından tutup yavaşça yastığına itti:
- Her önüne gelen suyu içmeyeceğine söz verirsen ve Şükran Hanım taburcu olursa belki...
- Olayı başmüfettiş duydu mu?
- Hayır. Gidene kadar Münir Bey oyaladı. Buraya gelememesinin sebebi de bu. "Geçmiş olsun" diyor.
- Sağolsun.
- Şimdi nasıl hissediyorsun?
- Üstümden yüz tonluk dozer geçmiş gibi... Bitkinim, sürekli uykum geliyor.
- Serumunda sakinleştirici, uyuşturucu ilaçlar var.

Yavaşça kalktı:
- Şimdi de uyumalısın. Ben yine gelirim.

Eğilip genç kızın elini tuttu:
- Sevgili dostum! Geri dönene kadar sakın bir yere ayrılma.

Zeynep uykulu gözlerle gülümsedi:
- Belki Şükran Hanım'a uğrarım.

Ömer çıkarken dalmıştı bile.

34.

Şişli'deki turizm şirketine girdi. Asansörle üçüncü kata çıktı. Her yerde manzara ve ulaşım araçlarının resimleri asılıydı. Sekretere eğilip, Serap'ı görmek istediğini söyledi..

Genç kız, odasının kapısını neşeyle açarak onu içeri aldı. Nişanlısının koltuğa çöker gibi oturduğunu farketti ama merakını yenip, işi şakaya vurmaya çalıştı:

TANRININ UMUT OLDUĞUNU SÖYLEDİ BİR BÜYÜĞÜM

- Hoş geldin Ömer, bu ne sürpriz. Sen buraya adım atmazdın. Soğuk sular mı, sıcak sular mı dökelim?
- ....
- Ne oldu, söylesene?
- Zeynep bir trafik kazası geçirdi. Daha önemlisi, kazaya, bir hastanın, intihar komplosu için hazırladığı maddeyi içmesi sebep oldu.

Genç kız heyecanla:
- Sahi mi, dedi. Yani hem kaza hem zehirlenme. E... şimdi nasıl? Bir şeyi yok ya.
- Çok şükür ucuz atlattı. Ama epey korktuk. Kolundan bir operasyon ve hafif bir mide kanaması geçirdi.
- Yoğun bakımda mı?
- Dün gece yarısına doğru çıktı.

Serap tekrar masaya yaslandı. Ömer'in süzgün yüzünü görür görmez niye geldiğini anlamıştı. Yine de şansını denemeliydi.
- Ona bir çiçek göndermeliyim.

Sadece bu kadar, değil mi?
- Serap, ben buraya, seninle başka bir konuda konuşmaya geldim.

Kız arkasını döndü. Pencereden bakmaya başladı.

En iyisi başından başlamak:
- Biliyorsun seninle liseden beri sözlü sayılırız. Bunu hiç dillendirmedik ama babamın ricası ve arzusuyla bu ilişkiyi onayladığımın da farkındasın.

Serap eliyle sözünü kesti.
- Bana bunları söylemek zorunda mısın? Kestirmeden gitsene.
- Kırıcı olmaz mı?

Yarı döndü:
- Birilerinin kırılması lazımsa, onun ben olacağım kesin. Ama hayır... Senin söyleyeceklerini yıllardır biliyorum. Sadece bu anın gelmesini geciktirmeye çalıştım.
- Yani....

Serap acı bir ses tonuyla cevabını adı gibi bildiği soruyu sordu:
- Zeynep'i seviyorsun değil mi?

Ömer dudaklarını ısırdı, yutkundu ve başını eğerek:
- Evet, dedi.

Birkaç dakika hiç konuşmadan beklediler. İşte o zaman Ömer sevmese de genç kıza ne kadar bağlanmış olduğunu anladı. Alışkanlık da olsa bir bağı koparmanın ne kadar güç olduğunu da. Toplumdaki bir sürü insanın, yalnızca bu tip bağları koparmaya cesaret edemediğinden, istemediği birlikteliklere adım attığını ve belki de ölünceye kadar sürdürdüğünü düşündü.

Bir an vazgeçmeye bile karar verdi. Hayatta ve sağlıklı bir Zeynep olduktan sonra buna katlanabilirdi belki. *Ama onun, hakkımdaki düşüncelerini öğrenmek için serbest olmak zorundayım. Ona sevgimi söylemek için. Tamamen kaybetsem bile Zeynep'e bunu itirafa mecburum.*

Koltukta huzursuzca kıpırdandı. Nişanlısı daha önce davranarak onu vicdan azabından bir parça kurtardı.

- O veya bir başkası... Bir gün benden uzaklaşacağını biliyordum. Sen... Sen, aslında hiçbir zaman beni istemedin değil mi?

- Serap!

- Hayır Ömer. Beni danışmanlığını yaptığın kadınların yerine koyma rica ederim. Ne ben Şükran Hanım'ım, ne de sen teselli vermek zorundasın.

Bir süre daha derin bir sessizlik yaşandı.

- Ona söyledin mi?

- Hayır.

Serap dönüp masasındaki yerine oturdu. Yüzü ifadesizdi. Ellerini iki yana açarak:

- Bizim için hiç şans yok mu? diye sordu.

- Üzgünüm.

Genç kızın sesi istihza doluydu:

- Niçin? Beni sevemediğin için mi? Boşver, değmez. Sen hep söylersin ya doktor. Kişilikler uyuşmalı. Biz farklı şeylerden hoşlanıyoruz.

Bir süre sustu. Bu kadar kolay vazgeçtiğinden dolayı içinden kendi kendine lanetler yağdırdıktan sonra Ömer'in onda görmeye alışık olmadığı sade ve samimi bir tavırla:

- Yalnızca seni çok sevdiğimi bilmeni istiyorum, dedi. Senin tarzında değil belki ama, seni hayatım boyunca, büyük bir tutkuyla sevdim.

Ömer ayağa kalktı, önceden çıkardığı nişan yüzüğünü uzattı. Serap, ona sarılıp onu bırakamayacağını söylememek ve hıçkırmamak için kendini güç tutuyordu.

- Ben kendikimi bir süre daha takabilir miyim?

Sesini sertleştirmeye çalışarak ekledi:

- Arkadaşlarımın dalga geçmesini istemem. Benim çevremi bilirsin. Bir ay sonra Avrupa'ya gidecektim düğün alışverişi için. O zaman belki...

- Kalabilir. Hoşça kal Serap. Hayatında başarılar dilerim. İnşallah mutlu olacağın bir insanla evlenirsin.

Kapıya ilerledi. Serap, arkasından seslendi:
- Ömer!..
Genç adam dönünce cümlesini güç duyulur bir sesle tamamladı:
- Sen çok ağırsındır. Sevdiğini söylemek için onun ölmesini bekleme olmaz mı?

Ömer, duygusal adımları temkinli attığını, bazen adımı karşıdan beklerken herşeyi kaybettiğini biliyordu. Bu kişilik yapısını bir tek kişinin sarsmaya başladığının da uzun zamandır farkındaydı. Hiçbir şey söylemeden çıktı.

Serap onun geri verdiği yüzüğü bir süre inceledikten sonra parmağına taktı. Kendi yüzüğünü çıkarıp masasının çekmecesine koydu.

Gelecek turist grubuna ait listelerin üzerine eğdiği sarışın başı, yıllardan sonra ilk defa bu kadar titriyordu.

- Bugün hastaneye gittiğimde yoktun.
- Serap'la konuşmam gerekiyordu...
Bir süre babaannesinin sarındığı battaniyenin püskülüyle oynadı.
- Nişanı bozdum babaanne. Daha doğrusu Serap'la ortak kararımız. Onu sevmediğimi anladım ve artık buna dayanamıyordum.
- Bunu, dün Zeynep'i kaybedeceğini zannettiğinde mi anladın?

Ömer, Bellkıs Hanım'ın sorusuna cevap olarak, sessizce başını onun göğsüne yasladı. Belkıs Hanım, dudaklarında anlayışlı bir tebessümle torununun saçlarını okşadı. Bu geceki suskunluğunu umursamayacaktı.

Yatağının üzerine günlük kıyafetleriyle uzanmış düşünmekteydi. Birden aklına bir şey gelmiş gibi hafifçe doğruldu. Gömlek cebinden Zeynep'in arabada düşürdüğü kağıtları çıkardı. Beş taneydiler. En üstteki kartta bir adres yazılıydı. İkincisi, bir basımevinin kartviziti, üçüncüsü, Genç Filozof dergisinin verdiği çalışma kimliği, sonraki ikiye katlı bir kağıt...Açıp okumakta bir mahzur görmedi:

"Duyan bir kalp için ölümden de beter demler vardır" Anonim. Mahmut Bey'den duydum.

"Bir yerde ki yok nağmeni takdir edecek gûş,
Tazyii nefes eyleme tebdil-i mekan et."
Ziya Paşa

Anlamı: Bir yerde nağmeni takdir edecek kulak yoksa nefes harcama, mekan değiştir.
Genç adam gülümsemekten kendini alamadı.
Sonraki arkası dönük ufak bir resimdi. Resmin sırtındaki yazı eski bir tarihi gösteriyordu: *1978 yaz ayı. Ben beş, küçük kurtarıcım yedisekiz yaşlarında.*
Ömer merakla resmi çevirdi ve o anda dikene dokunmuş gibi yatakta hızla doğrulup oturdu. Çünkü elinde tuttuğu resimdeki erkek çocuğunu tanıyordu.
Uzun uzun resme baktı. Sonra yataktan fırlayıp koşarak aşağıya indi. Hızla çalışma odasına girip ışığı yaktı. Masa üzerindeki çerçeveyi çevirdi. Koştuğundan ve heyecandan, derin derin nefes almaktaydı.
İki resmi yanyana tuttu. Zeynep'inki çerçeveli fotoğrafın küçük bir eşiydi, yalnız parçalanmadan evvelki haliyle. Ömer'in masasında duran çerçevedeki erkek çocuğun yarım resmi, komik, aynı oranda dramatik bir hal sergiliyordu. Bir gözü ve kulağı yoktu. Vücudunun yarısı da... Ama terapist bunun sebebini biliyordu. Bekir'in kriz anında yaptığı bir işti bu. Onu asıl ilgilendiren, resmin diğer yarısındaki yuvarlak yüzdü. Ömer Zeynep'in resmini dudaklarına götürdü ve kendi kendine mırıldandı:
- Seni seviyorum güzel filozof....

Ömer, babaannesini iterek salona getirdi. Oturması için zorladı.
- Ne oluyor Ömer?... Vallahi çıldırdı bu çocuk. Beni yataktan kaldıracak kadar önemli olan nedir Allahaşkına?
Genç adam elindeki çerçeveyi Belkıs'a verip karşısına diz çöktü:
- Hep bu resmin hikayesini isterdin benden değil mi?
- Evet ama...
- İşte şimdi sana güzel bir aşk hikayesi anlatacağım.
- İyi de niçin bunun için geceyarısını seçtin?
Ömer karşısına oturdu:
- Bilirsin, bazen zihinde şimşekler çakar ve şimşeğin saati de belli olmaz, öyle değil mi?
Belkıs Hanım, gülümseyerek resme baktı:
- Eee, anlat bakalım. Heyecanlı bir hikayeye benziyor.
Derin bir nefes aldı. Bekir'in saf ve masum bakışlı yüzü Ömer'in gözlerinin önünden gitmiyordu. "Ne olur Ömer. Bu kızı bulmadan ölürsem gözlerim açık gidecek. Bana söz ver. Onu arayacaksın."

TANRININ UMUT OLDUĞUNU SÖYLEDİ BİR BÜYÜĞÜM

Zavallı, hasta Bekir... Uzak bir hayalin peşinden koşmuştu yıllarca. Birkaç yıl daha yaşayabilseydin o hayali yakalayacaktın. Ama iyi ki hayatta değilsin... Tanrım...Böyle düşündüğüm için utanmamaktan utanıyorum.
Babaannesine:
- Bekir'i hatırlıyor musun? diye sordu.
- Hatırlamaz mıyım? Şu şizofreni vakan değil miydi? Üç dört yıl önce ölen? Hem okuldan arkadaşın hem hastan mıydı neydi?
- Evet o. Bu resmi... bu resmi bana Bekir vermişti. Küçük bir çocukken, boğulmak üzere olan bir kız çocuğunun hayatını kurtarmış. Hem de ayağı kırık ve alçılıyken. Hep " o an nasıl oldu da dibe çekmedi beni o alçı bilmiyorum. Mucizevi bir güç sanki ikimize de yardım etti" derdi.
- Eeee?
- Onunla olan yakınlığımızı biliyordun. Bizden iki sınıf aşağıdaydı. Danışan- psikolog ilişkisinden daha derin bir ağabeyi kardeş ilişkimiz vardı. Bekir' i Önder'e benzetmemden ileri gelse gerek...
- Peki Bekir'le bu kız çocuğu resminin ne alakası var?
Ömer babaannesine, Zeynep'in cüzdanından düşen fotoğrafı uzattı:
- Acele etmeyin Belkıs Hanım. Burada bir tarih-i muâşakayı özetliyoruz... Bir de şuna bak.
Yaşlı kadın eski fotoğrafı gözlerinden uzaklaştırarak inceledi:
- Hay Allah, gözlük camlarımın değişme vakti gelmiş yine. Aaa, senin masandaki küçük kızın aynısı. Bu yanındaki kim? Seninki yarım bir fotoğraftı. Dur tahmin edeyim. Bekir?
- Kutlarım babaanneciğim.
- E, baksana ayağı alçılı. Tıpkı senin anlattığın gibi. Saf ve masum bakışlı bir çocuk.
- O halini hep korudu. Öleceği ana kadar da bu küçük kızı bulmaya uğraştı. Ne ismini ne de onunla nerede tanıştığını hatırlıyordu. Resmin arkasındaki tarihi de kimin yazdığı belli değil. Kimsesizdi biliyorsun. Yıllardır görmediği, yaşlı bir sütannesi varmış Balıkesir taraflarında. Onu bile tam olarak hatırlamıyordu. Bekir okuldayken bir kaza geçirmişti. Başına darbe alınca hafıza problemi de başlamıştı. Sıhhati yerindeyken, yani onu ilk tanıdığımda bana bu resmi göstermiş ve onu mutlaka bulacağını söylemişti. Aradan yıllar geçtikçe bu takıntı onda had safhaya ulaştı ve ölmeden önce bu işi bana emanet edip gitti.
- Peki bu ikinci resim? Yoksa kızı buldun mu?
Ömer cevap vermeden gülümsedi. Babaannesi:

- İstanbul gibi koca bir şehirde mi rastladın ona? dedi. Hadi canım, böyle şeyler ancak filmlerde olur.
Ömer imalı:
- Hayatın kendisi de bir film zaten, öyle değil mi babaanne? diye sordu. Ardından babaannesine, kimseye yıllardır anlatmadığı bir içtenlikle, hastasının aşık olduğu küçük kızın hayaliyle gizli gizli nasıl konuştuğunu, ailesini toplu halde kaybettiği günkü duygularını, psikoterapi yöntemlerini öğrendikten sonra nasıl yalnızca bu resimle paylaştığını anlattı.
- Evet benim garip sırrım da buydu anacığım. Sen hüzünlü gecelerimde, babamın çalışma odasında saatlerce oturup vaka incelemelerini okuduğumu sanıyordun ama o dakikalarda ben ağlıyordum. Pek sık dökemediğim gözyaşlarımın tek şahidi vardı: Bu küçük kız... Bazen Bekirleştiğimi hissediyor, "bu kızı bulma uğruna Balıkesir'e gidip araştırmalar yapmak" gibi tuhaf arzulara kapılıyordum.
Belkıs Hanım, torununun kısılan sesini farketmemiş görünerek:
- Ben hekimlerin de hastalanabileceğini bilen nesildenim üzülme, dedi. Sizin kuşak, kendine fazla yükleniyor. Bir "mantıklı düşünme"dir tutturmuş gidiyorsunuz.
Neyse... Bir resme uzun süre bakıp ona tuhaf biçimde bağlanmak, bin dokuz yüzlerin başında kalmamış demek ki...Ben dedeni nasıl yıllarca bekledim sanıyorsun.
Muzipçe göz kırptı. Kalkmaya davrandı.
- İsmini bana sormak için mi uyandırdın yoksa? Gidip yatayım, belki rüyamda küçük sevgilini görür, adını öğrenirim...
- Adını artık biliyorum
Belkıs Hanım, tereddütle döndü:
- Dalga mı geçiyorsun? Yoksa ben de rüya mı görüyorum?
Ömer ayağa fırladı:
- Dur kolunu çimdikleyeyim.
Yaşlı kadın kolunu kaçırdı:
- Dur yaramaz oğlan...
- İyice uyanmalısınız Belkıs Hanım. Yoksa o küçük kızın, aslında Zeynep'ten başkası olmadığını söyleyince şok geçirebilirsiniz...
Belkıs Hanım, el savaşına son verdi.
- Ne, ne, ne? Zeynep mi?
Artık Ömer ağırdan alıyordu. Koltuğa oturdu.
- Evet ta kendisi.

Babaannesi yaklaşıp yanına oturdu:
- Şaka etmiyorsun değil mi Ömer? Bak yaşlı kalbim dayanmaz.
- Vallahi doğru söylüyorum. Hem yemin ettim, sen bana gereksiz yemin etmemeyi öğretmiştin hatırlarsan..
- Yani, Zeynep?...Bu resim?...Ömer!!!
- Cümlelerinin şekl-i şemalini bozduğuna göre, bu haber seni çok sevindirdi. Sadece mutluyken böyle konuşursun sen...
Belkıs Hanım, Ömer'in yüzünü okşadı:
- Çok mutluyum Ömer. Tahmin edemeyeceğin kadar çok.
- Sence Zeynep'e bu hoş hikayeyi nakletmek için geç bir saat mi?
Babaannesi sevgiyle torununu süzdü:
- Yarını bekle oğlum...Yılları bekleyen bir sevda öyküsü, bir geceden korkmamalı...
Ömer başını kaldırıp babaannesinin yanaklarını öptü.

Üç sabah sonra, mutlu bir yüz, elinde koca bir gül sepeti ve küçük bir paketle Zeynep'in odasına girdi.
- Burayı çiçek bahçesine çevirdiniz...
Ömer elindeki sepeti komodinin üzerine bıraktı:
- Nasılsın? Kolun?
- Daha iyiyim.
O sırada kapı çalındı. İçeriye Şükran'la Fuat girdi. Şükran'ın saçları düz taranmıştı, üzerinde de çok sade bir kıyafet vardı. Yatağa yaklaşıp elindeki karanfilleri Zeynep'e uzattı.
- Geçmiş olsun Zeynep...
- Sağolun.
Gülümseyip çiçekleri kokladı ve diğer yanına bıraktı. Şükran ellerini oğuşturuyordu. Sandalyeye oturdu.
- Şey, ne diyeceğimi bilemiyorum, özür dilemek hafif kaçacak...
- Hiçbir şey söylemeyin, bu bir kazaydı ve her yerde başıma gelebilirdi.
- Çok iyisiniz... Ama ben kendimi o kadar kötü hissettim ki. Benim yüzümden bir insan ölebilirdi, bunu düşündükçe kahroluyorum.
Zeynep teselli etti:
- Üzülmeyin artık... Sadece bana bir söz vermenizi istiyorum.
- Nedir, söyleyin?
- Bir daha intihara kalkışmayacaksınız. Ne Yürek Ülkesi'nde, ne başka yerde...Çünkü sizi gerçekten seven dostlarınız var.

- Buna söz veriyorum, zaten yarın teyzemin yanına geri dönüyorum. Bir daha da erkeklerden uzak durmaya çalışacağım. Onların beni kırmasına izin vermeyeceğim.
- Bu kararınıza çok sevindim.

Şükran gözleri dolarak kalktı. Zeynep'i kucakladı.

Konuşurken oldukça kararlı görünmekle birlikte yine de problemli bir kadın olduğu her halinden belliydi. İki terapist de, birkaç ay sonra onu tekrar elinde bavulu Yürek Ülkesi'de göreceklerinden emindiler.

Fuat bir yandan kadının hareket ve konuşmalarını izliyor bir yandan da içinden mesleki özeleştiri yapıyordu. Asım Hoca'nın geçen sene teklif ettiği gibi, acaba ona şöyle *"yorucu ve başka bir şey düşünmesine fırsat vermeyen, erkeklerin kötü yönlerini de görebileceği bir iş mi bulmalı? Bu kadıncağıza etkili bir tedavi uygulandığı söylenemez. Sanki hepimizce idare ediliyor.*

Şükran, Fuat'a döndü:
- Gidelim mi doktor?

Genç psikoterapist kıza yaklaştı:
- Bir an önce iyileş Zeynep...Yürek Ülkesi'ne kendini özletme...
- Teşekkürler, en kısa zamanda geleceğim.

Onlar çıkınca Zeynep Ömer'in dost gözlerini aradı:
- Belkıs Hanım telefon etti bu sabah...Nişanı bozduğunu söyledi...Üzgün müsün?
- Çoktan bitmesi gereken bir şeydi. Daha doğrusu, başlaması hataydı... Tamamen büyüklerin arzusuyla olmuş bir râbıta.
- Ya o?
- Atlatacağına eminim. Güçlü bir kişiliği var. Bütün hepsini, Yürek Ülkesine dönünce konuşuruz, ne dersin?

Bunları söyleyip, elindeki paketi muzipçe Zeynep'in kucağına bıraktı.
- Dün bahsettiğin sürpriz mi?
- Evet.

Zeynep ağır hareketlerle paketi açtı:
- Aaa, resmim... Kaza sırasında yırtıldı mı yoksa? Yine de yapıştırsaydın. Küçük kahramanımın yüzünü unutmak istemiyorum...

Ömer, garip bir kıskançlık duygusuna kapıldığını hissetti. Zeynep onun yüzüne bakmıyor, sadece resmi inceliyordu.
- Büyütüp çerçeveletmişsin bir de. Çok incesin...Babam cüzdanımı ve içindekileri teslim ettiğini söylemişti. Demek bu sende kalmış...

Genç adam, açıklamaya karar verdi:

- Merkeze ilk geldiğin gün bir hata yapıp, beni Ömer Kılıç'ın asistanı sanmıştın hatırlıyor musun?
- Evet?...

Yatağın kenarına ilişti:
- Hatanı düzeltmeyince de kızmış, haftalarca beni o güzel yüzünden mahrum etmiştin...

Zeynep, onun yakınlığından utanıp kızardı:
- Ne ilgisi var?
- Şimdi de bir hata yapıyorsunuz filozof hanım...
- ....
- Bu çerçeveyi tanımadın mı?
- Hayır...
- Oysa tam yirmiiki yıl önce sen vermişsin onu...

Cebinden öteki resmi çıkarıp uzattı. Zeynep şaşkın şaşkın bir çerçeveliye, bir de kendi yıpranmış resmine baktı. Telaşlandı, çerçevenin arkasını çevirip yazıyı okudu. *1978-Ağustos Ayı, Bekir Çakır ve ?*
- Bekir'i hiç hatırlamıyor musun?
- Hayır. İsmi Bekir mi?

Ömer ona durumu nasıl açıklayacağını tasarladı bir süre. Hazırladığı cümlelerin, karşısındaki güzel kızın parlak çocukluk hatırasına en az zararı nasıl vereceğini uzun müddet düşünmüştü. Ama o an, içinden geldiği gibi konuşmanın daha doğru olacağını anladı.

Yarım saat sonra, Zeynep'in dalga dalga kızaran yüzünü seyrediyordu.
- Bekir çok acı çekti ve inan bu dünyadan ayrılmanın kendisini hiç üzmeyeceğini söyleyerek gitti. Bunu her gün gözlerinden de okuyordum. Tek düşüncesi seni bulmaktı. Şimdi düşünüyorum da, isteği gerçekleşse nasıl bir trajedi olurdu. Ben bir ara Bekir'in bu hatırayı uydurduğunu, o fotoğrafı da yolda düşüren birinden edindiğini zannetmiştim..

Genç kız, hep merak ettiği küçük kahramanının akıbetini öğrenince çok üzülmüştü. İnsanların kaderinin fazlasıyla garip olduğunu, tabiatüstü gücün bu yazıyı neye göre yazdığının hep bir parça gizemli kalacağını düşündü. Galiba en iyisi Mahmut Bey gibi o yazıya, bozmaya uğraşmadan, olabildiğince renk katmaya çalışmaktı.

Ömer sevdiği yürek için bu kadar hüznü fazla buldu:
- Çok özenmiştin ya bayan Alfa'ya, işte sana da şifreli bir isim. Evet **Bayan Soru İşareti**...Buna ne dersin?

Zeynep altı yaşının o büyük macerasını yeniden yaşıyordu. Ama bu defa kesinti olmaksızın. Önce bahçeden çocukça bir ilgiyle bakışmaları, sonra küçük kızın denize düşmesi, Bekir'in onu kurtarması, doktorun muayenesi sonucu ona gülümsediği sahne, birlikte resim çektirmeleri, ayrılış dakikaları...Bunların hepsi -çok şükür ki sağken-film şeridi halinde gözlerinin önünden aktı. Zavallı Bekir. Hayret etti. Onun ölüm haberi sadece bu iki kelimeyi getirmişti dudaklarına:
- Zavallı Bekir.
Gülmeyle ağlama arasında, hala elindeki fotoğrafları süzüyordu. Sonunda onları bıraktı. Bakışları Ömer'in gözlerinden önce, yatağın üzerindeki yüzüksüz eline takıldı. Uzanıp bu güçlü eli sıktı.
- Artık rüyalarımın yorumunu biliyorum...
Genç kız, o gece, uykuya dalmadan önce, hayatının tatlı tesadüflerle sıkıca örüldüğünü, hayat felsefesinin de aslında çok karışık olmadığını düşündü. Bekir için dua etti.

35.
Köşkteki çalışma odasında, birlikte pencereden gökkuşağı seyrediyorlardı. Ömer çenesini nişanlısının omzuna dayamıştı. Zeynep, yağmur sonrasının "bazen" getirdiği renk cümbüşünü izlerken, bu ayki yazısına "Gökkuşağının altından değil üstünden geçmek" başlığını vermenin uygun olacağını düşündü. Yüksek sesle:
- Harika bir görüntü, dedi.
- Senin kadar değil.
- Seni seviyorum.
Ömer bu cümleyi içine çekercesine derin bir nefes aldı. Sevgisini son dört aydır "her dilde" anlattığını biliyordu.
- Ben seni dünyadaki herşeyden çok seviyorum, Yürek Ülkesi'nden bile.
- Ya şu masanın üzerindeki küçük cadı! Yıllarca ona bakmışsın...Allahtan küçüklüğüme benziyor. Yoksa Şükran Hanım'ın Merkezdeki odasına talip olabilirdim. Benim ne kıskanç bir varlık olduğumu görünce, Serap'la evlenmediğine pişmanlık duyacaksın.
Ömer'in masasında artık yanyana iki resim vardı. Biri Bekir'le Zeynep'in küçüklük resimleri, diğeri de birbirine dayanmış iki baş, Ömer'le Zeynep'in nişan resimleri.

Genç adam dönüp masaya yaklaştı:
- Bu "cadının" hayatımdaki yeriyle, senin yerin tamamen değişti.
- Nasıl yani?
- En yakın dostumdu, sense en büyük sırdaşım.... Çünkü onun varlığını, babanneme dahi anlatmamışken, böyle biri olduğunu yemeğe geldiğin gece tesadüfen de olsa öğrenmiştin. Şimdi en yakın dostum sen, en büyük sırdaşım o. Çünkü sensiz vakitlerimde, hislerimi gelip küçük Zeynep'e anlatıyorum.
- Bazen şeytan kulağıma: "eğer resimdeki kız olmasaydın Ömer'in sana açılacağı yoktu" diye fısıldıyor.

Ömer tek kaşını kaldırarak dargın pozlarında sordu:
- Küçük kurtarıcın hayatta olsaydı, sen bana "evet" demiyecek miydin?

Zeynep bir süre düşündü. Mesajı almıştı:
- Haklısın. Şeytanla fazla samimi olmaya gelmez.

Gülerek devam etti:
- Breuer'in Bertha'sına benzedim vallahi. Hekim aşkına tutulanlar çok mu nöroloji tarihinde?
- Bu defa, hekim hastasından önce dengesini yitirdi.

Pencereden görünen renkler kaybolmak üzereydi. Ömer yavaşça Zeynep'e yaklaşıp onun omzunu kavradı. Tıpkı fotoğraftaki Bekir gibi.
- O, yıldızın kaydığı gece ne dilek tutmuştum biliyor musun?
- Ne?
- Bir türlü unutamadığım o güçlü ellere benzeyen bir elin sahibini hep yanımda hissetmeyi...
- Ben de Zeynep Ardıç'la birlikte ömür boyu aynı pencereden yüzlerce gökkuşağı seyretmeyi dilemiştim Allah'tan .

Muzipçe ekledi:
- Eh, ikimizinki de aynı kapıya çıktığı için dualarımız daha kolay kabul edilmiş midir dersin?
- Duada toptancılık ha? Bunu Mahmut Bey'e danışmamız lazım.

Genç kız başını* nişanlısının göğsüne yasladı. O sırada aralık kapıdan acı bir miyavlama sesi geldi..
- Temmuz! Gel buraya! En sevdiğim terliklerimi delmiş hınzır...

Aralık kapıdan önce Temmuz, ardından kızarmış yüzüyle Belkıs Hanım girdi.

Yaşlı kadın, çok sevdiği Bekir'in izini sürmüş nihayet Ömer'e ulaşmıştı.

Zeynep, puslu hatıralarının arasından tuhaf bir ayrıntıyı seçip ayırdı. *Mezarlıktaki kadın. A, tabi. Teyzemin yan komşusu, bahçede çamaşır asarken görürdüm onu. Parmaklarından birinin eksik olması hep garibime giderdi.*

Ömer, Bekir'in sütannesini Zeynep'e tanıştırdıktan sonra, onları bir süre yalnız bıraktı. Odasından çıkarken Mahinur'a rastlayıp başıyla selam verdi. Kadın, sevdiği iki kişinin birlikteliğini aylar öncesinden keşfetmiş olmanın gururunu yaşıyordu.

Artık Yürek Ülkesi, Tanrının umut olduğunu düşünen filozofuna da kavuşmuştu.

Köşkün verandasından bakıldığında, bahçenin görüntüsü bugün bir başka güzeldi. Zeynep, ailesi ve Yürek Ülkesi'nin sakinleri davetliler arasındaydı. Bekir'in sütannesi de şeref konuğu. Yeni nişanlılar, uzun bir masanın etrafında oturan misafirlere hizmet etmekteydi. Bir mangal partisi...

Doğan Dikmen'le Mahmut Bey yine hararetle bir şeyler tartışıyorlar... Mahinur'la Rüstem başbaşa vermiş konuşurlarken Belkıs Hanım Melek Hanım'a eğilmiş fısıldıyor... Ersin babasından masa altından para alıyor. Beyza ile Kemal'se Temmuz'u okşuyorlar.

Bir dahaki yazıda, dostlar ve ailenin, hayat felsefemizdeki etkisinden bahsetmeli. Ama şimdi sadece onu ne kadar...

- Zeynep, Ömer! Şöyle elinizde tabaklarla bir resminizi alayım. Birbirinize yaklaşın çocuklar... Gülümseyin...

BİTTİ